D1746492

Christof Vieweg

Sicher Auto fahren

Mercedes-Benz

Faszination Mercedes-Benz

Sicher Auto fahren

Technik, Training, Theorie
150 Fahrtipps für mehr Sicherheit

HamppVerlag

DATEN UND PATENTE

Mit Sicherheit mobil 6

MENSCH UND AUTO

In Topform 38

Stress-Kurztest
Wie belastbar sind Sie als Autofahrer? 62

TRENDS UND TECHNIK

Immer einen Schritt voraus 64

**Von ABC bis Windowbag:
30 Begriffe der Pkw-Sicherheitstechnik
und ihre Bedeutung**   **116**

THEORIE UND PRAXIS

Der siebte Sinn 118

Stichwort-Ratgeber für sicheres Autofahren   **142**

TRAINING UND ERFAHRUNG

Sichere Fahrer für sichere Autos 144

**Für Anfänger, Profis und Sportfahrer:
Die Pkw-Fahrprogramme von Mercedes-Benz**   **152**

Register   154

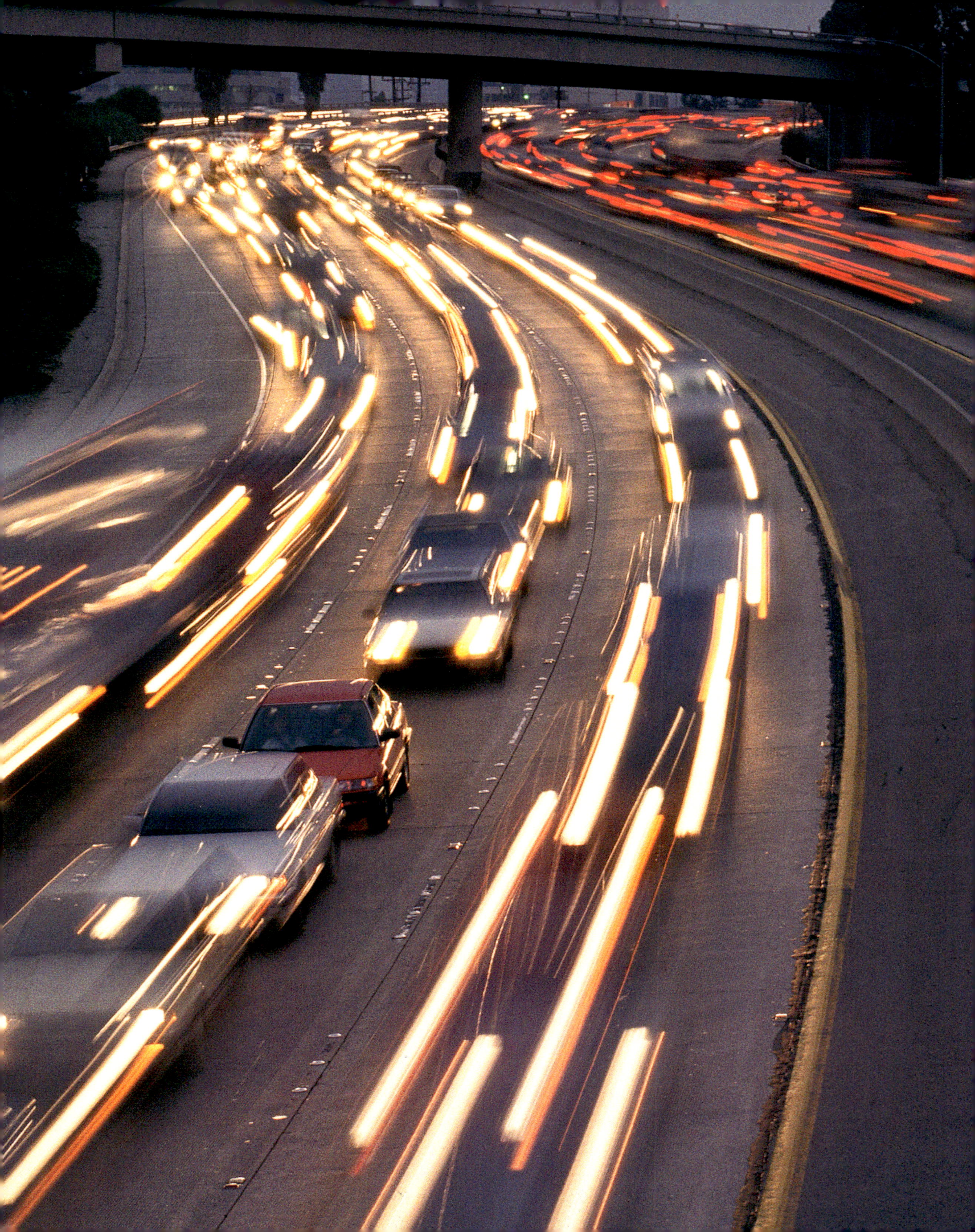

DATEN UND PATENTE

Mit Sicherheit mobil

Verkehrssicherheit ist eine Aufgabe von globaler Bedeutung. Dem positiven Trend in Europa steht eine ungünstigere Entwicklung der Unfallzahlen in anderen Kontinenten gegenüber. Engagiertes Handeln ist erforderlich – auf allen Gebieten.

Erlebnis Auto fahren: Große Fortschritte wurden erzielt, um die Sicherheit der Autos und der Straßen zu verbessern. Dennoch bleibt noch viel zu tun.

Wir sind auf dem richtigen Weg, doch es bleibt noch viel zu tun. Wir haben Erfolge, aber wir sind keineswegs zufrieden. Das ist die Botschaft von Kofi Annan zur weltweiten Entwicklung der Verkehrssicherheit.

Im April 2004 stellte der Generalsekretär der Vereinten Nationen dieses Thema beim Weltgesundheitstag in den Mittelpunkt und machte damit dessen globale Bedeutung deutlich. „Trotz großer Fortschritte in einigen Ländern, sterben jährlich weltweit rund 1,2 Millionen Menschen auf den Straßen", zitierte er aus dem aktuellen „World Report in Road Traffic Injury Prevention" der Weltgesundheitsorganisation (WHO). Sein Appell: „Verkehrssicherheit ist kein Zufallsergebnis. Sie ist eine der wichtigsten Aufgaben, um Gesundheit und Wohlstand auf der Erde zu verbessern. Wir alle sind gefordert, zu handeln."

Deutliche und ernst gemeinte Worte zu einem Thema, das in Deutschland und vielen anderen Ländern Europas nicht mehr die Schlagzeilen der Titelseiten beherrscht. Hier hat das Engagement von Politik, Behörden, Verbänden, Automobilclubs und Autoherstellern während der vergangenen Jahre zu einem deutlichen Rückgang der Unfallzahlen geführt. Trotz stetig steigendem Fahrzeugbestand sinkt in Deutschland die Zahl der tödlich verunglückten Verkehrsteilnehmer kontinuierlich. Im Jahre 2003 erreichte sie mit 6613 den bislang niedrigsten Stand seit Einführung der amtlichen Statistik. Den traurigsten Unfallrekord verzeichnete Westdeutschland 1970: Damals starben 21 332 Menschen im Straßenverkehr. Und das obwohl nur rund 18 Millionen Kraftfahrzeuge zugelassen waren; heute sind es drei Mal so viel.

Die moderne Automobiltechnik – von der Knautschzone bis zum Sicherheitsgurt, vom Airbag bis zum Gurtstraffer – hat an dieser positiven Entwicklung maßgeblichen Anteil. Sie kann Auto-Insassen wirksam vor schweren Verletzungen schützen und Leben retten. Auch das zeigt die Statistik: Die Zahl tödlich verunglückter Pkw-Insassen hat sich seit 1970 mehr als halbiert; allein zwischen 1990 und 2003 ging sie um rund 40 Prozent auf 3774 zurück. Ebenso wie die Fahrzeugtechnik trugen der Ausbau des Straßennetzes, eine bessere Verkehrsinfrastruktur und kluge politische Entscheidungen, wie zum Beispiel

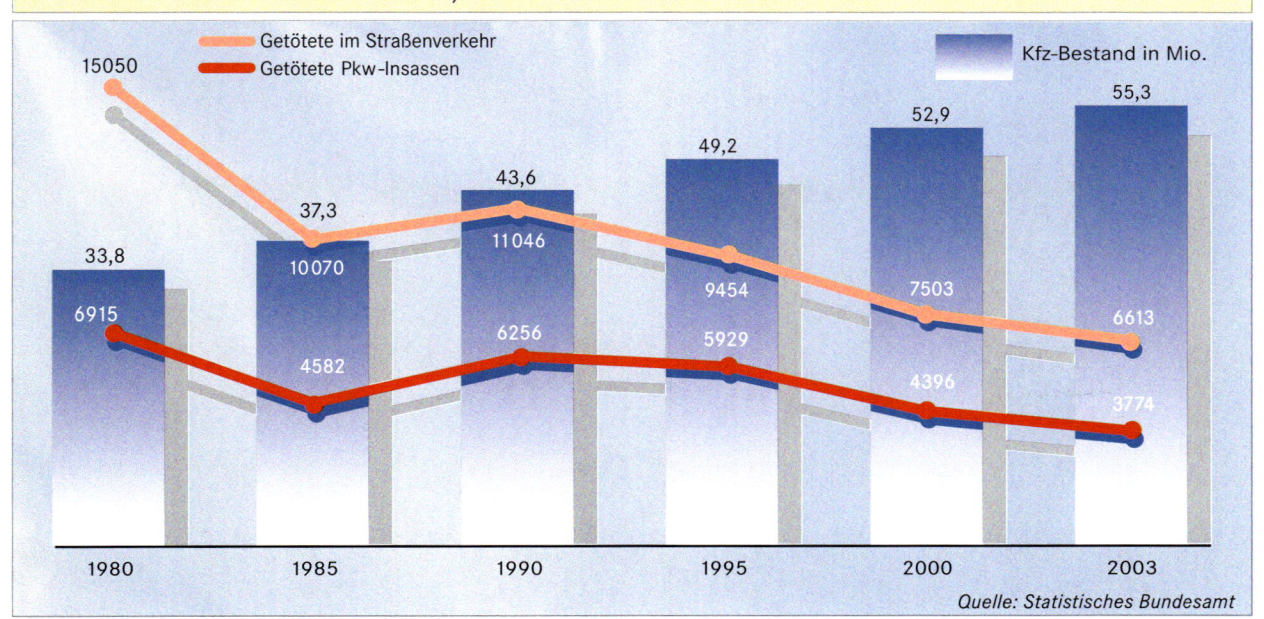

DEUTSCHLAND: MEHR AUTOS, WENIGER UNFALLOPFER

Jahr	Getötete im Straßenverkehr	Getötete Pkw-Insassen	Kfz-Bestand in Mio.
1980	15050	6915	33,8
1985	10070	4582	37,3
1990	11046	6256	43,6
1995	9454	5929	49,2
2000	7503	4396	52,9
2003	6613	3774	55,3

Quelle: Statistisches Bundesamt

DATEN UND PATENTE

Zu temperamentvoll, zu schnell, zu unerfahren: Führerschein-Neulinge sind die Sorgenkinder im Straßenverkehr

ALTERSVERGLEICH: JUNGE FAHRER OFT ZU SCHNELL UNTERWEGS

Ursachen von Verkehrsunfällen mit Personenschaden
Fehlverhalten je 1000 beteiligte Pkw-Fahrer nach Altersgruppen

- Vorfahrtsfehler
- Nicht angepasste Geschwindigkeit
- Alkoholeinfluss

Altersgruppen: 18–21 Jahre, 21–25 Jahre, 25–35 Jahre, 35–45 Jahre, 45–55 Jahre, 55–65 Jahre, über 65 Jahre

Quelle: Statistisches Bundesamt

---

die Anschnallpflicht, dazu bei, dass Auto fahren in Deutschland immer sicherer wurde.

Bessere Verkehrssicherheit bedeutet aber nicht nur höheren Schutz für Auto-Insassen. Rückläufig sind auch die Unfallzahlen anderer Verkehrspartner: So verunglücken heute in Deutschland rund 14 000 Fußgänger weniger als im Jahre 1990; das entspricht einer Verringerung von rund 28 Prozent. Die Zahl der getöteten Fußgänger sank im gleichen Zeitraum sogar um über 60 Prozent und erreichte mit 812 einen neuen Tiefstand. Dennoch bleibt der Fußgängerschutz eines der wichtigsten Themen für Automobilentwickler und Straßenplaner.

Auch bei den Zweiradfahrern entwickelt sich die Unfallbilanz positiv, allerdings in deutlich kleineren Schritten als bei den Pkw-Insassen und den Fußgängern: 2003 wurden in Deutschland 133 898 Fahrrad-, Mofa-, Moped- und Motorradfahrer verletzt oder getötet – nur 174 weniger als 1990.

ACHTUNG ANFÄNGER

Ebenso wie die Zweiradfahrer steht seit langem auch eine andere Risikogruppe im Fokus der Verkehrssicherheitspolitik: Kinder, Jugendliche und junge Autofahrer bis 25 Jahre gelten als die Sorgenkinder im Straßenverkehr. Fast jeder Dritte, der auf Deutschlands Straßen und Autobahnen ums Leben kommt, stammt aus dieser Altersgruppe. Woche für Woche bringen die Zeitungen Berichte über besonders tragische Unglücke junger Menschen. Im Jahre 2003 verursachten 18- bis 25-jährige Fahranfänger über 66 243 schwere Verkehrsunfälle – mehr als die Hälfte davon während der ersten sechs Monate nach dem Erhalt der Fahrlizenz.

„Zu viel Temperament, zu wenig Erfahrung", lautet in den meisten Fällen die Begründung für die hohe Zahl der Unfälle durch Anfänger auf unseren Straßen. Logisch: Wer jung ist, lässt sich gerne mal auf einen Nervenkitzel ein, sucht das Risiko und will sich selbst und anderen beweisen, was in ihm steckt. Zu dieser übertriebenen Risikobereitschaft kommt eine gehörige Portion Unerfahrenheit, denn wer weiß schon nach ein paar Stunden Fahrschulunterricht, wie man gefährliche Situationen rechtzeitig erkennt oder wie das Auto bei Gefahr am besten zu beherrschen ist?

Eine zweite, freiwillige Ausbildungsphase in Theorie und Praxis, die als Modellversuch bis 2009 in fast allen deutschen Bundesländern angeboten wird, soll helfen, die Unfallzahlen der Fahranfänger zu senken. Auch die Teilnahme an einem Fahrsicherheitstraining (Seite 144), darin sind sich Experten einig, ist eine sinnvolle Ergänzung des Fahrschulunterrichts. Dabei erkennen junge Anfänger ihre Fahr- und Verhaltensfehler und lernen, Unfälle zu vermeiden.

AKTIONSPROGRAMM EUROPA

Erfreuliche Fortschritte, aber trotzdem große Aufgaben. Auch beim Blick über die Grenzen wird deutlich, dass die weitere Verbesserung der Verkehrssicherheit eine gesellschaftliche Kernaufgabe ist, die alle betrifft und alle angeht. Laut CARE (Community database on Accidents on the Roads in Europe), der Verkehrsunfallstatistik der Europäischen Union, verunglückten 2001 knapp 40 000 Menschen im Straßenverkehr tödlich. Rechnet man die zehn neuen EU-Mitgliedsstaaten hinzu, so steigt diese Zahl auf über 50 000 pro Jahr.

Mit einem „Aktionsprogramm" hat die EU-Kommission dem Unfalltod den Kampf angesagt. Bis 2010 soll die Zahl tödlich verunglückter Unfallopfer halbiert werden – ein ehrgeiziges Ziel, das die Politiker durch bessere Aus- und Weiterbildung der Kraftfahrer, Aufklärungskampagnen über gefährliches Fehlverhalten im Straßenverkehr, moderne Fahrzeugtechnik und sicherere Straßen erreichen wollen. „Die Rettung von Menschenleben ist eine Herausforderung und eine Verpflichtung, der sich alle staatlichen

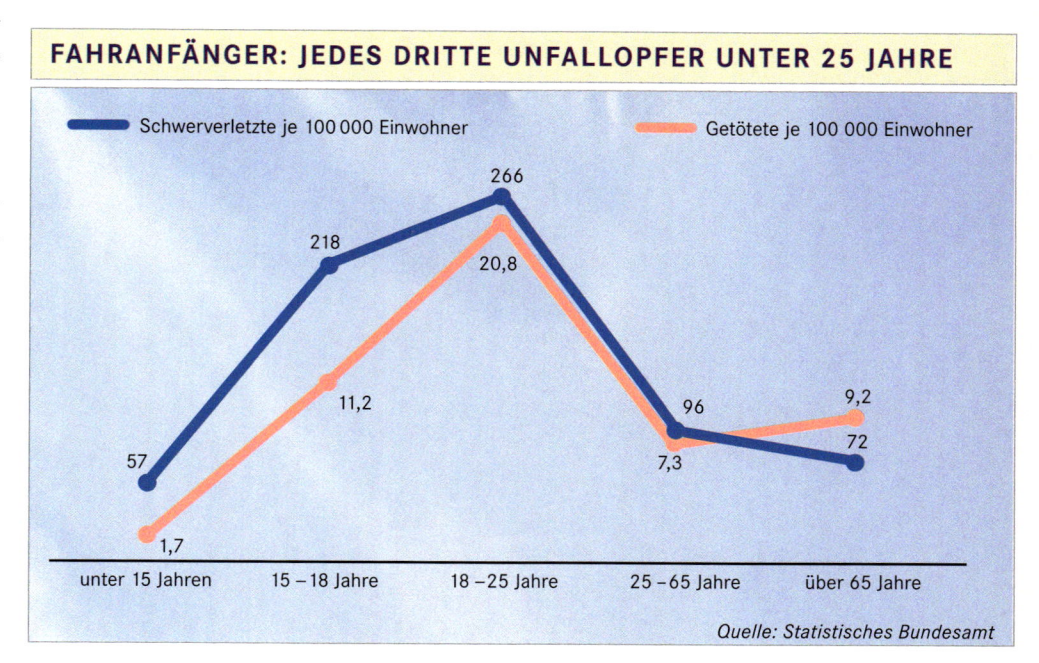

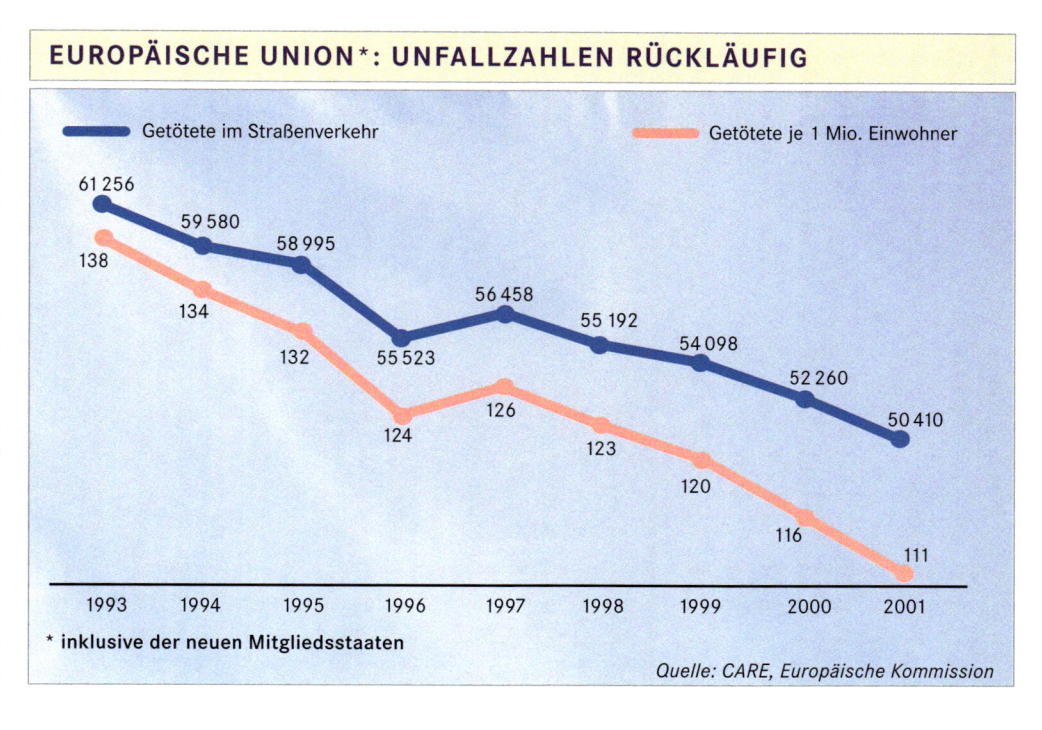

FAHRANFÄNGER: JEDES DRITTE UNFALLOPFER UNTER 25 JAHRE

— Schwerverletzte je 100 000 Einwohner — Getötete je 100 000 Einwohner

Altersgruppe	Schwerverletzte	Getötete
unter 15 Jahren	57	1,7
15 – 18 Jahre	218	11,2
18 – 25 Jahre	266	20,8
25 – 65 Jahre	96	7,3
über 65 Jahre	72	9,2

Quelle: Statistisches Bundesamt

EUROPÄISCHE UNION*: UNFALLZAHLEN RÜCKLÄUFIG

— Getötete im Straßenverkehr — Getötete je 1 Mio. Einwohner

Jahr	Getötete	je 1 Mio.
1993	61 256	138
1994	59 580	134
1995	58 995	132
1996	55 523	124
1997	56 458	126
1998	55 192	123
1999	54 098	120
2000	52 260	116
2001	50 410	111

* inklusive der neuen Mitgliedsstaaten

Quelle: CARE, Europäische Kommission

Organisationen gemeinsam stellen müssen", appelliert die EU-Kommission an die Mitgliedsstaaten der Union und formuliert eine „Charta für Straßenverkehrssicherheit". Ihre Unterzeichner verpflichten sich, „Maßnahmen tatkräftig umzusetzen, um Fortschritte bei der Verkehrssicherheit zu beschleunigen".

Mehr Tempo machen, um die Unfallzahlen zu senken: Das erscheint notwendig, denn nicht überall in der Europäischen Union entwickelt sich die Verkehrssicherheit mit gleicher Dynamik. Während Portugal, Deutschland, Österreich und Spanien bisher die größten Fortschritte erzielten, fahren zum Beispiel Luxemburg und Irland hinterher. Hier verminderte sich die Zahl der bei Verkehrsunfällen getöteten Menschen in den letzten zehn Jahren „nur" um jeweils rund zehn Prozent; in Portugal und Deutschland dagegen um 35 bis 46 Prozent. Allerdings: Trotz dieser positiven Tendenz zählt Portugal zu den EU-Ländern mit der höchsten Unfallquote (Getötete je eine Million Einwohner). Sie beträgt 160 – in Deutschland hingegen 83 und in Großbritannien und Schweden sogar nur 60 beziehungsweise 63.

Größere Anstrengungen auf dem Gebiet der Verkehrssicherheit werden auch von einigen der neuen EU-Mitgliedsstaaten erwartet. Zypern, Tschechien, Litauen und Slowenien zählen zu den Ländern mit überdurchschnittlich hohem Unfallrisiko, während sich die Situation auf den Straßen Ungarns, Maltas und der Slowakei deutlich verbesserte. Dort zählt man heute bis zu 45 Prozent (Malta, Slowenien) weniger Verkehrstote als 1992. Das sicherste Land der erweiterten Europäischen Union ist übrigens Malta, wo 2002 16 Menschen im Straßenverkehr starben. Das entspricht einer Unfallquote (Getötete je eine Million Einwohner) von 41, die weit unter dem Mittelwert der EU-Staaten liegt.

GLOBALE VERANTWORTUNG

Außerhalb Europas ist die Notwendigkeit zum raschen Handeln noch größer. Laut Weltgesundheitsorganisation ereignen sich fast 90 Prozent aller tödlichen Verkehrsunfälle in den ärmeren Ländern der Erde, wo zudem keinerlei Fortschritt zu verzeichnen sei. Im Gegenteil: „Während die Unfallzahlen in den meisten wohlhabenden Staaten allgemein rückläufig sind, steigen sie in Ländern mit niedrigem bis mittlerem Einkommen drastisch an", heißt es im „World Report on Road Traffic Injury Prevention", den die WHO im April 2004 veröffentlichte. Wie drastisch zeigt eine Berechnung für den Zeitraum zwischen 1975 und 1998. Derzufolge stieg die Zahl der tödlichen Unfälle zum Beispiel in Botswana um 383 Prozent, in China um 243 Prozent und in Kolumbien um 237 Prozent. Auch Malaysia, Indien und Sri Lanka zählen zu den Ländern mit einem deutlich höheren Unfallrisiko als Mitte der Siebzigerjahre.

Gefährliches Pflaster: In den Schwellen- und Entwicklungsländern Afrikas, Amerikas und Asiens ist das Unfallrisiko am größten.

Zwar hapert es an genauen Zahlen, weil nicht überall Verkehrsunfallstatistiken existieren, doch die WHO erkennt auf Basis von Daten aus 75 Staaten eine ebenso eindeutige wie alarmierende Tendenz: „Gemäß unserer Daten ist die Zahl der Verkehrstoten weltweit von 999 000 im Jahre 1990 auf rund 1,18 Millionen gestiegen. Das entspricht einer Zunahme von rund zehn Prozent."

Fußgänger, Radfahrer, Motorradfahrer und Passagiere öffentlicher Verkehrsmittel seien besonders gefährdet; fast dreimal so viele Männer wie Frauen verlieren ihr Leben auf den Straßen; die meisten Unfallopfer gehörten zur Altersgruppe der 15- bis 44-Jährigen. „Zu dem tiefen Leid, das jeder Unfall verursacht, kommt oft die wirtschaftliche Not", sagt UN-Generalsekretär Kofi Annan. „Familien verlieren ihre Ernährer, stürzen ins Elend und sind auf Unterstützung durch die Gemeinden oder die Hilfsorganisationen angewiesen." Deshalb sei Verkehrssicherheit eine gesellschaftliche Verantwortung.

Die WHO-Weltkarte der Verkehrssicherheit zeigt die Brennpunkte: alle Staaten Afrikas, Arabien und der Nahe Osten einschließlich der Länder Iran, Irak, Afghanistan und Pakistan. In diesen Regionen liegt die Unfallquote (Getötete je eine Million Einwohner) zwischen 191 und 283 – sie übertrifft damit die Werte der Europäischen Union (111) und auch der Vereinigten Staaten (152) um ein Vielfaches.

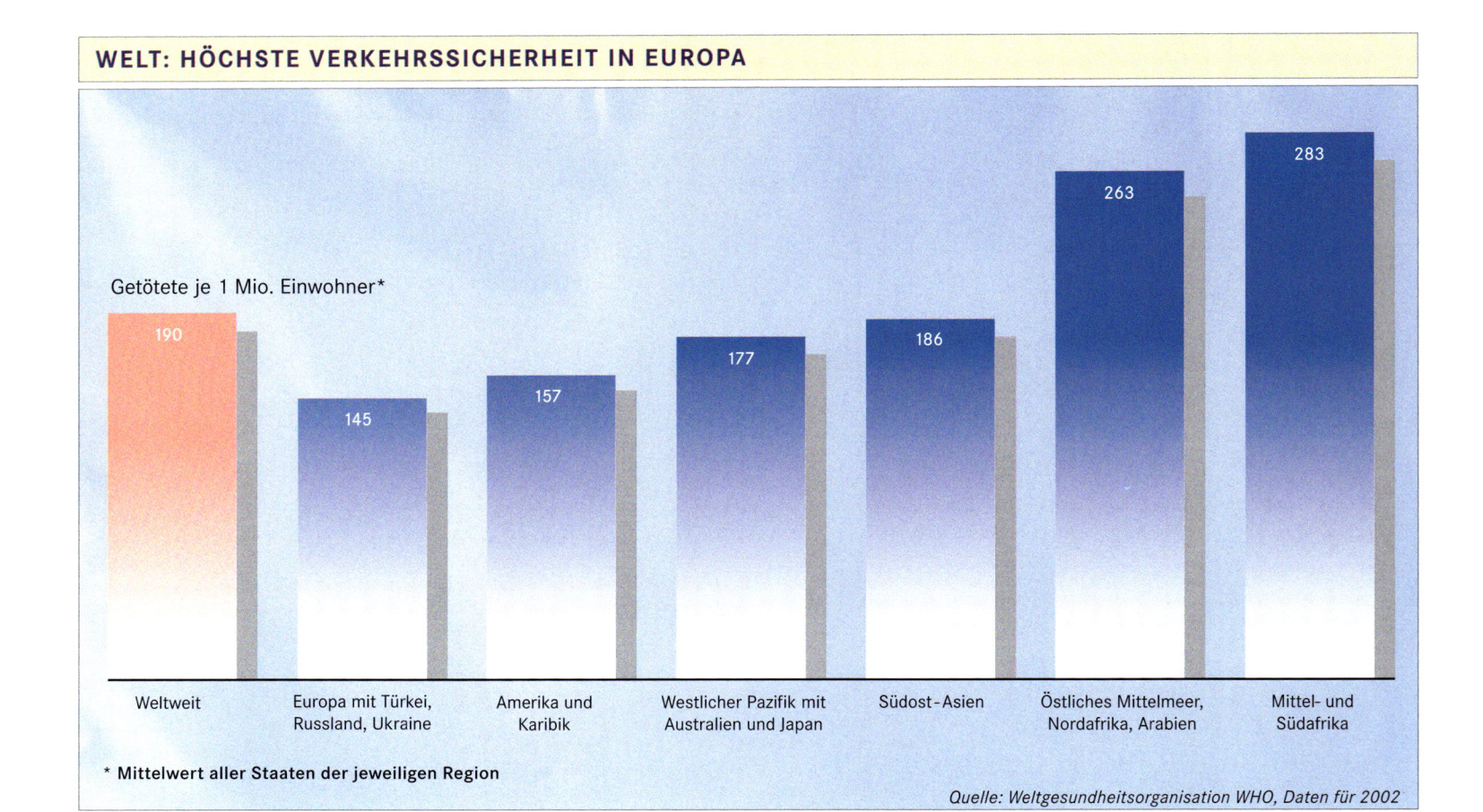

WELT: HÖCHSTE VERKEHRSSICHERHEIT IN EUROPA

Getötete je 1 Mio. Einwohner*

Weltweit	190
Europa mit Türkei, Russland, Ukraine	145
Amerika und Karibik	157
Westlicher Pazifik mit Australien und Japan	177
Südost-Asien	186
Östliches Mittelmeer, Nordafrika, Arabien	263
Mittel- und Südafrika	283

* Mittelwert aller Staaten der jeweiligen Region

Quelle: Weltgesundheitsorganisation WHO, Daten für 2002

MIT SICHERHEIT MOBIL

Getötete im Straßenverkehr je 1 Mio. Einwohner im Jahre 2002

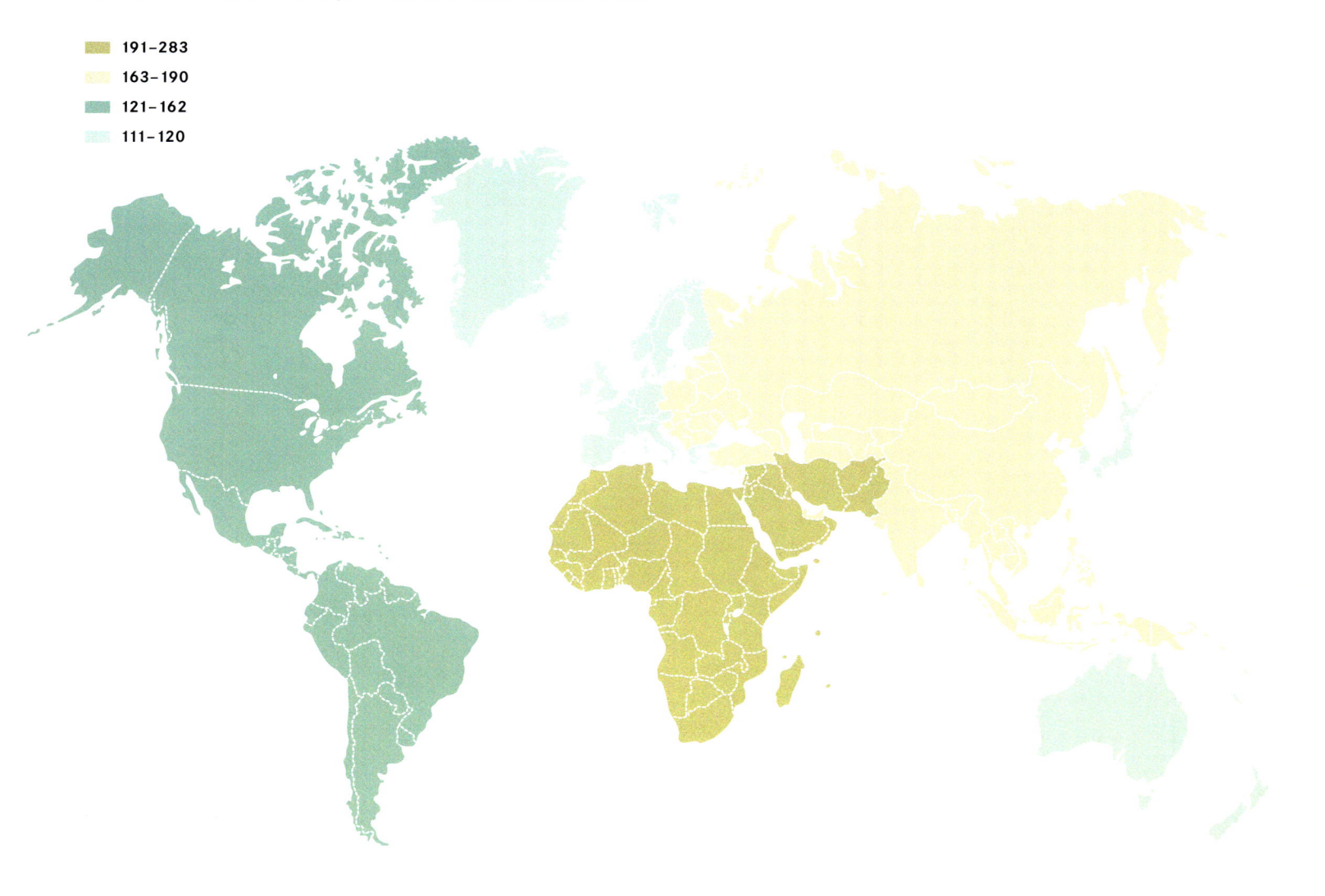

- 191–283
- 163–190
- 121–162
- 111–120

Angesichts der aktuellen Datenanalyse und der Trends in vielen Ländern Afrikas, Amerikas und Asiens prognostiziert die Weltgesundheitsorganisation, dass die Zahl der Verkehrstoten bis 2020 um mehr als 60 Prozent steigen wird, wenn sich die Sicherheit auf den Straßen der Erde nicht nachhaltig verbessert. Deshalb sind die Worte von Kofi Annan so bedeutsam: „Wir alle müssen handeln – lassen Sie uns zusammenarbeiten und Vorsorge treffen, um Menschenleben zu retten."

Weltkarte der Verkehrssicherheit: Trotz geringer Fahrzeugdichte ereignen sich in Afrika, Arabien und Teilen Asiens die meisten schweren Unfälle

DATEN UND PATENTE

Passive Sicherheit –

Eine unendliche Geschichte, die vor 65 Jahren bei Mercedes-Benz in Sindelfingen begann

Vordenker: Mercedes-Ingenieur Béla Barényi (oben) gilt als Pionier der Pkw-Sicherheitstechnik. Unter seiner Regie fanden in den Fünfzigerjahren die ersten systematischen Crashtests statt.

MARKENZEICHEN SICHERHEIT

Mercedes-Benz, die traditionsreichste Automobilmarke der Welt, nimmt ihre gesellschaftliche Verantwortung ernst und leistet seit mehr als sechs Jahrzehnten wichtige Beiträge, um die Sicherheit auf den Straßen zu erhöhen. Die Mehrzahl aller technischen Innovationen, die das Autofahren sicherer machten, basieren auf dem Ideenreichtum, der Erfahrung und dem Wissen der Mercedes-Ingenieure. Ob Knautschzone, Gurtstraffer, Airbag, Brems-Assistent, Elektronisches Stabilitäts-Programm oder PRE-SAFE, die Meilensteine der modernen Pkw-Sicherheitstechnik gingen bei Mercedes-Benz erstmals in Serie – und revolutionierten die gesamte Automobilentwicklung.

Vor 65 Jahren, im August 1939, rief man im Werk Sindelfingen eine Abteilung ins Leben, die sich ausschließlich der Unfallsicherheit widmen sollte. Chef dieses Teams war der in Österreich geborene Ingenieur Béla Barényi (1907–1997). Schon ein Jahr nach seinem Dienstantritt in Sindelfingen machte er durch den ersten Prototyp mit „unfallsicherer" Bodengruppe, gestaltfester Passagierzelle und besonderem Flankenschutz auf sich aufmerksam. Ihm folgten in rascher Folge andere wegweisende Erfindungen. „Auf dem Fundament, das Barényi in den Vierziger- und Fünfzigerjahren legte, steht die Fahrzeugsicherheit noch heute", sagt Dr. Rodolfo Schöneburg, Leiter des Centers Sicherheit/Fahrzeugfunktionen im Mercedes-Benz Technology Center und erinnert an Sternstunden der Pkw-Sicherheit wie Knautschzone, Sicherheitslenksäule, Lenkrad-Prallplatte, Sicherheits- Fahrgastzelle oder Seitenaufprallschutz, die Vordenker Barényi konzipierte und realisierte. Über 2500 Patente zeugen von seinem Erfindergeist.

Doch der Weg vom Patent zum Produkt ist weit. Vor allem, wenn es um so elementare Themen wie den Schutz der Auto-Insassen geht. Mercedes-Benz überließ nichts dem Zufall, sondern begann als eine der ersten Automobilmarken schon Ende der Fünfzigerjahre damit, sicherheitstechnische Neuentwicklungen systematisch zu erproben und damit serienreif zu machen. Die ersten Crashtests am Rande des Sindelfinger Werksgeländes standen ganz im Zeichen des Themas Knautschzone, die Béla Barényi schon in den Vierzigerjahren erfunden und 1951 zum Patent angemeldet hatte. Durch Aufprallversuche wollte man die Wirksamkeit der Erfindung testen – und war erfolgreich. Im Jahre 1959 ging das wegweisende Konstruktionsprinzip mit den Mercedes-Modellen 220, 220 S und 220 SE erstmals in Serie. Damit war der Grundstein für die moderne Pkw-Sicherheitstechnik gelegt.

Vor 50 Jahren waren Aufprallversuche kompletter Fahrzeuge noch Pioniertaten.

Man setzte Seilzüge und sogar Heißwasserraketen ein, um die Testwagen auf Touren zu bringen. Die Ergebnisse waren oft eher zufällig als geplant. Für den Überschlagtest konstruierten die Techniker eine „Korkenzieher-Rampe" und mangels Dummys führten manche Ingenieure Tests im Selbstversuch durch. Später mussten dann Schaufensterpuppen ihren Kopf hinhalten, bis schließlich 1968 die ersten genormten Test-Dummys in den Versuchswagen Platz nahmen.

Heute finden im Mercedes-Benz Technology Center auf hochmodernen Anlagen jährlich rund 500 Crashtests statt. Höchste Präzision ist dabei selbstverständlich: Eine elektronisch gesteuerte, mittels Stickstoff-Hochdruck angetriebene Seilzuganlage beschleunigt die Crash-Fahrzeuge auf bis zu 120 km/h und sorgt dafür, dass sie die Aufprallbarriere mit einer seitlichen Toleranz von höchstens einem Zentimeter treffen. Die gewünschte Geschwindigkeit wird bis 65 km/h mit einer Genauigkeit von 0,1 km/h eingehalten. Kameras, die in jeder Sekunde bis zu 1000 Bilder machen, halten den Aufprall aus jeder Perspektive fest und ermöglichen eine detaillierte Analyse.

Unter Dampf: Heißwasserraketen als Fahrzeugantrieb, Schaufensterpuppen als Dummys und andere ideenreiche Erfindungen machten die ersten Crashversuche möglich.

DATEN UND PATENTE

Kontrolle des entfalteten Windowbags

Vermessung der Karosseriebeschädigungen

Datenerfassung im Mercedes-Benz Technology Center

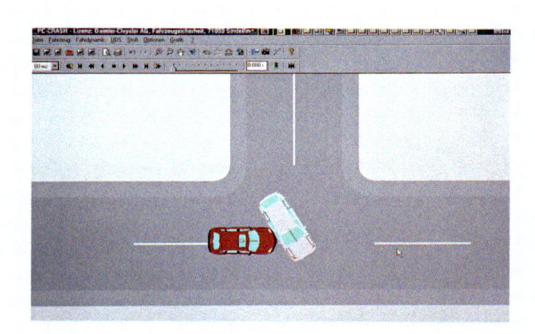

Aufprallrekonstruktion am Computer

Maßarbeit: Seit 1969 ist die Mercedes-Unfallforschung zur Stelle, um Verkehrsunfälle systematisch zu rekonstruieren und zu analysieren. Zum Einsatzgebiet (rechts) gehören Autobahnen, Stadt- und Landstraßen in Baden-Württemberg.

BEI UNFALL ANRUF

Von so viel Hightech konnten die Sicherheitspioniere nur träumen. Dennoch machte man auch damals schnell große Fortschritte – vor allem, als Mercedes-Benz neben systematischen Aufprallversuchen Ende der Sechzigerjahre auch damit begann, reale Verkehrsunfälle zu analysieren und die Erkenntnisse für die Sicherheitsentwicklung zu nutzen.

Bei Unfall Anruf: Seit 35 Jahren alarmieren Polizei, Abschleppunternehmer, Mercedes-Werkstätten oder -Niederlassungen die Mercedes-Unfallforscher telefonisch, wenn es gekracht hat. Nicht selten startet eines der Teams schon kurze Zeit später, um einen Unfall vor Ort zu untersuchen. Mit detektivischem Spürsinn messen sie Brems- oder Schleuderspuren, begutachten die beschädigten Karosserien und analysieren die Verletzungsursachen. Erstmals waren die Fachleute im Januar 1967 ausgerückt und analysierten im Rahmen eines Pilotversuchs schwere Verkehrsunfälle, die sich im Landkreis Böblingen und auf der Autobahn 8 ereignet hatten. Doch erst ein Erlass des baden-württembergischen Innenministeriums vom Januar 1969 stellte die wichtige Forschungsarbeit auf eine breite und vor allem dauerhafte Basis. „Das Innenministerium unterstützt die werkseigenen Forschungsarbeiten der Daimler-Benz AG, da sie von allgemeiner Bedeutung für die Verkehrssicherheit sind", hieß es in dem Schnellbrief des Ministers an alle Polizeidienststellen des Landes.

Dank der guten Zusammenarbeit mit Behörden und Polizeistationen vergrößerte sich das Einsatzgebiet der Mercedes-Unfallforschung in den folgenden Jahren mehrmals. Heute erstreckt es sich von Baden-Baden bis Ulm, von Mannheim bis Albstadt und von Tauberbischofsheim bis Freudenstadt. Fast 200 Kilometer Luftlinie liegen zwischen den entferntesten Punkten dieses Gebietes.

MIT SICHERHEIT MOBIL

Als die Mercedes-Unfallforschung im Frühjahr 1969 mit ihrer systematischen Arbeit begann, hatten Unfallanalysen in Deutschland noch Seltenheitscharakter. Erst 1970 beschloss der Deutsche Bundestag, bei der Bundesanstalt für Straßenwesen (BASt) einen Bereich zu schaffen, der sich als zentrale Stelle mit den wichtigen Aufgaben der Unfallforschung beschäftigt. So wurde ein Studienprojekt entwickelt, das ein Forscherteam der Technischen Universität Berlin und der Medizinischen Hochschule Hannover im Jahre 1973 startete und das noch immer läuft. Titel: „Erhebungen am Unfallort". Heute trägt es den Namen „GIDAS" (German In-Depth Accident Study) und liefert jährlich Daten von rund 2000 Verkehrsunfällen, die sich im Umkreis der Städte Hannover und Dresden ereignen. Sie sind repräsentativ für Deutschland.

Zudem führen Fachleute der Daimler-Chrysler-Forschung seit 1998 Interviews mit verunglückten Mercedes-Fahrern, um mehr über die Unfallursachen zu erfahren. Mit diesem zusätzlichen Wissen können gezielte Maßnahmen zur Unfallvermeidung getroffen werden und in die Pkw-Entwicklung einfließen.

UNFALLFORSCHUNG: ANALYSIEREN, BEWERTEN, ENTWICKELN

- Unfall
  - Untersuchung der Unfallstelle
    - Rekonstruktion des Unfallablaufs
    - Einstufung der Unfallschwere
  - Untersuchung des Unfallfahrzeugs
    - Dokumentation der Fahrzeugschäden
    - Dokumentation der Insassenkontakte
    - Ermittlung von Verletzungsursachen
  - Untersuchung der Insassen
    - Dokumentation der Verletzungen
    - Einstufung der Verletzungsschwere
- Schwerpunkte weiterer Sicherheitsmaßnahmen

Schön aber gefährlich: Beim Aufprall gegen Lenkrad und Instrumententafel verletzten sich Auto-Insassen in den Fünfzigerjahren schwer. Die „Entschärfung" des Innenraums war eine der ersten wichtigen Aufgaben der Sicherheitsentwickler.

UNFALLARTEN: JEDER ZWEITE CRASH FRONTAL

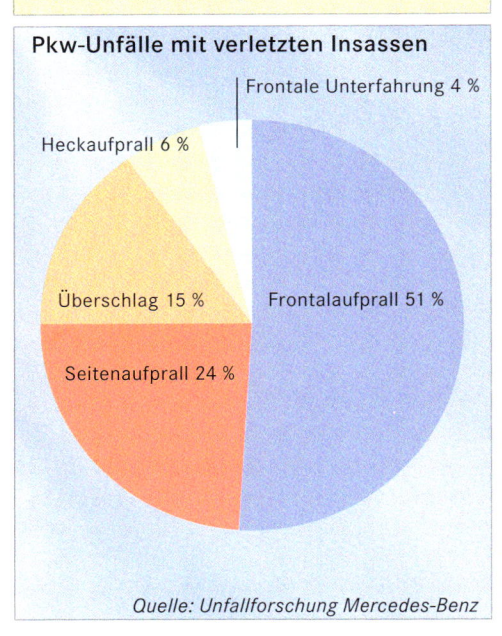

Pkw-Unfälle mit verletzten Insassen

- Frontale Unterfahrung 4 %
- Heckaufprall 6 %
- Überschlag 15 %
- Seitenaufprall 24 %
- Frontalaufprall 51 %

Quelle: Unfallforschung Mercedes-Benz

VORSPRUNG DURCH FORSCHUNG

35 Jahre Mercedes-Unfallforschung, das bedeutet 35 Jahre akribische Detailarbeit und Datensammlung. Sie trägt maßgeblich dazu bei, den Technologievorsprung der Marke Mercedes-Benz zu sichern.

Denn das Wissen aus der Praxis bleibt in Stuttgart und Sindelfingen nicht lange Theorie. Schon mehrfach lieferte die Unfallforschung die Grundlagen für die Entwicklung neuer, wegweisender Sicherheitssysteme. Ende der Sechzigerjahre, als Mercedes-Benz mit den systematischen Unfallanalysen begann, galt die Aufmerksamkeit der Fachleute vor allem dem Aufprallschutz im Fahrzeuginnenraum. Zwar gab es für die Mercedes-Limousinen bereits Sicherheitsgurte, doch die Anlegequote war noch sehr gering. Die Folge dieser Bequemlichkeit waren schwere Kopfverletzungen, die viele Frontpassagiere beim Aufprall gegen Lenkrad, Instrumententafel oder Windschutzscheibe erlitten. Die Unfallforscher gingen deshalb auf die Suche nach den besonders gefährlichen Kontaktstellen im Innenraum und machten anschließend Vorschläge für die Neugestaltung von Schaltern, Griffen und Hebeln, die sie als Ursachen der schlimmen Blessuren enttarnt hatten. Auch die Auswahl der Materialien für Instrumententafel und Innenraumverkleidungen erfolgte fortan unter dem Gesichtspunkt des Unfallschutzes. Energieabsorbierende Werkstoffe sind seitdem erste Wahl für die Automobilingenieure.

Nach der „Entschärfung" des Innenraums konzentrierte sich die Arbeit der Unfallforscher und Sicherheitsingenieure auf die weitere Verbesserung der Karosseriestruktur. Auch dies war eine Konsequenz der ersten Unfallanalysen. Zwar dominiert bei den schweren Pkw-Unfällen nach wie vor der Frontalzusammenstoß mit einem Anteil von 51 Prozent, doch seit Anfang der Siebzigerjahre wissen die Fachleute: Frontalaufprall ist nicht gleich Frontalaufprall.

Bei der Rekonstruktion typischer Gegenverkehrskollisionen erkannten die Unfallforscher nämlich, dass die Fahrzeuge meist asymmetrisch zusammenprallen und dass die vorderen Karosseriebereiche demzufolge stark einseitig belastet werden. Die Fachleute bezeichnen diesen Unfalltyp als Offset-Aufprall. Immerhin: Bei rund der Hälfte aller Frontalkollisionen auf unseren Straßen stoßen die Fahrzeuge mit einer linksseitigen Frontüberdeckung von 30 bis 50 Prozent zusammen. Bei weiteren 25 Prozent erfolgt der Aufprall auf der Beifahrerseite.

Diese Erkenntnisse hatten Folgen für die Automobiltechnik. Weil der mittige Frontalcrash gegen eine flache Wand, den die Gesetze als Sicherheitstest für Personenwagen bis dato vorschrieben, nur einen Teil des realen Unfallgeschehens repräsentiert, ging Mercedes-Benz eigene Wege. Auf Basis der Daten aus der firmeneigenen Unfallforschung führten die Ingenieure bereits 1973 die ersten Crashtests nach dem Offset-Prinzip durch und verwirklichten für ihre Personenwagen ein Konstruktionsprinzip, das auch bei extremer Teilbelastung des Fahrzeugvorbaus einen sehr guten Insassenschutz bietet. Des Rätsels Lösung hieß Gabelträger: stabile Längsprofile auf beiden Seiten der vorderen Karosseriestruktur, die sich vor der Stirnwand in Richtung Mitteltunnel und Seitenschweller gabeln. Auf diese Weise verzweigen sich beim Unfall die Aufprallkräfte: Tunnel, Boden und Seitenwand werden gleichmäßig belastet und die Fahrgastzelle bleibt weitgehend unbeschädigt. Ein Querverband vor den Längsträgern sorgte außerdem dafür, dass auch die nicht belastete Fahrzeugseite an der Energieaufnahme beteiligt wurde.

Die 1979 neu vorgestellten Limousinen der S-Klasse (Modellreihe W 126) waren die ersten Mercedes-Modelle, deren Crashstruktur mit dem Gabelträgerkonzept gezielt auf den versetzten Frontalaufprall ausgelegt war. Heute sorgt ein neues Konstruktionsprinzip für einen noch wirksameren Insassenschutz – nicht nur beim Offset-Crash.

Jahre später ergab die kontinuierliche Beobachtung des Unfallgeschehens, dass eine weitere Modifikation des Testverfahrens erforderlich ist. Mercedes-Benz entwickelte daraufhin den Offset-Crash gegen die deformierbare Barriere: Eine Aluminiumstruktur ersetzt beim Crashtest die Knautschzone des Unfallgegners und ermöglicht auf diese

EURO-NCAP: STERNE FÜR DIE SICHERHEIT

NCAP (New Car Assessment Programm) ist ein Zusammenschluss europäischer Verbraucherverbände und Verkehrsministerien, des ADAC, der EU-Kommission und der FIA Foundation. Diese Organisation hat ein mehrteiliges Testprogramm für Automobile entwickelt, um den Verbraucher auf Basis ausgewählter Crashtests zu informieren. Der NCAP-Test besteht aus vier Einzeluntersuchungen:

- **Frontalaufprall** mit 64 km/h seitlich versetzt (Offset) gegen eine deformierbare Barriere.
- **Seitenaufprall** einer fahrbaren Barriere (50 km/h) mit deformierbarer Front gegen das Fahrzeug.
- **Pfahlaufprall** mit 29 km/h seitlich in Höhe des Fahrersitzes gegen eine Stahlsäule. Damit wird der Anprall gegen einen Baum oder Lichtmast simuliert.
- **Fußgänger-Anprall** mit 40 km/h.

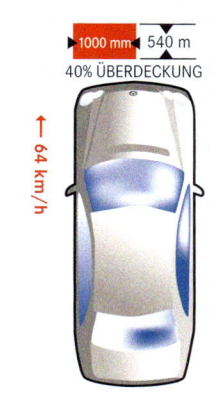

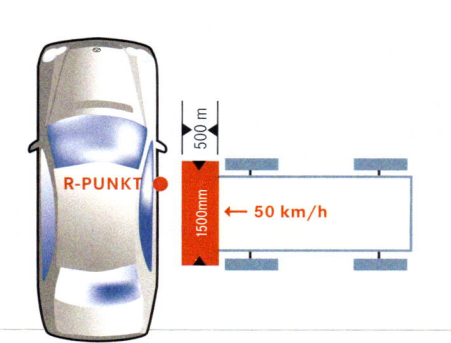

BRENNPUNKTE: GRÖSSTES UNFALLRISIKO AUF LANDSTRASSEN

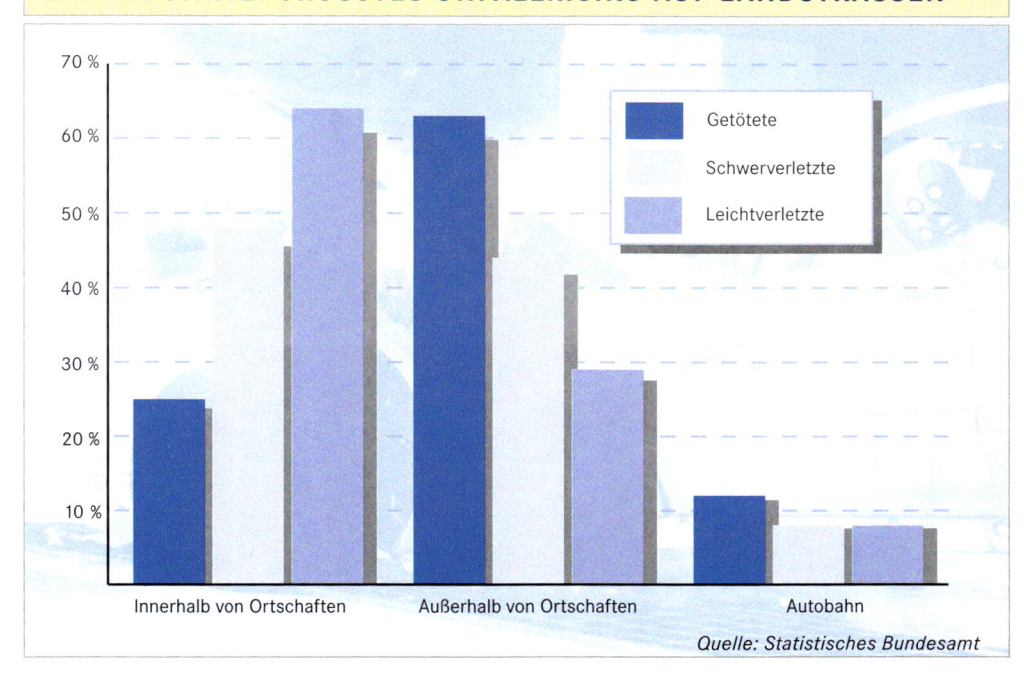

Quelle: Statistisches Bundesamt

DATEN UND PATENTE

Weise eine praxisnähere Analyse des Verformungsverhaltens der Karosserie als beim Aufprall gegen eine starre Beton- oder Stahlbarriere. Dem von Mercedes-Benz mitentwickelten Crash gegen die deformierbare Barriere unterziehen sich in Europa heute alle neu entwickelten Personenwagen; er ist gesetzlich verankert und gehört auch zum Euro-NCAP-Testprogramm (New Car Assessment Programm).

Mit Dummys ermitteln die Testingenieure dabei, wie hoch das Verletzungsrisiko in welchem Körperbereich ist und stellen das Ergebnis in farbigen Grafiken dar. Daraus errechnet sich die Gesamtbewertung des NCAP-Crashtests, die maximal fünf Sterne für den Insassenschutz und höchstens vier Sterne für den Fußgängerschutz vorsieht. Die C- und E-Klasse von Mercedes-Benz wurden mit fünf Sternen bewertet.

STRAFFER GURT

Erfahrungen aus der Unfallpraxis prägten in den Siebziger- und Achtzigerjahren die Entwicklung weiterer wegweisender Sicherheitsdetails. Allen voran steht der Dreipunkt-Sicherheitsgurt, den Mercedes-Benz seinen Kunden erstmals 1968 anbot und der seit 1973 zusammen mit Kopfstützen für Fahrer und Beifahrer zur Serienausstattung aller Modelle gehört. Der Gurt bildet nach wie vor das Kernstück des Insassenschutzes; er hat Hunderttausende Auto-Insassen vor dem Unfalltod bewahrt oder vor schweren Verletzungen geschützt.

Doch die Unfallforschung zeigte den Mercedes-Ingenieuren auch in diesem Fall, dass sich Gutes durchaus verbessern lässt. Dies geschah beispielsweise durch eine bessere Gurtgeometrie und die Befestigung der unte-

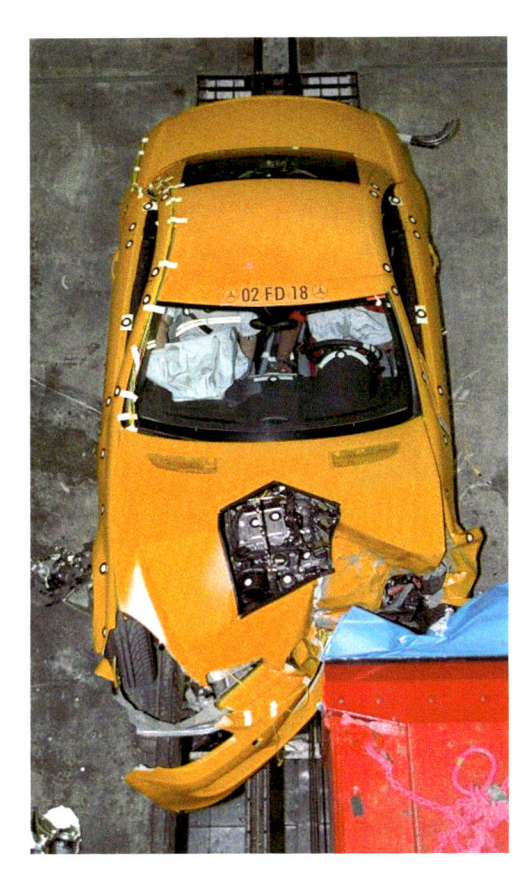

Harte Probe: Der Offset-Frontalaufprall gehört bei Mercedes-Benz schon seit 1973 zum Standardprogramm der Pkw-Sicherheitsentwicklung.

Schwarzes Band: Der Dreipunkt-Sicherheitsgurt hielt 1968 Einzug in die Mercedes-Personenwagen. Seit 1972 gehören Automatikgurte und Kopfstützen zur Serienausstattung.

ren Gurtverankerungspunkte an den Sitzgestellen. Dadurch ist in jeder Sitzposition eine optimale Führung des Gurtbandes gewährleistet. Der Mercedes-Benz 280 SL war 1971 weltweit das erste Automobil, das mit diesem wichtigen Sicherheitsmerkmal auf den Markt kam.

Anfang der Siebzigerjahre erkannten die Unfallforscher, dass Auto-Insassen bei einem schweren Frontalaufprall mit Lenkrad oder Instrumententafel in Berührung kommen – trotz Sicherheitsgurt. Die Ursache dafür war die so genannte Gurtlose, ein prinzipbedingter Leerweg des Gurtbandes, den die Mercedes-Ingenieure durch die Erfindung des Gurtstraffers kompensierten. Er zieht das Gurtband beim Crash millisekundenschnell straff. Im Jahre 1970 begann die Entwicklung dieses nützlichen Bauteils. Eine reelle Serienchance bekam der Gurtstraffer aber erst nach der Weiterentwicklung der Mikro-Elektronik, die für seine Auslösung benötigt wird. Im Jahre 1980 war es so weit: Mercedes-Benz bot erstmals einen Gurtstraffer für die Vordersitze an; seit 1984 gehört er zur Serienausstattung aller Pkw-Modelle mit dem Stern.

Heute steht zweifelsfrei fest, dass sich die aufwändige Entwicklungsarbeit gelohnt hat. Der Gurtstraffer verringert beim Frontalaufprall nicht nur die gefährliche Vorverlagerung von Kopf und Brust, er vermindert darüber hinaus auch die Gesamtbelastung der Insassen.

ZÜNDENDE IDEE

Noch besser wurde das Insassen-Rückhaltesystem durch den Airbag – eine weitere zündende Idee der Mercedes-Ingenieure und ein Meilenstein der Sicherheitstechnik. 1967 begann seine Entwicklung, im Oktober 1971 wurde er von Daimler-Benz zum Patent (DE 2152902 C2) angemeldet und Ende 1980 hielt der Airbag erstmals Einzug in die Serienproduktion – nach 13 Jahren intensiver Entwicklungs- und Erprobungsarbeit. Der Airbag ist beim Frontalaufprall binnen 30 Millisekunden zur Stelle und verhindert den Kopfkontakt des Fahrers mit Lenkrad oder Instrumententafel zuverlässig; er reduziert damit das Verletzungsrisiko ganz erheblich. Vor allem die Zahl der Kopf- oder Gesichtsverletzungen ging dank Airbag deutlich zurück. Seit 1992 bietet Mercedes-Benz den Fahrer-Airbag serienmäßig an.

Drei Jahre später zeigte die Auswertung von Unfallakten, dass der serienmäßige Einsatz von Airbags und Gurtstraffern für Fahrer und Beifahrer eine neue Gesamtabstimmung des Rückhaltesystems ermöglicht. Mercedes-Benz entwickelte daraufhin den Gurtkraftbegrenzer, der die Rückhaltewirkung des Gurtes gezielt verringert, sobald die Insassen von den Airbags aufgefangen werden. Das Ergebnis sind deutlich geringere Brustbelastungen der Frontpassagiere.

Dass man die Airbag-Funktionen auch gezielt auf die jeweilige Unfallsituation abstimmen kann, bewies Mercedes-Benz erstmals 1998 bei der Neuvorstellung der S-Klasse (Modellreihe W 220). Die Ingenieure hatten einen neuartigen, zweistufigen Gasgenerator entwickelt, der den Luftsack je nach Unfallschwere aufbläst. Stellt die Airbag-Sensorik eine Kollision mittlerer Schwere fest, aktiviert sie zunächst nur eine Stufe des Gasgenerators. Der Airbag entfaltet sich dadurch sanfter. Erkennt der Mikro-Computer eine höhere Unfallschwere, zündet wenige Millisekunden später zusätzlich auch die zweite Stufe des Luftsacks. Diese adaptive, bedarfsgerechte Steuerung des Fahrer- und Beifahrer-Airbags gehört heute zur Serienausstattung aller modernen Mercedes-Personenwagen.

Pralles Kissen: 13 Jahre dauerten Entwicklung und Erprobung des Airbags. Ende 1980 ging er bei Mercedes-Benz erstmals in Serie.

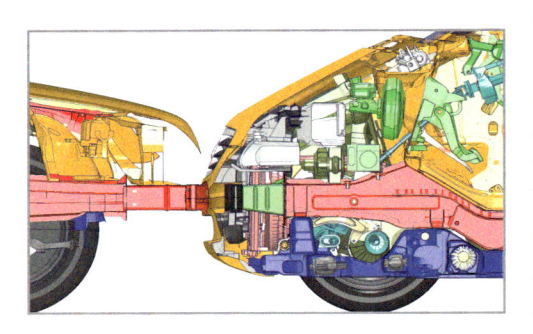

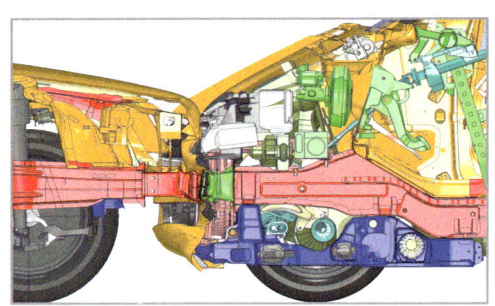

DATEN UND PATENTE

für den Projektstart; aus der Studie wurde ein Serienautomobil – aus der Studie A die A-Klasse. Im März 1997 zeigte sich der Mercedes-Kompaktwagen erstmals der Öffentlichkeit und wurde seitdem über 1,1 Millionen Mal produziert. Heute ist bereits die zweite Generation der A-Klasse unterwegs – ebenfalls mit dem Sandwich-Konzept, das sich tausendfach bewährt und Insassen der A-Klasse bei schweren Unfällen wirksam geschützt hat. Die Erfindung trug maßgeblich dazu bei, dass die Verletzungsschwere der Passagiere beim Frontalaufprall deutlich unter den für diese Fahrzeugklasse üblichen Durchschnittswerten liegt.

SANDWICH FÜR DIE SICHERHEIT

„Kann man einen Mercedes-Benz mit seiner herausragenden Sicherheit in den Dimensionen eines Kompaktwagens produzieren?" Das war eine interessante Frage, die Anfang der Neunzigerjahre im Mercedes-Sicherheitszentrum diskutiert wurde. Unmöglich? Möglich? Im Prinzip ja, lautete die Antwort der Ingenieure, aber nur mit einer völlig neuartigen Karosseriekonzeption.

Es folgte die Phase des Forschens und Entwickelns. Ein intelligentes Prinzip wurde geboren und patentiert, um den Zielkonflikt zwischen kompakten Fahrzeugabmessungen einerseits und Mercedes-typischem Insassenschutz andererseits zu lösen: das so genannte Sandwich-Prinzip. Motor und Getriebe fanden ihren Platz teils vor, teils unter der Karosserie. So können sie bei einem schweren Frontalaufprall nach unten abgleiten und Intrusionen in den Innenraum werden minimiert.

In einer Studie bestand dieses revolutionäre Konzept seine Bewährungsprobe – Studie A. Sie war die Sensation auf der Internationalen Automobil-Ausstellung des Jahres 1993, bekam Beifall von allen Seiten: 90 Prozent der Messebesucher waren der Ansicht, Mercedes-Benz solle dieses innovative Auto produzieren. Das war ein wichtiges Signal

BLICK ZUR SEITE

Das langjährige Mercedes-Engagement in Sachen Insassenschutz zeigt auf breiter Basis Wirkung. Schon Anfang 1998 konnten die Unfallforscher eine positive Bilanz ziehen: Das Risiko schwerster bis tödlicher Verletzungen bei einem schweren Frontalaufprall hatte sich in den zurückliegenden zwei Jahrzehnten deutlich verringert. Tödliche Verletzungen angegurteter Pkw-Insassen traten in der Regel nur bei extrem schweren Frontalunfällen, den so genannten Katastrophenfällen, auf.

Damit rückte eine andere Unfallart in den Blickpunkt der Sicherheitsentwickler: der Seitenaufprall. Der Anteil solcher Kollisionen an den Unfällen mit schwer verletzten Auto-Insassen steigt seit den Neunzigerjahren kontinuierlich. Betrug er 1985 noch 14 Prozent, so waren es 1995 bereits 30 Prozent. Deutlich zeigte sich vor allem die zunehmende Bedeutung der Seitenkollisionen bei den Verkehrsunfällen mit tödlich verletzten Pkw-Insassen. Bei dieser Kollisionsart beträgt der Anteil der Unfälle mit tödlichem Ausgang 44 Prozent, wie eine Studie der Mercedes-Unfallforschung zeigt.

Folglich schnürten die Sicherheitsingenieure ein Paket von Schutzmaßnahmen, das

In Schräglage: Motor und Getriebe der A-Klasse befinden sich teils vor, teils unter der Karosserie. Beim Frontalaufprall gleiten sie nach unten.

neben stabilen Türschlössern und Türscharnieren unter anderem auch spezielle Deformationselemente und Schaumpolster in den Innenverkleidungen der Türen enthält. Zudem verfügen die Mercedes-Personenwagen über spezielle Flankenschutzverstärkungen im unteren Türbereich. So entsteht ein wirksamer Seitenaufprallschutz, der seit 1995 durch den Einsatz des Sidebags und seit 1998 durch den Windowbag weiter verbessert wurde.

Die Entwicklung des Windowbags basiert auf intensiven Untersuchungen der Mercedes-Unfallforschung. Sie zeigten, dass beim Seitencrash schwere Kopfverletzungen verursacht werden, weil die Insassen gegen eindringende Objekte prallen oder weil ihre Köpfe durch die Wucht des Aufpralls nach außen pendeln. Das großflächige Luftpolster, das zusammen mit den Sidebags aktiviert wird und sich wie ein aufblasbarer Vorhang vor den Innenseiten der Seitenscheiben entfaltet, kann dieses Verletzungsrisiko wirksam verhindern. Auch in den Roadstern und Cabriolets sowie in der kompakten A-Klasse hat Mercedes-Benz ein ähnliches Sicherheitssystem realisiert. Hier schützen spezielle Head/Thorax-Seitenairbags Brust und Kopf der vorderen Passagiere.

AUTOS MIT REFLEXEN

Durch Automatikgurt, Gurtstraffer, Airbag und viele andere Innovationen haben die Mercedes-Modelle in den vergangenen Jahren ein vorbildliches Sicherheitsniveau erreicht, das mit bislang bekannten Schutzmaßnahmen kaum noch zu übertreffen ist. Um dennoch weitere Fortschritte bei der Insassensicherheit zu erzielen, bedarf es neuartiger Ideen und Konzepte. Den Impuls dafür gibt wiederum die Unfallforschung: Die Fachleute haben erkannt, dass mehr als zwei Drittel aller Verkehrsunfälle kritische Fahrsituationen wie Schleudern, Notbremsen

Vorhang auf: Der Windowbag entfaltet sich wie ein aufblasbarer Vorhang an den Innenseiten der Scheiben. Sidebags ergänzen die Schutzwirkung des großflächigen Luftpolsters.

PRE-SAFE – Das Auto reagiert wie ein Lebewesen: Es bekommt „Reflexe"

Vorbild Natur: So wie sich eine Katze beim Sprung reflexartig auf die Landung vorbereitet, aktiviert auch PRE-SAFE vor einem Unfall vorbeugend Sicherheitsmaßnahmen.

oder plötzliches Ausweichen vorausgehen, die bereits Rückschlüsse auf eine drohende Kollision erlauben. Diese wertvolle Zeit vor dem Crash, die bis zu einige Sekunden dauern kann, blieb bisher für den passiven Insassenschutz ungenutzt. Bewährte Schutzsysteme wie Gurt, Airbag oder Gurtstraffer treten erst beim Aufprall in Aktion.

Die Antwort auf diese Erkenntnis der Unfallforschung heißt PRE-SAFE, ein neuartiges Insassenschutzsystem, mit dem Mercedes-Benz Ende 2002 in eine neue Ära der Fahrzeugsicherheit startete und dafür mehrfach ausgezeichnet wurde. PRE-SAFE basiert auf dem Grundsatz der Prävention: Die Technik kann einen drohenden Unfall im Voraus erkennen und tritt sofort in Aktion, um Insassen und Auto auf eine mögliche Kollision vorzubereiten, zum Beispiel durch die vorsorgliche Straffung der Sicherheitsgurte und andere Maßnahmen. Damit wird die Zeitphase vor dem Aufprall bestmöglich für vorbeugende Sicherheitsmaßnahmen genutzt. Der Vergleich mit der Natur ist zutreffend: Durch PRE-SAFE bekommt das Auto „Reflexe".

Ebenso wie jedes Lebewesen reflexartig auf eine plötzliche Gefahr reagiert und vorsorglich Schutz sucht oder Abwehrstrategien einleitet, aktiviert auch die neuartige Sicherheitstechnik reflexartig spezielle Systeme, um das Verletzungsrisiko der Insassen zu verringern.

Die Unfall-Früherkennung ist möglich, weil PRE-SAFE eine bislang einzigartige Synergie aus aktiver und passiver Sicherheit bildet: Es ist mit dem Anti-Blockier-System, dem Brems-Assistenten und dem Elektronischen Stabilitäts-Programm ESP® vernetzt, deren Sensoren potenziell fahrdynamisch kritische Situationen erkennen und millisekundenschnell entsprechende Informationen an die Steuergeräte der serienmäßigen Fahrsicherheitssysteme senden. Diese Sensordaten nutzt Mercedes-Benz für den vorausschauenden Insassenschutz und eröffnet damit eine neue Dimension der Automobilsicherheit.

MIT SICHERHEIT MOBIL

DAVID GEGEN GOLIATH

Unfallforschung ist eine Daueraufgabe. Sie ist notwendig, um die Wirksamkeit der Schutzsysteme zu überprüfen und um Trends im Unfallgeschehen zu erkennen, die eventuell neue Technologien oder Konzepte erforderlich machen.

Aus diesem Grund analysiert Mercedes-Benz seit einigen Jahren auf Basis von Unfalldaten aus dem In- und Ausland sehr genau, welche Fahrzeugtypen im Straßenverkehr miteinander kollidieren? Eine wichtige Fragestellung, um die Crashstrukturen der Personenwagen bestmöglich aufeinander abzustimmen. Die Fachleute sprechen von Kompatibilität und meinen damit die Verträglichkeit unterschiedlicher Fahrzeuge und Fahrzeugkonzepte bei einem Unfall. Dadurch wird gewährleistet, dass die Insassen kleiner oder kompakter Automobile beim Zusammenstoß mit größeren, schwereren Automobilen nicht benachteiligt werden. Mit anderen Worten: Kompatibilität ist Partnerschutz durch intelligente Karosseriekonstruktion.

Die Tatsache, dass immer mehr Geländewagen, Großraum-Limousinen und Kleintransporter auf den Straßen unterwegs sind, erfordert es, sich intensiver mit diesem Thema zu beschäftigen. Unfalldaten aus dem „GIDAS"-Projekt zeigen, dass die Verletzungsgefahr von Pkw-Insassen beim Zusammenstoß mit einem Kleinbus oder Kleintransporter fast um das Zweifache größer ist; das Risiko, tödlich zu verunglücken, steigt bei solchen Kollisionen sogar um das Fünffache beziehungsweise um das Zweieinhalbfache beim Zusammenprall mit einem Geländewagen. Wegen des großen Marktanteils von Offroadern, großen Geländewagen, Pickups, Vans und Transportern ist das Thema Kompatibilität in den USA noch brisanter als in Europa – und die Verletzungsgefahr der Pkw-Insassen noch größer.

Partnerschutz: Die Frontstruktur großer Mercedes-Modelle absorbiert beim Zusammenstoß auch für kleinere Unfallgegner Aufprallenergie.

FAHRZEUG-FAHRZEUG-KOLLISIONEN*: MEIST FRONTAL ODER SEITLICH

Front/Heck 27 %

Front/Linke Seite 23 %

Front/Front 27 %

Front/Rechte Seite 19 %

Frontalaufprall 20 %

Seitenaufprall 42 %

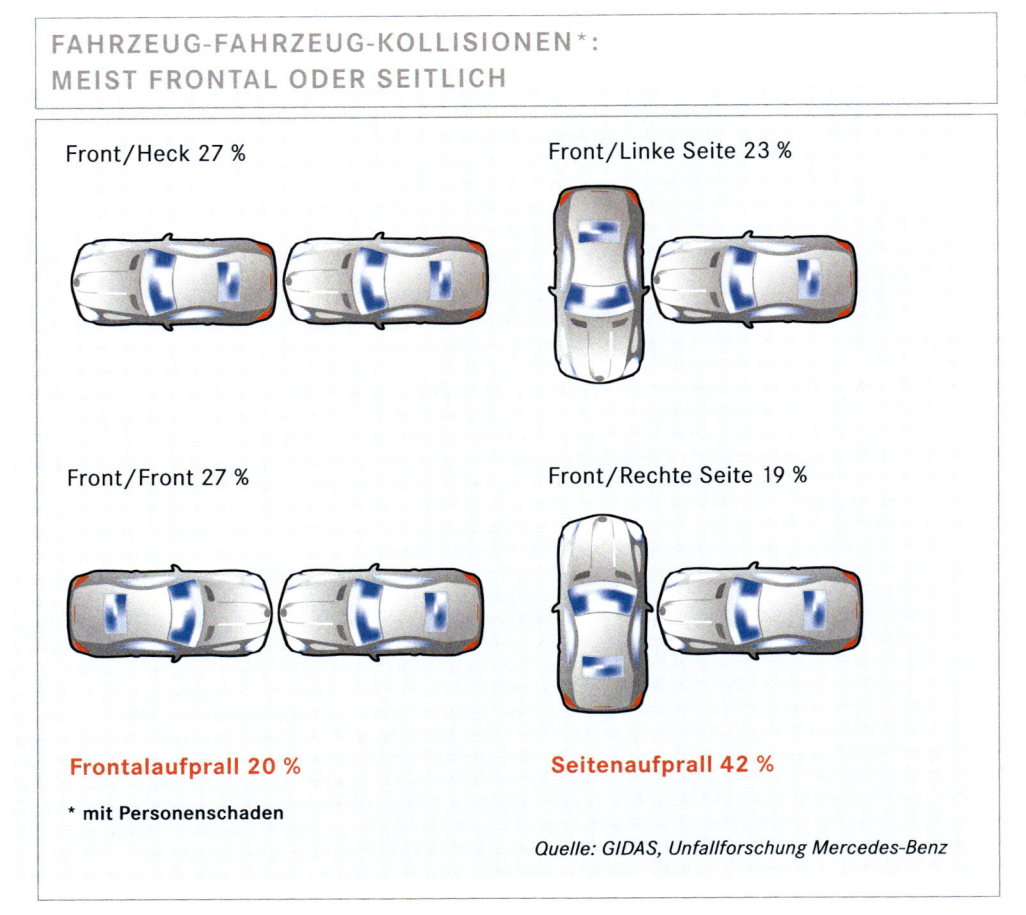

* mit Personenschaden

Quelle: GIDAS, Unfallforschung Mercedes-Benz

Um Schwerpunkte für die kompatible Auslegung festzulegen, klärte die Unfallforschung von Mercedes-Benz, welche Relevanz die Kollisionsart bei Fahrzeug-Fahrzeug-Unfällen im Hinblick auf das Insassenverletzungsrisiko hat. Die Auswertung der Unfalldaten ergab, dass rund ein Fünftel aller Fahrzeug-Fahrzeug-Unfälle Frontalkarambolagen sind, während seitliche Kollisionen einen Anteil von über 40 Prozent haben. Die Unfallkonstellation Front gegen Heck ist zwar mit 27 Prozent relativ häufig, spielt aber hinsichtlich des Verletzungsrisikos keine große Rolle. Das ist beim Fahrzeug-Fahrzeug-Seitenaufprall am größten.

Damit lieferte die Unfallforschung wieder einmal wichtige Impulse für die Entwicklung der Mercedes-Personenwagen. Sie werden konsequent nach dem Kompatibilitätsprinzip konstruiert: Größere Modelle absorbieren beim Zusammenstoß auch für den Unfallgegner einen Teil der Aufprallenergie. Dadurch wird die Deformationslast gleichmäßig und sinnvoll auf beide Fahrzeuge übertragen, ohne dabei den Eigenschutz der Insassen zu vernachlässigen. Deshalb sind die Fahrgastzellen der Mercedes-Personenwagen auf hohe Eigensteifigkeit ausgelegt. Sie gewährleistet, dass der Überlebensraum der Passagiere in jedem Fall weitgehend erhalten bleibt.

Die richtige Balance zwischen dem Eigenschutz und dem ebenso notwendigen Partnerschutz zu finden, erfordert großes Knowhow und einen beachtlichen konstruktiven Aufwand. Dass die Mercedes-Strategie funktioniert, beweisen aufwändige Computerberechnungen und spektakuläre Crashtests. Beispiel A-Klasse: Im Rahmen seiner Sicherheitsentwicklung absolvierte der Mercedes-Kompaktwagen Fahrzeug-Fahrzeug-Crashtests mit der größeren und schwereren Limousine der S-Klasse. Beide Modelle prallten mit einer relativen Geschwindigkeit von 100 km/h frontal gegeneinander und bewiesen, dass der Kleinere beim Kampf „David gegen Goliath" nicht benachteiligt sein muss. Die kompatiblen Deformationszonen der S-Klasse wurden gezielt aktiviert, sodass sie auch Aufprallenergie für die A-Klasse abbauen konnten. Dadurch wurden die Belastungen der Insassen des Kompaktwagens deutlich verringert.

SICHERHEIT IN SIEBEN PHASEN

Der Rückblick auf 65 Jahre Sicherheitsentwicklung und 35 Jahre Unfallforschung zeigt: Wenn Mercedes-Ingenieure über Konzepte zur weiteren Verbesserung der Fahrzeugsicherheit nachdenken, gilt für sie nur ein Maßstab – die Realität. Damit setzt die Stuttgarter Automarke Zeichen, denn nicht allein der Blick auf die verschiedenen Testvorschriften internationaler Prüfinstitute, sondern die Erkenntnisse aus der Unfallpraxis bestimmen zum großen Teil die sicherheitstechnische Konzeption neuer Mercedes-Personenwagen – und begründen ihren technologischen Vorsprung auf diesem Gebiet.

Mit dem Begriff „Integrated Safety" definiert Mercedes-Benz die Pkw-Sicherheitsentwicklung als eine ganzheitliche Aufgabe. Sie umfasst sieben Phasen – von der Unfallvermeidung mittels elektronischer Assistenzsysteme über den auf die jeweilige Unfallschwere abgestimmten Insassenschutz und bis zur schnellstmöglichen Rettung der Insassen nach einer Kollision.

INTEGRATED SAFETY: DIE SIEBEN PHASEN DES MERCEDES-KONZEPTS

■ Warnphase
Sensoren überwachen das Fahrverhalten. Bei Erreichen des fahrdynamischen Grenzbereichs leuchtet ein Warnsymbol auf.

■ Assistenzphase
ABS, Brems-Assistent und ESP® greifen in fahrdynamisch kritischen Situationen unterstützend ein und helfen dem Fahrer, das Auto zu stabilisieren.

■ PRE-SAFE-Phase*
Sensoren erkennen eine erhöhte Unfallwahrscheinlichkeit. Zur Vorbereitung auf einen möglichen Unfall werden die Gurtstraffer aktiviert und Beifahrersitz sowie Fondeinzelsitze in optimale Positionen gebracht. Bei Schleudergefahr schließt sich zusätzlich das Schiebedach.

■ Bagatellunfall
Bei Unfällen bis 15 km/h absorbieren Stoßfänger und Crash-Boxen im Frontmodul die Aufprallenergie. Die Gurtautomatik wird blockiert. Sensoren überwachen die Unfallschwere und lösen bei Bedarf Haltesysteme aus.

■ Leichter Unfall
Bei einem leichten Aufprall nehmen stabile Träger der Karosseriestruktur Energie auf und verzweigen die Kräfte großflächig. Die Gurtstraffer und die Front-Airbags treten in Aktion. Je nach Unfallschwere entfalten sich die Airbags zunächst in einer ersten Stufe. Side- und Windowbags schützen beim Seitenaufprall. Die Kraftstoffzufuhr des Motors wird blockiert.

■ Schwerer Unfall
Bei stärkerer Insassengefährdung zünden die Front-Airbags in einer zweiten Stufe. Die Gurtkraftbegrenzer werden aktiviert.

■ Rettungsphase
Nach dem Unfall entriegeln sich die Türen automatisch und die Warnblinkanlage schaltet sich ein.

*in der S-Klasse

Aktive Sicherheit –

Intensive Forschungs- und Entwicklungsarbeit, die nur ein Ziel verfolgt: Unfälle zu verhindern

ASSISTENT UNTER DER MOTORHAUBE

Durch die großen Fortschritte bei der passiven Sicherheitstechnik, deren Potenzial heute weitgehend ausgeschöpft ist, verlagern sich die Schwerpunkte der Entwicklungsarbeiten auf präventive Schutzmaßnahmen wie PRE-SAFE und auf das Gebiet der Unfallvermeidung. Damit wird Mercedes-Benz in Zukunft weitere Beiträge leisten, um die Sicherheit auf den Straßen zu erhöhen.

Leistungsfähige Assistenzsysteme helfen, gefährliche Situationen zu entschärfen und Unfälle zu vermeiden. Mit ihrer Hilfe lassen sich verspätete oder nicht angepasste Reaktionen des Fahrers erkennen und gezielt korrigieren.

Mit dem Anti-Blockier-System (ABS) begann die Ära dieser elektronischen Assistenten. „Es genügte uns nicht, eine hervorragende Bremse zu bauen. Wir wollten mehr, damit der Autofahrer in gefährlichen Grenzsituationen die Kontrolle über seinen Wagen behält", erklärte Daimler-Vorstand Professor Dr.-Ing. Dr.-Ing. EH Hans Scherenberg, als er das erste ABS am 9. Dezember 1970 der staunenden Öffentlichkeit vorstellte, das dem Autofahrer auch bei Vollbremsungen gezielte Ausweichmanöver ermöglichte. Doch für den Praxisstart war es damals noch zu früh. Es hatte sich als schwierig erwiesen, den funktionierenden Prototyp zu dem Grad an technischer Reife und Zuverlässigkeit zu bringen, den man für eine Serienfertigung als unabdingbar ansah. Schwierig vor allem, weil dafür eine weitere Revolution stattfinden musste – die Revolution der Elektronik.

Schon 1964 hatten sich Mercedes-Ingenieure mit Fachleuten der Heidelberger TELDIX GmbH und der Stuttgarter Robert Bosch GmbH zusammengesetzt, um über ein solches System nachzudenken, das indes schon lange zuvor Automobilkonstrukteure beschäftigt hatte. Patentschriften und automobiltechnische Handbücher berichten darüber, dass weitblickende Techniker schon in den Zwanzigerjahren über „Bremskraftregler" nachdachten. In der Praxis erzielten sie damit allerdings nur bescheidene Erfolge.

Aber die ersten Versuche klärten, woraus ABS bestehen musste: Notwendig waren Sensoren zur Messung der Raddrehung an jedem Vorderrad, ein Steuergerät zum Registrieren und Vergleichen der Sensormessungen, das unerlaubte Abweichungen bemerkt und korrigiert, indem es den Bremsdruck an jedem Rad über ein Ventil individuell regelt. Die Umsetzung für die Straße ließ sich aber wesentlich komplizierter an als zunächst erwartet. Immer wieder brachen bei Versuchsfahrten Autos bei Vollbremsung aus. Denn die zunächst rein mechanischen Messwertaufnehmer waren überfordert.

Die Lösung des Problems fand sich 1967 in neuen, berührungsfreien Drehzahlgebern, die das Prinzip der Induktion nutzten. Ihre Signale wurden von einer Elektronik ausgewertet, die überdies Magnetventile zur Regelung des Bremsdrucks mit elektrischen Im-

Bremsen und ausweichen: Mit Bildern solcher Fahrversuche stellte Mercedes-Benz das Anti-Blockier-System erstmals 1970 der Öffentlichkeit vor.

pulsen ansteuerte. Was damals an Elektronik zur Verfügung stand, lässt sich mit den heutigen hoch integrierten Schaltungen freilich nicht vergleichen. Einzelne Transistoren wurden auf Platinen verdrahtet, um eine ausreichende Leistungsfähigkeit zu erzielen. Zwar fielen bei der Erprobung immer wieder Bauteile aus, ergaben sich Unstimmigkeiten – aber das Prinzip überzeugte. Auf dieser Grundlage stellte Mercedes-Benz 1970 das erste elektronisch geregelte Anti-Blockier-System für Personenwagen, Nutzfahrzeuge und Omnibusse auf der Versuchsbahn in Stuttgart-Untertürkheim der Presse vor. Die war beeindruckt, musste aber weiterhin auf die ersten Testwagen für Fahrberichte warten.

Noch basierte die Elektronik nämlich auf der fehleranfälligen Analogtechnik und kompliziert aufgebauten Schaltungen. Die ersten Mikroprozessoren gab es 1970 zwar schon, aber sie waren nicht ABS-tauglich. So dauerte es nochmals fünf Jahre, bis Bosch das erste voll digitale Steuergerät zu Versuchszwecken abliefern konnte. Analog statt digital bedeutete vor allem weniger Bauteile, und das Risiko einer Fehlfunktion sank gegen null. Die elektronischen Bauteile waren nun in der Lage, Sensordaten in Millisekunden zu erfassen, zu vergleichen, zu bewerten und Regelimpulse an die Magnetventile der Bremsen zu senden.

Schließlich konnte Mercedes-Benz 1978 aber als weltweit erster Automobilhersteller das Anti-Blockier-System anbieten. Zunächst in der S-Klasse zum Aufpreis von 2217,60 Mark. 1984 gehörte ABS erstmals bei Mercedes-Benz zur Serienausstattung: Im 190 E 2.3-16 und in den Modellen der S- und SL-Klasse wurde dafür kein Aufpreis mehr berechnet.

Zehn Jahre nach der Ersteinführung waren bereits eine Million Mercedes-Personenwagen mit ABS auf der Straße. Zum letzten Mal verzeichnete eine Preisliste das System am 3. Juni 1991 als Sonderausstattung – für 1521,90 Mark. Seit dem 1. Oktober 1992 gibt es das Anti-Blockier-System bei allen Mercedes-Personenwagen serienmäßig.

Der mühsame aber erfolgreiche Serienstart dieses Systems beflügelte die Fachleute zu neuen Spitzenleistungen. Dank der modernen Mikro-Elektronik gelang es, das Spiel der Längskräfte zwischen Reifen und Fahrbahn zu beherrschen – nicht nur beim Bremsen, sondern mithilfe der Antriebs-Schlupf-Regelung auch beim Beschleunigen. 1987 feierte ASR Weltpremiere, ebenfalls in einem Mercedes-Benz.

Großrechner: Das elektronische Steuergerät des ersten Anti-Blockier-Systems aus dem Jahre 1970 arbeitete noch auf Basis komplexer Analogschaltungen. Erst Jahre später wurde das System dank der Digitaltechnik serienreif.

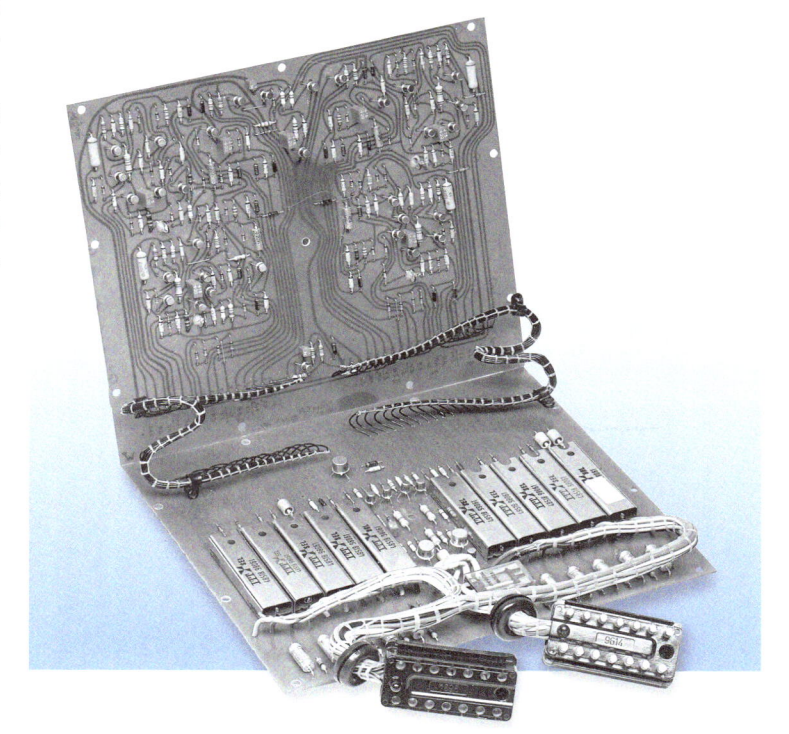

PROJEKT „QUERSCHLUPF-REGELUNG"

Doch damit gaben sich die Mercedes-Ingenieure noch lange nicht zufrieden. Ihr nächstes Ziel war es, die Fahrsicherheit in allen Situationen zu verbessern – also auch in Kurven, bei Ausweichmanövern oder bei anderen quer-dynamischen Fahrzeugbewegungen, die ein hohes Schleuderrisiko bergen. Mit diesem Auftrag startete Anfang der Achtzigerjahre ein weiteres ehrgeiziges Entwicklungsprojekt: Unter dem Arbeitstitel „Querschlupfregelung" suchten Ingenieure von Mercedes-Benz und Bosch nach technischen Möglichkeiten, die Schleuderbewegungen eines Personenwagens zu erfassen und durch gezielte Eingriffe in Fahrwerk, Motor und Getriebe zu verringern.

Die Grundidee für ein solches System hatte Professor Fritz Nallinger, Chefingenieur und Vorstandsmitglied von Daimler-Benz, schon im Jahre 1959 geliefert. Er ließ eine „Regeleinrichtung" patentieren, die das Durchdrehen der Antriebsräder durch Eingriff in Motor, Getriebe oder Bremse verhindern sollte. Der Gedanke war gut, doch er blieb lange Zeit nur Theorie. Es gab dafür weder die notwendige Sensorik noch die Steuerung, die den stabilisierenden Eingriff millisekundenschnell vornehmen konnte. Erst als die Mikro-Elektronik weitere Fortschritte gemacht und das Anti-Blockier-Bremssystem (ABS) seine Alltagstauglich-

MIT SICHERHEIT MOBIL

keit bewiesen hatte, kam auch Professor Nallingers Patent-Idee wieder auf Touren.

Nach umfangreichen Computersimulationen und Voruntersuchungen gingen 1987 die ersten Versuchswagen auf Testfahrt und spulten in den folgenden Jahren Tausende Erprobungskilometer ab. Gleichzeitig bewies die „Querschlupfregelung" im Berliner Fahrsimulator ihre Einsatztauglichkeit: Hier schickten die Mercedes-Ingenieure 80 Autofahrerinnen und Autofahrer mit Tempo 100 über eine virtuelle Landstraße, wo in vier Kurven tückische Glatteis-Fallen mit einer um mehr als 70 Prozent geringeren Fahrbahnhaftung lauerten. Das Testergebnis: Ohne das System hatten 78 Prozent der Testfahrer keine Chance, das Auto sicher auf Kurs zu halten und verursachten bis zu drei Schleuderunfälle hintereinander. Mit dem elektronischen Assistenten verliefen aber alle Testfahrten schleuder- und unfallfrei.

Damit fiel der endgültige Startschuss für die Serienentwicklung des Systems. Sie begann im Jahre 1992. Am 15. März 1994 präsentierte Mercedes-Benz die Erfindung als „Fahrdynamik-Regelung" erstmals der Presse – kurze Zeit später hatte man einen besseren Namen gefunden: Elektronisches Stabilitäts-Programm, kurz ESP®. Mit diesem Meilenstein der aktiven Sicherheit starteten ab Frühjahr 1995 die Topmodelle der CL-, SL- und S-Klasse; seit Sommer 1999 rüstet Mercedes-Benz als erste und einzige Großserien-Pkw-Marke alle Modelle serienmäßig mit dem Stabilitäts-Programm aus.

„Das System, das wir Ihnen heute vorstellen, wird dem Fahrer bei Fahrfehlern und in außergewöhnlichen Situationen helfend zur Seite stehen und ihn dadurch entlasten. Damit liefert es einen bedeutenden Beitrag zur Anpassung des Kraftfahrzeugs an das Leistungsvermögen des Menschen", erklärte 1994 der damalige Pkw-Entwicklungschef Hermann Gaus den Journalisten die ESP®-Technik und ergänzte mit Weitblick: „Entsprechend hoch ist die Bedeutung, die wir von Mercedes-Benz dieser Entwicklung beimessen." Wie richtig diese Einschätzung war, steht zehn Jahre später zweifelsfrei fest. ESP® hilft nachweislich, Unfälle zu vermeiden und leistet ebenso wie ABS, Gurt und Airbag einen wichtigen Beitrag für die Verkehrssicherheit.

Schleuderkurs: Auf einem Testgelände am Rande des Polarkreises demonstrierte Mercedes-Benz im März 1994 erstmals das Elektronische Stabilitäts-Programm. Ein Jahr später ging es in Serie.

Sicherheitsvorteil Mercedes-Benz –

Die Personenwagen mit dem Stern verunglücken seltener

STATISTIK: HOHER ANTEIL VON FAHRUNFÄLLEN

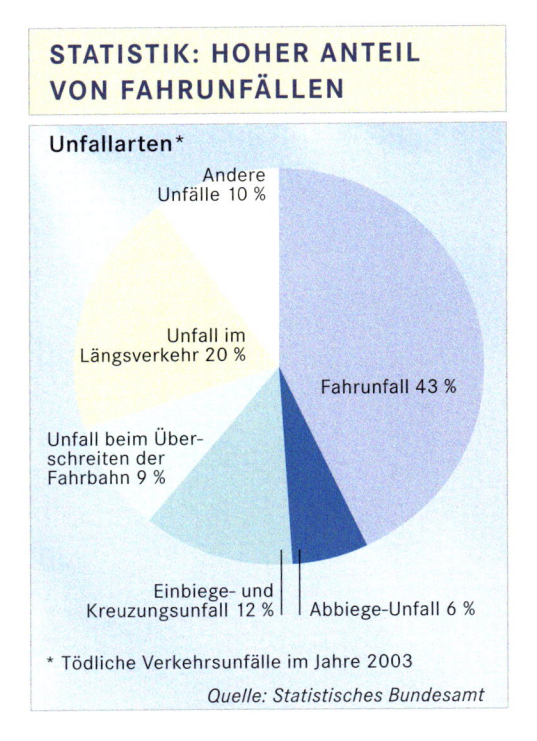

Unfallarten*
- Andere Unfälle 10 %
- Unfall im Längsverkehr 20 %
- Fahrunfall 43 %
- Unfall beim Überschreiten der Fahrbahn 9 %
- Einbiege- und Kreuzungsunfall 12 %
- Abbiege-Unfall 6 %

* Tödliche Verkehrsunfälle im Jahre 2003

Quelle: Statistisches Bundesamt

VERGLEICH: MERCEDES-MODELLE VERUNGLÜCKEN SELTENER

Prozentualer Anteil der Fahrunfälle an allen Unfalltypen

Jahr	Andere Marken	Mercedes-Benz
1998/1999	19,1	20,7
1999/2000	19,1	18,3
2000/2001	19,5	12,0
2001/2002	18,2	12,0
2002/2003	16,6	11,8

ESP® serienmäßig in allen Mercedes-Personenwagen

Jahr des Unfalls und der Neuzulassung

Quelle: Auswertung der anonymisierten 50%-Datenstichprobe der Unfallstatistik des Statistischen Bundesamtes durch Mercedes-Benz

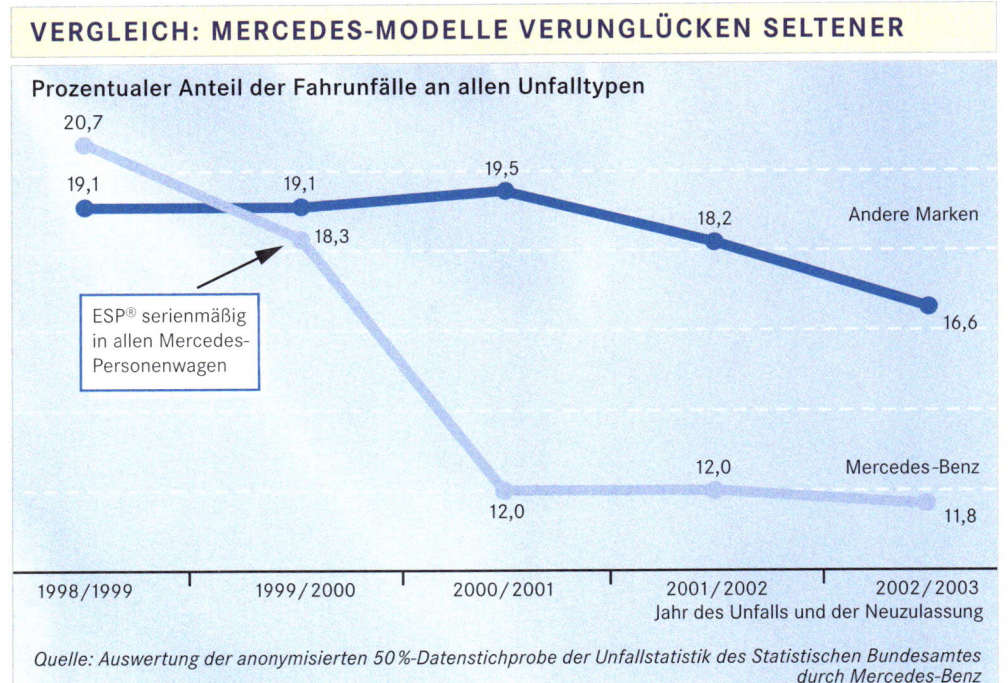

Das große Sicherheitspotenzial des Systems wird bei der Analyse der so genannten Fahrunfälle besonders deutlich. Damit werden jene Verkehrsunfälle bezeichnet, bei denen Autofahrer ohne Einfluss anderer die Kontrolle über ihre Fahrzeuge verlieren und zum Beispiel ins Schleudern geraten. Bei dreiviertel aller Fahrunfälle kommen die Autos von der Fahrbahn ab – und verunglücken meist folgenschwer: Im Jahre 2003 waren rund 43 Prozent aller im Straßenverkehr Getöteten und ein Fünftel der Verletzten Opfer von Fahrunfällen.

Eine repräsentative 50-Prozent-Stichprobe der amtlichen Unfallstatistik zeigt, dass sich der Fahrunfallanteil der Mercedes-Personenwagen nach dem Serieneinsatz des Stabilitäts-Programms deutlich verringerte. Lag die Quote in den Zulassungsjahren 1998/1999 bei rund 20 Prozent, so sank sie dank serienmäßigem ESP® auf derzeit 11,8 Prozent. Das sind immerhin rund 43 Prozentpunkte. Bei Automobilen anderer Marken verringerte sich der durchschnittliche Fahrunfallanteil hingegen geringer: von durchschnittlich 19,1 auf 16,6 Prozent. Heute ist in Deutschland rund jeder zweite neu zugelassene Personenwagen mit ESP® ausgestattet – eine erfreuliche Zunahme gegenüber früheren Jahren.

Die Mercedes-Unfallforschung bestätigt den hohen Sicherheitsgewinn durch das Elektronische Stabilitäts-Programm. Weil ESP® hilft, schleudernde Autos zu stabilisieren und sicherer in der Spur zu halten, verringert sich das Risiko extrem gefährlicher

Seitenkollisionen mit Bäumen, Masten oder anderen Hindernissen am Fahrbahnrand. Solche Unfälle durch Querschleudern zählen zu den folgenschwersten Seitenkollisionen. Ebenso ist der Anteil der Überschlagunfälle bei Mercedes-Personenwagen mit ESP® deutlich geringer als bei Fahrzeugen ohne dieses Fahrsicherheitssystem; er verminderte sich dank ESP® um rund zwölf Prozentpunkte.

Kommt es dennoch zu einem Unfall, fällt die durchschnittliche Verletzungsschwere der Insassen in Modellen mit ESP® geringer aus als in anderen Automobilen. Der Anteil der Kollisionen mit höchster Verletzungsschwere ging nach dem serienmäßigen Einsatz des Elektronischen Stabilitäts-Programms bei Mercedes-Benz von 15 auf fünf Prozent zurück. Die günstige Unfallentwicklung bestätigt auch ein Blick in die Statistik einzelner Mercedes-Modelle. Beispiel E-Klasse: Hier sank der Anteil der häufig folgenschweren Fahrunfälle von 18,1 Prozent im Zeitraum 1999/2000 durch den serienmäßigen ESP®-Einsatz auf 11,8 Prozent im Zulassungsjahr 2001/2002 und liegt damit noch unterhalb des Mittelwerts aller Mercedes-Personenwagen. Vergleichbare Modelle anderer Automobilmarken verunglücken hingegen häufiger; ihr durchschnittlicher Fahrunfallanteil verringerte sich zwischen 1999/2000 und 2001/2002 von 19,6 auf 17,3 Prozent.

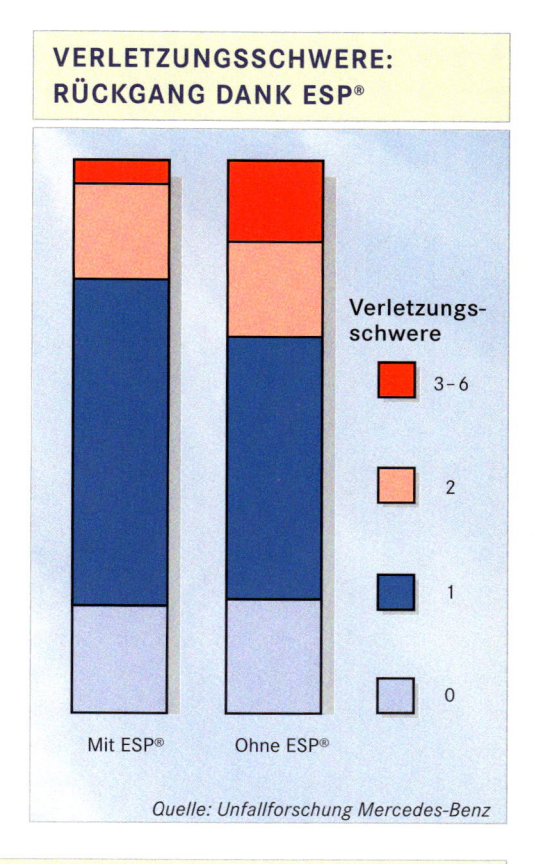

VERLETZUNGSSCHWERE: RÜCKGANG DANK ESP®

Verletzungsschwere
- 3–6
- 2
- 1
- 0

Mit ESP® Ohne ESP®

Quelle: Unfallforschung Mercedes-Benz

UNFALLQUOTE: RÜCKGANG UM ÜBER 20 PROZENTPUNKTE

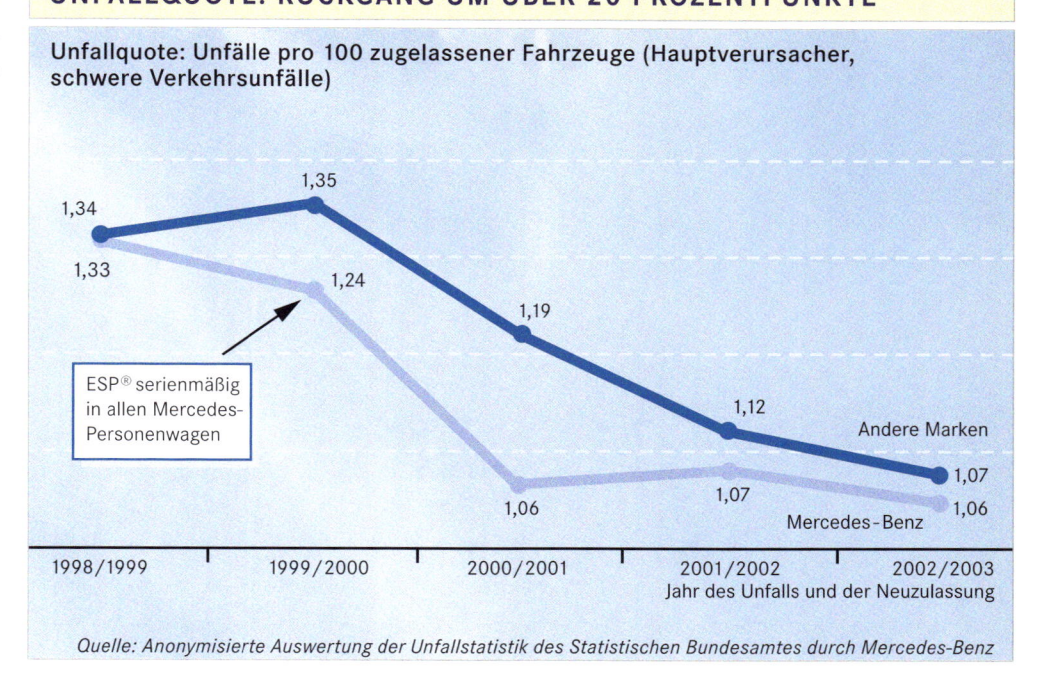

Unfallquote: Unfälle pro 100 zugelassener Fahrzeuge (Hauptverursacher, schwere Verkehrsunfälle)

Andere Marken: 1,34 (1998/1999), 1,35 (1999/2000), 1,19 (2000/2001), 1,12 (2001/2002), 1,07 (2002/2003)

Mercedes-Benz: 1,33 (1998/1999), 1,24 (1999/2000), 1,06 (2000/2001), 1,07 (2001/2002), 1,06 (2002/2003)

ESP® serienmäßig in allen Mercedes-Personenwagen

Jahr des Unfalls und der Neuzulassung

Quelle: Anonymisierte Auswertung der Unfallstatistik des Statistischen Bundesamtes durch Mercedes-Benz

A-KLASSE: KOMPAKTWAGEN MIT GERINGER UNFALLBETEILIGUNG

Unfallquote pro 100 zugelassene Fahrzeuge

Jahr	Andere Marken	Mercedes-Personenwagen	A-Klasse
1998/1999	1,34	1,33	0,90
1999/2000	1,34		
2000/2001			
2001/2002	1,12	1,07	0,82
2002/2003	1,07	1,06	0,79

Jahr des Unfalls und der Neuzulassung

Quelle: Auswertung der anonymisierten 50%-Datenstichprobe der Unfallstatistik des Statistischen Bundesamtes durch Mercedes-Benz

Auch die A-Klasse, die Mercedes-Benz bereits seit Frühjahr 1998 serienmäßig mit dem Elektronischen Stabilitäts-Programm ausstattet, zeichnet sich durch eine geringe Unfallbeteiligung aus. Die Unfallquote für den Zulassungszeitraum 2002/2003 betrug pro 100 zugelassene Fahrzeuge 0,79 und lag damit um rund 26 Prozent unter dem Durchschnittswert anderer Marken.

Der erfolgreiche Einsatz des Elektronischen Stabilitäts-Programms ist für die Fachleute von Mercedes-Benz Ansporn und Verpflichtung gleichermaßen. Für sie steht fest: Die gezielte Warnung und Unterstützung des Autofahrers in einer kritischen Situation sind genauso wichtig wie hohe Struktursicherheit oder leistungsfähige Rückhaltesysteme im Auto-Innenraum.

So wie das intelligente PRE-SAFE-System auf Basis der ESP®-Technik die Brücke zwischen aktiver und passiver Sicherheit schlägt, werden auch andere Technologien in Zukunft noch stärker miteinander verknüpft – stets mit dem Ziel, Unfälle zu vermeiden oder die Schwere unvermeidbarer Kollisionen zu vermindern.

Mit weiteren Innovationen auf beiden Aufgabengebieten wird die Stuttgarter Automobilmarke ihrem Fernziel Stück für Stück näher kommen: der Vision vom unfallfreien Fahren.

In Topform

Unfallvermeidung lautet das wichtigste Ziel des Mercedes-Sicherheitskonzeptes. Doch Unfallvermeidung beginnt beim Menschen: Wer sich hinters Steuer setzt, sollte in jeder Hinsicht topfit sein – und es unterwegs auch bleiben.

Die physische und psychische Beanspruchung von Autofahrern untersucht Mercedes-Benz in Praxistests. Das Ergebnis sind moderne Assistenzsysteme, die den Fahrer entlasten und seine Kondition erhalten, damit er in kritischen Situationen schnell und richtig handeln kann.

NAVI Zieleingabe
Adresse...
Zielspeicher...
Karte...
Sonderziele...
Letztes Ziel...
Info   Einstellungen

Nervensache: Im dichten Straßenverkehr müssen Autofahrer eine Unmenge von Informationen verarbeiten und jederzeit fit sein. Moderne Automobiltechnik kann zur Entlastung und damit zur Fahrsicherheit beitragen.

Für viele ist es ein Vergnügen, das die Sinne weckt. Andere empfinden es als überaus anstrengend und nervenaufreibend: Auto fahren.

Fest steht: Die Situation auf unseren Straßen hat sich während der letzten Jahre stark verändert. Überlastete Autobahnen und verstopfte Stadtstraßen sind vielerorts bereits alltäglich, sodass die Freude am Fahren mitunter im Stau erstickt. Die zunehmende Verkehrsdichte fordert ihren Tribut – auch von den Autofahrern. Höchste Konzentration, starke Nerven sowie eine gute geistige und körperliche Kondition sind nötig, um den Stress am Steuer zu bewältigen.

Die Verkehrsentwicklung stellt jedoch auch neue Anforderungen an die Automobiltechnik. Mehr denn je muss sie dazu beitragen, den Fahrer zu entlasten, seine physische und psychische Beanspruchung zu vermindern und auf diese Weise wichtige Voraussetzungen für sicheres Auto fahren zu schaffen. Wenn Mensch und Technik miteinander harmonieren, wird ein wichtiger Beitrag zur Unfallvermeidung geleistet.

Mercedes-Benz hat sich zum Ziel gesetzt, durch intelligente Automobilkonzeption und -technik die Kondition des Fahrers zu erhalten und teilweise sogar zu verbessern, sodass er stets in einer guten physischen und psychischen Verfassung ist, um die Fahraufgaben sicher und souverän zu bewältigen. Die Fachleute sprechen deshalb von der Konditionssicherheit und beschreiben damit ein weites, interdisziplinäres Aufgabenfeld. Es beginnt bei Fragen der Maßkonzeption des Innenraums, umfasst alle Aspekte des Federungs-, Klima-, Sitz- und Geräuschkomforts und beinhaltet überdies die Entwicklung intelligenter Assistenzsysteme, die während der Fahrt bestimmte Aufgaben übernehmen.

Intelligent kombiniert, bildet diese Vielzahl von Einzelmaßnahmen das „Erbgut" eines Mercedes-Benz; es macht ihn unverwechselbar. Jedes Gen dieses „Erbguts" ist das Resultat einer langjährigen automobiltechnischen Evolution. Entscheidend ist das perfekte Zusammenspiel der verschiedenen Faktoren – stets mit dem Ziel, den Autofahrer zu entlasten und seine Leistungsfähigkeit zu erhalten.

STRESS AM STEUER?

Mit der Frage, ob Auto fahren Stress auslöst, beschäftigen sich Verkehrswissenschaftler schon seit vielen Jahren. Indes: Ein Leben ohne Stress gibt es nicht. Immer wieder erleben wir Situationen, die als belastend empfunden werden, vor allem weil man häufig nicht angemessen darauf reagieren kann. Das verursacht den so genannten Disstress; er kann Menschen stark beanspruchen, sorgt für Unzufriedenheit. Dem steht der Eustress gegenüber. Das sind Reize, die angenehm, oft sogar stimulierend wirken.

Die Reaktion des Körpers auf einen belastenden Stressreiz läuft fast immer nach dem gleichen Schema ab. Es kommt zu einer Ausschüttung von Hormonen (vor allem Adrenalin und Cortisol), der Puls schnellt in die Höhe. Gleichzeitig steigt der Blutzuckerspiegel und der Fettstoffwechsel wird aktiviert, um Energiereserven zu mobilisieren. Das bedeutet: Jetzt stellt sich der Organismus auf maximale physische Belastung ein; die Herzfrequenz erreicht Werte, die normalerweise nur bei körperlicher Anstrengung, wie beispielsweise beim Gehen oder beim Rad fahren, auftreten.

Im Auto herrschen jedoch andere Bedingungen. Hier fehlt die Bewegung, sodass der Organismus praktisch im Leerlauf mit „Vollgas" arbeitet – ein Phänomen, das nicht nur die Handlungsbereitschaft des Autofahrers beeinträchtigt, sondern auf Dauer auch seiner Gesundheit schadet. Wie groß die Belastungen sind, zeigen physiologische Messungen während einer Notbremsung: Wegen eines plötzlichen Staus muss ein Autofahrer seinen Wagen aus Tempo 100 abrupt abbremsen. Noch während die Tachonadel rapide sinkt, steigt sein Puls von rund 80 bis

MENSCH UND AUTO

NOTBREMSUNG: STARKER STRESS AM STEUER

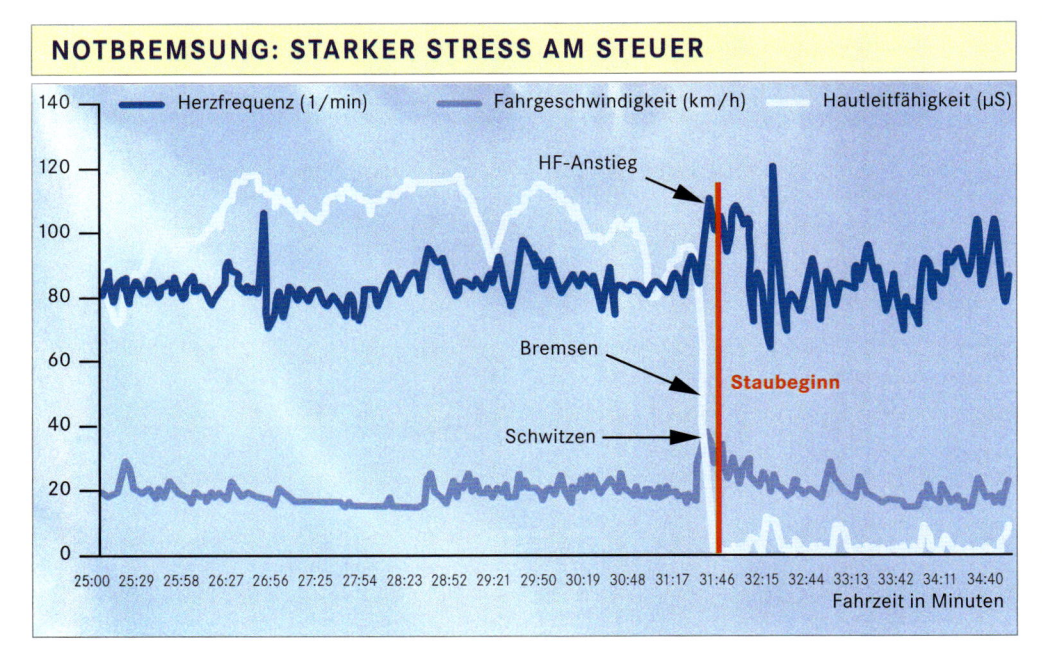

Diagramm: Herzfrequenz (1/min), Fahrgeschwindigkeit (km/h), Hautleitfähigkeit (µS) – mit Markierungen HF-Anstieg, Bremsen, Schwitzen, Staubeginn; Fahrzeit in Minuten von 25:00 bis 34:40

HITZE: SICHER UND ENTSPANNTER FAHREN MIT KLIMAANLAGE

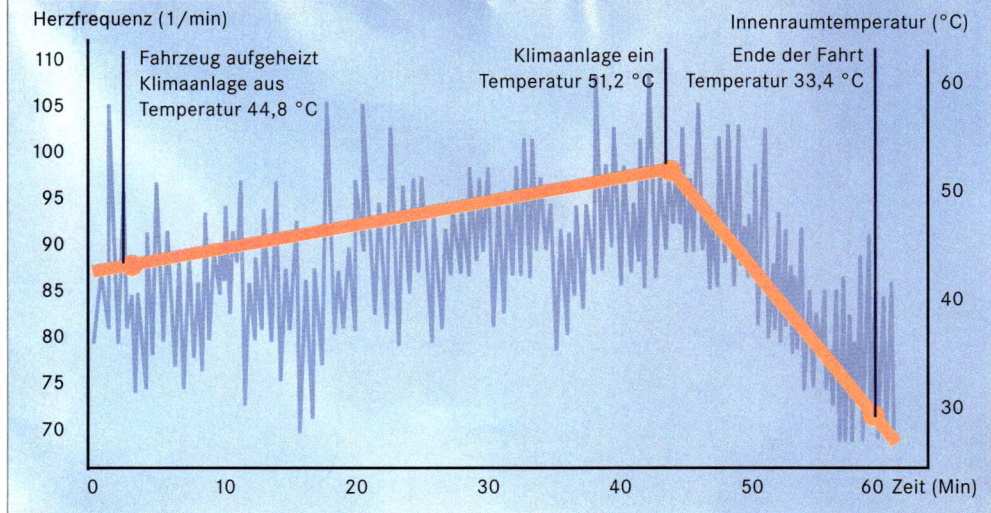

Diagramm: Herzfrequenz (1/min) und Innenraumtemperatur (°C) über 60 Minuten. Fahrzeug aufgeheizt, Klimaanlage aus, Temperatur 44,8 °C – Klimaanlage ein, Temperatur 51,2 °C – Ende der Fahrt, Temperatur 33,4 °C

Stressfaktor Hitze: Versuchsfahrten und Physio-Tests im Death Valley bestätigen den positiven Einfluss einer Auto-Klimaanlage auf das Fahrverhalten.

82 Schlägen pro Minute sprunghaft auf über 110, und der Wert für die Hautleitfähigkeit verdoppelt sich. Das Herz rast, die Hände werden feucht und man schwitzt am ganzen Körper – das sind typische Anzeichen für Stress.

Nicht nur gefährliche Verkehrssituationen rufen solche physiologischen Reaktionen hervor. Auch Zeitdruck, Reizüberflutung, schlechte Sicht, Orientierungsmangel, Müdigkeit und eine Reihe anderer alltäglicher Stressfaktoren bringen den Körper buchstäblich auf Touren. Hitze gehört ebenfalls dazu. Das stellten Wissenschaftler der DaimlerChrysler-Forschung bei Testfahrten im amerikanischen Death Valley fest, wo das Thermometer fast immer über 40 Grad Celsius anzeigt. Hier wird Auto fahren zur Strapaze, vor allem ohne Klimaanlage: Lag der Puls des Testfahrers zu Versuchsbeginn bei etwas über 85 Schlägen pro Minute, so stieg er während der 40-minütigen Tour in dem 51 Grad heißen Auto-Innenraum kontinuierlich auf über 94 Schläge je Minute. Auch die Werte für die Muskelspannung zeigten: Der Autofahrer erlebte hohen Stress, der sich auch beim Fahren durch langsamere Lenkbewegungen bemerkbar machte.

Ganz anders sahen die Messwerte bei eingeschalteter Klimaanlage aus. Sie kühlte den Innenraum auf 33 Grad ab und sorgte damit spürbar für Entspannung: Die Herzfrequenz des Testfahrers verlangsamte sich auf normale 75 Schläge pro Minute, sein Fahrstil wurde ausgeglichener und konzentrierter. Die Klimaanlage, ein Sicherheitsfaktor.

Solche und andere Praxistests zeigen den Mercedes-Ingenieuren, dass leistungsfähige Automobiltechnik Stress vermindern, die Fahrerkondition erhalten und das Fahrverhalten positiv beeinflussen kann. Dazu bedarf es mitunter keiner medizinischen Tests; bereits die Fahrgeschwindigkeit wird durch Technik und Gesamtkonzeption eines Automobils bestimmt. Fahrzeuge mit hohem Langstreckenkomfort und niedrigem Innengeräuschpegel werden in der Regel defensiver gefahren als andere Modelle. Auch aus den Lenkbewegungen ziehen Verkehrswissenschaftler Rückschlüsse auf die nervliche Anspannung eines Autofahrers. Auf der Autobahn gilt eine geringe Lenkradaktivität beispielsweise als Indiz für einen ausgeglichenen, gleichmäßigen Fahrstil. Die Lenkradbewegungen werden ebenfalls oft durch die Fahrzeugtechnik beeinflusst: In Automobilen, die aufgrund ihrer Konzeption und Auslegung vom Fahrer eine hohe Aufmerksamkeit verlangen, messen die Fachleute in der Regel eine größere Lenkradaktivität als in Modellen mit Mercedes-typischem Fahrkomfort. Die permanent hohe Fahrerbeanspruchung stellt ein potentielles Unfallrisiko dar, das durch eine harmonische Gesamtabstimmung des Autos vermeidbar ist.

SPORT GEGEN STRESS

Wohl dosiertes Sporttraining wirkt sich günstig auf Herz, Kreislauf, Stoffwechsel und Psyche aus. Deshalb kann Sport Stressbelastungen ausgleichen. Um stets fit zu sein raten Verkehrsmediziner, die auch das Intensiv-Fahrertraining von Mercedes-Benz betreuen (siehe Seite 144), pro Woche zusätzlich 2000 Kalorien durch sportliche Aktivitäten zu verbrauchen.

	Kalorienverbrauch	
	pro Minute	pro Stunde
AEROBIC	5–8	300–400
GOLF	3–6	180–360
JOGGING	6–12	360–720
RADFAHREN	4–10	240–600
SCHWIMMEN	4–10	240–600
TENNIS	5–8	300–480

NONSTOP-FAHRTEN: DOPPELTES UNFALLRISIKO SCHON NACH VIER STUNDEN

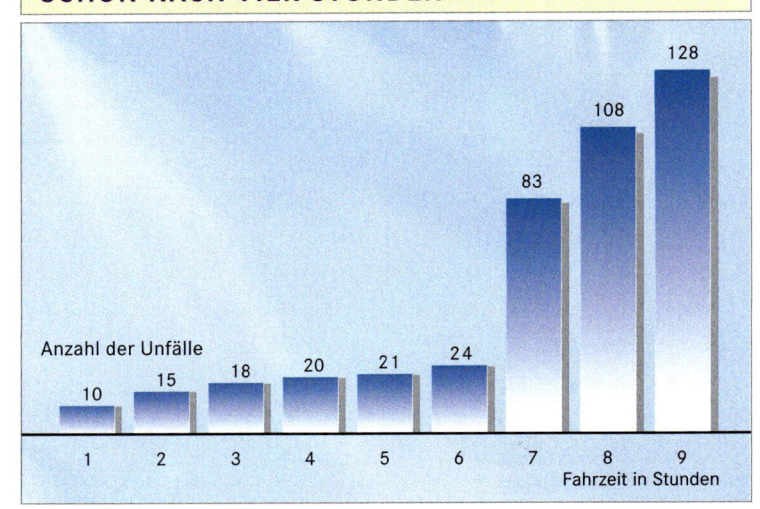

Anzahl der Unfälle

Fahrzeit in Stunden	1	2	3	4	5	6	7	8	9
Unfälle	10	15	18	20	21	24	83	108	128

PAUSENPLANUNG: KURZE STOPPS HALTEN FIT

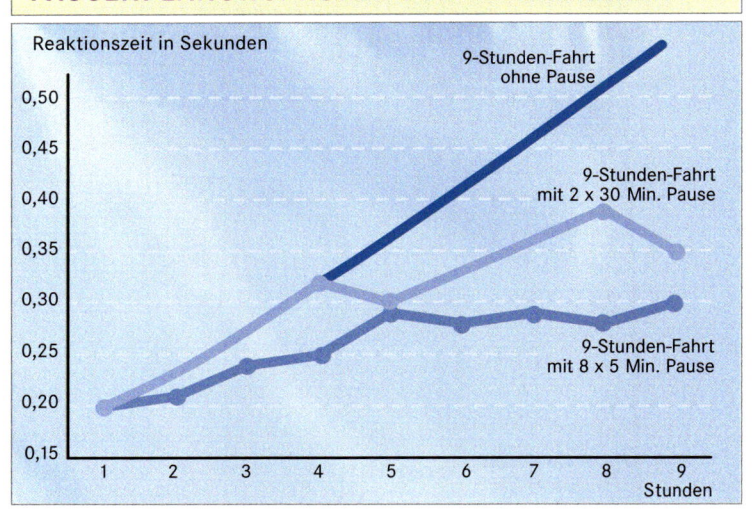

Reaktionszeit in Sekunden
- 9-Stunden-Fahrt ohne Pause
- 9-Stunden-Fahrt mit 2 x 30 Min. Pause
- 9-Stunden-Fahrt mit 8 x 5 Min. Pause

FAHREN UND RASTEN

Doch auch die Autofahrer können durch ihr Verhalten dazu beitragen, unnötigen Stress am Steuer zu vermeiden. Vor allem bei langen Autotouren. So ergab die Auswertung von Unfallakten einen Zusammenhang zwischen der Fahrtdauer, also der Beanspruchung des Fahrers, und seinem Risiko zu verunglücken: Schon nach vier Stunden Fahrt steigt das Unfallrisiko um das Doppelte, und in der achten Stunde passieren zehn Mal mehr Unfälle als eine Stunde nach dem Start. Hauptgründe für das höhere Unfallrisiko sind die zunehmende Ermüdung des Fahrers, die zu einer Abnahme von Aufmerksamkeit und Reaktionsvermögen führt. Festzustellen ist beides oft auch durch erhöhte Reizbarkeit – ein psychisches Symptom für Ermüdung.

Fahrten, die länger als sechs, sieben Stunden dauern, sollte man deshalb im Voraus zeitlich planen und dabei regelmäßige Pausen berücksichtigen. Denn je länger die Fahrtzeit, desto schlechter das Reaktionsvermögen des Autofahrers. Schon nach einer Fünf-Stunden-Tour ohne Pause verdoppeln sich die Reaktionszeiten und nach neun Stunden Nonstop-Reise über die Autobahn benötigt man fast dreimal so lange als bei Fahrtbeginn, um in Gefahrenmomenten schnell zu handeln. Anders sieht die Sache aus, wenn man regelmäßig Pause macht. Wissenschaftliche Tests zeigen, dass es hinsichtlich des Reaktionsvermögens besser ist, mehrere kurze Pausen à fünf Minuten einzulegen als längere Fahrtstopps. Am besten wäre es, auf langen Strecken alle zwei Stunden anzuhalten und sich bei einer „aktiven" Pause zu erholen.

Verkehrsmediziner empfehlen Autofahrern auf langen Strecken, regelmäßig „aktive" Pausen zu machen. Das bedeutet: Pausen mit kleinen gymnastischen Übungen zur Entspannung der Rücken- und Nackenmuskulatur oder Spaziergänge an der frischen Luft.

GEFÄHRLICHES NICKERCHEN

Müdigkeit ist zwar eine natürliche aber dennoch tückische Reaktion des Körpers, denn sie wird von vielen Autofahrern nicht richtig wahrgenommen. Sie sind erschöpft und brauchen Schlaf, fühlen sich aber fit und fahren weiter – mit hohem Risiko. Was in solchen Situationen droht, nennen Experten „Sekundenschlaf": eine spontane Reaktion des Organismus auf Schlafmangel, Monotonie oder Überbeanspruchung. Die Augen beginnen zu brennen, die Lidschläge werden häufiger aber zugleich langsamer, die Pupillen kleiner, man fröstelt – das sind untrügerische Vorboten dieses Phänomens. Schließlich bleiben die Augen vor Müdigkeit nur eine Sekunde länger zu als üblich, doch dieser kurze Moment kann bei hohem Tempo fatale Folgen haben. Der Gesamtverband der deutschen Versicherungswirtschaft schätzt, dass Müdigkeit die Ursache jedes vierten tödlichen Autobahnunfalls ist. Abhilfe schafft nur eines: schlafen. Kaffee, Cola oder Energy-Drinks eignen sich nur als kurzzeitige Muntermacher, die anschließend oft ein noch größeres Müdigkeitsproblem hinterlassen.

Zur Planung einer längeren Autoreise gehört auch die Wahl der richtigen Startzeit. Fachleute empfehlen, sich ausgeruht und ausgeschlafen ans Steuer zu setzen. Der Nachmittag gilt in der Regel als ungünstiger Zeitpunkt, eine lange Autofahrt zu beginnen, zumal die körperliche Leistungsfähigkeit zwischen 14 und 15 Uhr ihren Tiefpunkt erreicht. Schuld daran trägt der Bio-Rhythmus: Am frühen Morgen zwischen sechs und acht Uhr sowie während des Vormittags ist der Mensch am leistungsfähigsten – das sind die besten Zeiten für den Start einer Reise mit dem Auto, während Nachtfahrten zwischen 2 und 5 Uhr das größte Risiko für einen „Sekundenschlaf" bergen.

BIO-RHYTHMUS: HOHE LEISTUNG AM VORMITTAG

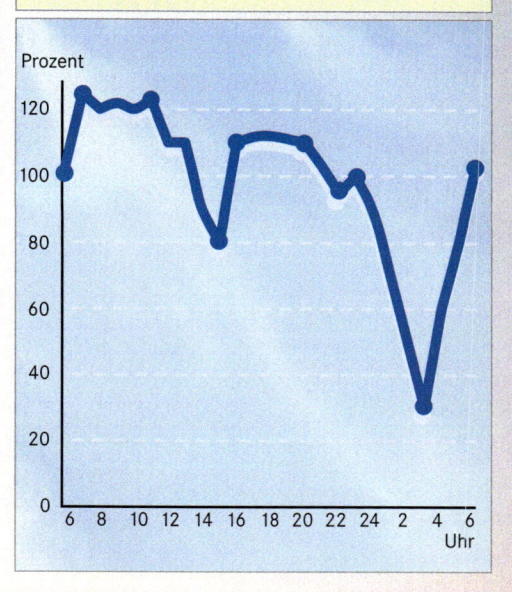

Nachtfahrt: Bereits ab 20 Uhr nimmt die körperliche Leistungsbereitschaft ab – das Unfallrisiko steigt.

DIÄTPLAN FÜR DIE REISE

Nach üppigem Essen rutschen Autofahrer noch stärker ins „Mittags-Tief". Während der Körper die Speisen „verarbeiten" muss, leitet er einen Großteil der Durchblutung in den Magen-Darm-Trakt um; das Gehirn wird dadurch schlechter mit Sauerstoff und Blutzucker versorgt, was sich durch verminderte Konzentrationsfähigkeit und vorzeitige Müdigkeit bemerkbar macht.

Wer dennoch nicht aufs gewohnte Mittagessen verzichten möchte, sollte sich für fettarme Kost entscheiden. Denn Fette sind schwer verdaulich und benötigen eine Verdauungszeit von zwei bis drei Stunden. Am besten isst man deshalb als Autofahrer Fisch, Salat, Kartoffeln mit Quark oder ein mageres, durchgebratenes Stück Rind- oder Kalbfleisch. Nach dem Essen empfehlen Fachleute, die Pause fortzusetzen. Verkehrsuntersuchungen zeigen, dass Autofahrer, die sich unmittelbar nach dem Mittagessen hinters Steuer setzen, ungleichmäßiger, unangepasster und risikoreicher fahren als vor der Mahlzeit.

RISIKOFAKTOR ALKOHOL

Noch gefährlicher wird es, wenn neben üppigem Essen auch Alkohol im Spiel ist. Zwar sollte jeder Verkehrsteilnehmer wissen, dass Alkohol für ihn tabu ist. Doch zwischen Einsicht und Verhalten klafft bei diesem Thema eine gewaltige Lücke. Das zeigt die Unfallstatistik: Knapp 60 000 Alkoholunfälle hat die deutsche Polizei 2003 registriert. Dabei wurden 31 240 Menschen verletzt, 817 starben an den Unfallfolgen. Das waren immerhin mehr als zwölf Prozent aller Verkehrstoten dieses Jahres. Im Ausland ist die Situation ähnlich alarmierend. Laut Weltgesundheitsorganisation (WHO) haben in vielen Industrienationen durchschnittlich rund 20 Prozent aller schwerverletzten Autofahrer Alkohol im Blut; in den Entwicklungsländern liegt der Anteil sogar zwischen 33 und 69 Prozent.

Trunkenheit ist aber nicht nur ein Problem der Autofahrer: Autoren einer britischen Studie stellten bei 48 Prozent aller tödlich verunglückten Fußgänger Alkohol im Blut fest; in Südafrika waren sogar 61 Prozent der Fußgänger betrunken. Junge Fahrerinnen und Fahrer, die Alkohol trinken, haben laut WHO ein 17 Mal größeres Risiko, in einen schweren Unfall verwickelt zu werden als routinierte Fahrer.

MÜSLI STATT SCHOKOLADE

Die Ernährung während einer langen Autofahrt sollte kohlenhydratreich, eiweißreich und fettarm sein. Nicht minder wichtig sind Vitamine und Mineralstoffe. Apfelchips, Trockenfrüchte, Studentenfutter, Knäckebrot, Vollkornkekse, Müsliriegel, Äpfel, Möhren oder Tomaten sind als Reiseproviant besser geeignet als Schokolade oder andere Süßigkeiten. Auch Traubenzucker ist wenig geeignet. Der Grund: Zucker „schießt" relativ schnell ins Blut, was anschließend aber zu einer raschen Unterzuckerung führen kann. Das beeinträchtigt das Konzentrationsvermögen.

Als Getränke eignen sich Mineralwasser, leicht gesüßter Tee oder Fruchtsäfte. An heißen Tagen benötigt ein Erwachsener zwei bis drei Liter Flüssigkeit, doch auch bei normalen Temperaturen sollten Autofahrer unterwegs regelmäßig trinken.

Süßigkeiten, Traubenzucker oder Limonade führen zu starken Blutzuckerschwankungen und Konzentrationsschwäche.

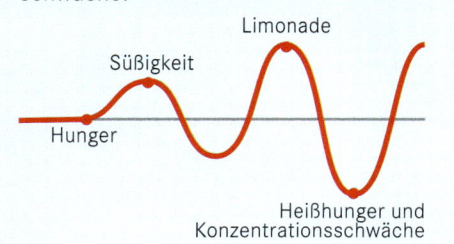

Obst, Vollkorn und Gemüse bewirken kaum Änderungen im Blutzuckerspiegel und fördern langfristig die Konzentration.

Warum Alkohol und Auto fahren nicht zusammenpassen, macht der „Bund gegen Alkohol und Drogen im Straßenverkehr" anschaulich deutlich: Schon ab 0,3 Promille Blutalkoholspiegel verkleinert sich das Sehfeld eines Autofahrers und er hat Schwierigkeiten, Entfernungen richtig abzuschätzen. Ab 0,5 Promille steigt die Risikobereitschaft deutlich an, gleichzeitig lässt aber das Reaktionsvermögen rapide nach. Die so genannte Rotlichtschwäche setzt ein und die Augen nehmen Ampeln oder Bremslichter nur noch verzögert wahr. Die Wahrscheinlichkeit, einen Unfall zu verursachen, verdoppelt sich. Mit 0,8 Promille Alkohol im Blut brauchen Autofahrer durchschnittlich eine Sekunde länger als nüchterne Fahrer, um bei Gefahr zu reagieren. Es kommt zu Gleichgewichtsstörungen, das Gesichts- und Blickfeld wird deutlich eingeschränkt (Tunnelblick). Oberhalb von 1,0 Promille reichen die Wirkungen des Alkohols von Sprachstörungen über Aggressivität bis zu Bewusstseinseintrübungen und Lähmungen. Kein Wunder, dass die Gefahr eines Unfalls bei solchen Rauschzuständen um das 10- bis 18-Fache steigt.

Unterschätzt wird häufig auch die Fähigkeit des Organismus Alkohol abzubauen. Ein paar Stunden Schlaf nach einem durchzechten Abend reichen häufig nicht aus, um wieder sicher Auto zu fahren. Aus zwei Gründen: Nach dem letzten Glas dauert es noch gut eineinhalb Stunden, bis der höchste Blutalkoholwert erreicht ist. In dieser Zeit wird nur wenig Alkohol vom Körper eliminiert. Erst wenn das Promille-Maximum erreicht

ALKOHOL: VIERFACHES RISIKO MIT 0,8 PROMILLE

Anstieg der Unfallhäufigkeit

Im Rausch: Ab 0,3 Promille Blutalkoholspiegel vermindert sich das Sehvermögen, ab 0,8 Promille verkleinert sich das Blickfeld und betrunkene Autofahrer nehmen nur noch einen kleinen Teil ihrer Umgebung wahr.

ALKOHOLWIRKUNG: NACH SIEBEN STUNDEN NOCH FAHRUNTÜCHTIG

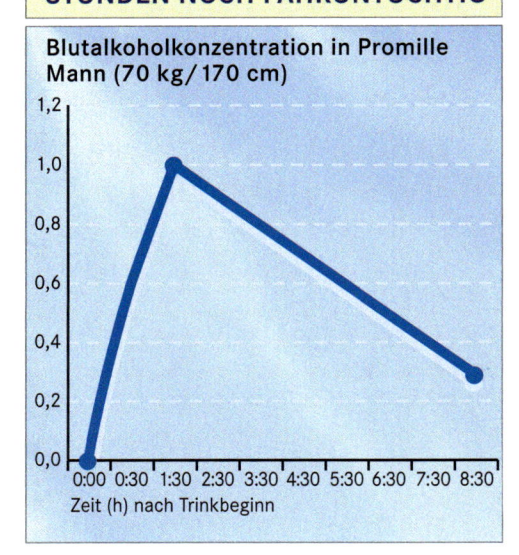

Blutalkoholkonzentration in Promille
Mann (70 kg / 170 cm)

(Diagramm: Kurve steigt von 0,0 bei 0:00 auf 1,0 bei 1:30 und fällt auf ca. 0,3 bei 8:30)
Zeit (h) nach Trinkbeginn

Griff zur Pille: Medikamente und Auto fahren ist oft eine gefährliche Kombination. Viele Arzneimittel beeinträchtigen das Reaktionsvermögen.

ist und kein weiterer Alkohol hinzukommt, beginnt die eigentliche Abbauphase mit einer durchschnittlichen Geschwindigkeit von nur 0,15 bis 0,17 Promille pro Stunde – zu normalen Tageszeiten. Bedingt durch das körperliche Leistungstief benötigt die Leber in der Nacht etwas länger, sodass die Abbaurate tatsächlich auf etwa 0,09 bis 0,1 Promille pro Stunde sinkt. Die Rechnung ist also einfach: Wer um 1.30 Uhr mit 1,0 Promille einschläft, wacht um 8.30 Uhr mit rund 0,3 Promille Restalkoholspiegel auf und ist damit im Sinne der Rechtsprechung nicht fahrtüchtig.

RAUSCH OHNE PROMILLE

Alkohol ist bei Weitem nicht das einzige Rauschmittel, das die Verkehrssicherheit gefährdet. Mit Besorgnis registrieren Unfallforscher eine steigende Zahl von Autofahrern, die Drogen oder Medikamente einnehmen – oft sogar gleichzeitig mit Alkohol. Schon geht die Deutsche Verkehrswacht davon aus, dass jeder vierte Unfall direkt oder indirekt durch Medikamente beeinflusst wird. Unbegründet ist diese Schätzung freilich nicht, weisen die rechtsmedizinischen Institute Deutschlands bereits bei 13 Prozent aller untersuchten Verkehrsunfallopfer Rückstände von Arzneimitteln nach. Am häufigsten entdecken sie Spuren von Schmerzpräparaten, Schlaf- oder Beruhigungsmitteln. Unter dem Einfluss „berauschender Mittel" ereigneten sich laut Statistischem Bundesamt in Deutschland 2003 rund 1400 Verkehrsunfälle mit Personenwagen – knapp 17 Prozent mehr als im Jahr zuvor und mehr als doppelt so viele wie 1995. Fachleute gehen aber davon aus, dass die Dunkelziffer solcher Unfälle viel höher ist. Der Nachweis eines Rausches ohne Promille ist schwieriger und aufwändiger als eine Alkoholkontrolle.

„Fragen Sie Ihren Arzt oder Apotheker" – dieser viel zitierte Merksatz hat für Autofahrer besondere Bedeutung, denn nach Meinung von Fachleuten beeinträchtigen rund 20 Prozent aller Medikamente die Fahrtüchtigkeit. Dazu zählen nicht nur Psychopharmaka oder Schlafmittel, von denen nur wenige Gramm die gleiche Wirkung wie 1,2 Promille Blutalkohol haben. Auch scheinbar harmloser Hustensaft, Nasentropfen oder andere rezeptfreie Präparate schränken die Fahrtüchtigkeit ein – vor allem im Zu-

BITTERE PILLEN

Zahlreiche Medikamente können die Fahrtüchtigkeit beeinträchtigen. Die Fachleute des TÜV Süddeutschland nennen folgende Arzneimittelgruppen und stufen deren Risikofaktor für Autofahrer ein:

○ keine oder nur geringfügige ● leichte ● deutliche ● starke Beeinträchtigung

Medikamentengruppe	Risikofaktor für Autofahrer	Markenamen (Beispiele)
Starke Beruhigungsmittel	○ ○ ● ●	Adumbran®, Tafil®, Tavor®, Valium®
Starke Schlaf- und Beruhigungsmittel	○ ○ ● ●	Halbmond®, Atosil®, Dalmadorm®, Halcion®
Antidepressiva	○ ● ● ●	Novoprotect®, Anafranil®
Neuroleptika	○ ● ● ●	Melleril®, Haldol®, Protactyl®
Antielliptika	○ ● ● ○	Antelepsin®, Luminal®, Liskantin®
Schmerzmittel	○ ● ● ○	Indocontin®, Ambene®
Schmerz- und Hustenmittel	○ ● ● ○	Wick Formel 44 plus®, Codipront®
Mittel gegen Bluthochdruck, Herz-/Kreislaufleiden	○ ○ ○ ●	Catapresan®, Barotonal®
Beta-Blocker	○ ● ○ ○	Tonoprotect®, Beta-drenolol®
Opthalmika (Augenpräparate)	○ ○ ● ●	Atropin®, Borotropin®
Stimulanzien, Appetitzügler	○ ● ● ○	Antiadipositum X-112®, Mirapront N®
Antidiabetika	○ ● ● ○	Euglucon N®, Artosin®
Anti-Allergiemittel	○ ● ○ ○	Lisino®, Fenistil®

Quelle: TÜV Süddeutschland

RISIKEN UND NEBENWIRKUNGEN

- Alkohol und Arzneimittel sind eine gefährliche Kombination. Vorsicht ist auch geboten, wenn Medikamente und Restalkohol zusammenwirken.
- Die regelmäßige Einnahme von Medikamenten (auch rezeptfreien) mit dem Arzt besprechen.
- Die Wirkung von Arzneimitteln hält oft lange an. Deshalb auch die Dosierung stets mit dem Arzt oder Apotheker absprechen.
- Vorsicht bei Beginn einer neuen Medikamentenbehandlung – der Körper muss sich erst daran gewöhnen. Daher oft nur eingeschränktes Reaktionsvermögen.
- Tropfen für Auge und Nase können die Pupille erweitern und/oder die Sehschärfe verringern. Auto fahren ist dann nicht mehr möglich.
- Präparate für Abmagerungskuren können Psycho-Stimulanzien enthalten. Sie steigern die Risikobereitschaft, während bei nachlassender Wirkung eine starke Erschöpfung eintritt.

sammenspiel mit Alkohol. Deshalb kann auch die Pille gegen Katerkopfschmerz schlimme Folgen haben. Bei einer Praxis-Studie stellten Wissenschaftler fest, dass die Zahl der Fahrfehler unter dem Einfluss von rund 0,4 Promille Restalkohol und nach Einnahme eineinhalb frei verkäuflicher Schmerztabletten um bis zu 43 Prozent größer ist als nach purem Alkoholgenuss bis 0,8 Promille. Tempo und Anhalteweg wurden deutlich unterschätzt.

Arzneimittel beeinflussen sich in ihrer Wirkung auch untereinander. Die Experten sprechen von den so genannten Wechselwirkungen, die Müdigkeit hervorrufen oder sich im schlimmsten Fall sogar als Rausch bemerkbar machen. „Wer dauerhaft bereits ein bestimmtes Medikament einnimmt, sollte mit dem Arzt sprechen, wenn er zusätzlich ein rezeptfreies Mittel kaufen möchte", rät die Bundesvereinigung der Deutschen Apothekerverbände.

Technik, die „mitdenkt", selbstständig arbeitet und den Fahrer entlastet

– darauf basiert die Konditionssicherheit

Auto fahren ist nicht nur eine Frage von Technik und Können. Ein ebenso weites und interessantes Aufgabenfeld ist die Psyche des Mannes oder der Frau am Steuer. Was beschäftigt einen Menschen, wenn er sich hinters Lenkrad setzt? Was weckt seine Sinne? Was macht ihm Laune, sorgt für Fahrspaß?

Viele meinen, die Antworten auf solche Fragen zu kennen. Aber nur wenige wissen wirklich Bescheid. DaimlerChrysler hat bereits 1982 in seinem Forschungsressort eine Abteilung gegründet, die die Befindlichkeiten von Autofahrern studiert. Hier beschäftigen sich Psychologen und Pädagogen mit dem Aspekt „Mensch und Fahrzeug" und geben den Entwicklungsingenieuren wertvolle Hinweise zur kontinuierlichen Verbesserung der Konditionssicherheit.

Indes: Der Begriff Kondition bedeutet in den Augen der Wissenschaftler nicht allein körperliche Fitness und Leistungsfähigkeit. Sie meinen damit auch emotionale Faktoren wie Stimmung, Anspannung oder Motivation, denn sie bestimmen ebenfalls über die Handlungsbereitschaft und -fähigkeit eines Autofahrers. Mercedes-Benz ist weltweit die einzige Automobilmarke, die sich mit einem eigenen Forscherteam dieser Aufgabe für die Pkw-Entwicklung widmet.

In den vergangenen Jahren haben die Praxistests mit Autofahrerinnen und Autofahrern den Bedarf und die Akzeptanz neuartiger Assistenzsysteme bestätigt, die das Zusammenspiel von Mensch und Technik weiter perfektionieren und Autofahrer entlasten. Solche Innovationen schaffen eine wichtige Voraussetzung für hohe Konditionssicherheit. Die S- und E-Klasse von Mercedes-Benz markieren derzeit den höchsten Entwicklungsstand in dieser Disziplin. Doch auch andere Mercedes-Modellreihen profitieren vom technischen Fortschritt und bieten Assistenzsysteme aus der Oberklasse, die einen wesentlichen Beitrag zum Entlastungskomfort leisten. So machen die modernen „Co-Piloten" beispielsweise durch Sprachbedienung, Klimasensoren oder Radarimpulse zur Abstandskontrolle das Autofahren nicht nur immer angenehmer, sie tragen auch maßgeblich dazu bei, Unfälle zu vermeiden.

MASSARBEIT IM INNENRAUM

Für die Konditionssicherheit eines Personenwagens sind neben Sitzgestaltung, Klimatisierung und Assistenzsystemen auch die Maßkonzeption des Innenraums sowie der Fahr- und Akustikkomfort verantwortlich. Im Sinne eines harmonischen, optimal an den Autofahrer adaptierten Fahrzeuggesamtkonzepts widmet Mercedes-Benz diesen Aspekten seit vielen Jahren besondere Aufmerksamkeit und leistete schon Mitte der Siebzigerjahre Grundlagenarbeit zur besseren ergonomischen Anpassung. Dabei wurden auch wissenschaftliche Erkenntnisse anderer Forschungsdisziplinen wie etwa der Psychologie, der Medizin und der Bio-Mechanik berücksichtigt. Vor allem aber deckten die Analysen einen unmissverständlichen Zusammenhang zwischen der Ergonomie eines Auto-Innenraums und der Fahrsicherheit auf: Ungünstige Sitzposition, komplizierte Bedienung oder enge Raumverhältnisse

CLEVERE ASSISTENTEN

LINGUATRONIC
Die von Mercedes-Benz entwickelte Sprachbedienung steuert auf Wunsch in vielen Modellen Autotelefon, Audioanlage und Navigationssystem. Der Autofahrer muss die Hände nicht vom Lenkrad nehmen, um eines dieser Geräte zu bedienen.

Komfortsitz
Seit 1998 bietet Mercedes-Benz für Fahrer und Beifahrer auf Wunsch Sitze mit aktiver Belüftung und automatischer Massagefunktion an, die Wirbelsäule und Rückenmuskulatur entlasten.

Fahrdynamischer Multikontursitz
Die Neuentwicklung passt auf Wunsch die Lehnenkontur automatisch der Fahrsituation an. So wird in Kurven perfekter Seitenhalt erzielt.

Fahrlicht-Assistent
Ein Sensor an der Frontscheibe schaltet bei Dunkelheit oder Einfahrt in einen Tunnel automatisch die Außenbeleuchtung des Fahrzeugs ein.

THERMOTRONIC
Die Vier-Zonen-Klimaautomatik ermöglicht an jedem Sitzplatz eine individuelle Temperatur- und Luftmengenregelung und arbeitet mithilfe von Sensoren für Sonnenstand, Schadstoffgehalt der Außenluft und Luftfeuchtigkeit.

COMAND
Das Bedien- und Anzeigesystem integriert je nach Modell und Ausführung Autoradio, CD/DVD-Spieler, Navigationssystem und Telefonbedienung.

Reifendruckkontrolle
Sensoren überwachen den Reifenluftdruck und informieren den Fahrer per Display.

DISTRONIC
Der Abstandsregel-Tempomat basiert auf einem Radarsensor hinter der Kühlermaske. Damit ermittelt das System den Abstand zum vorausfahrenden Auto und hält das eigene Fahrzeug in sicherer Distanz. Verringert sich der Abstand, nimmt die DISTRONIC Gas weg oder aktiviert die Bremse.

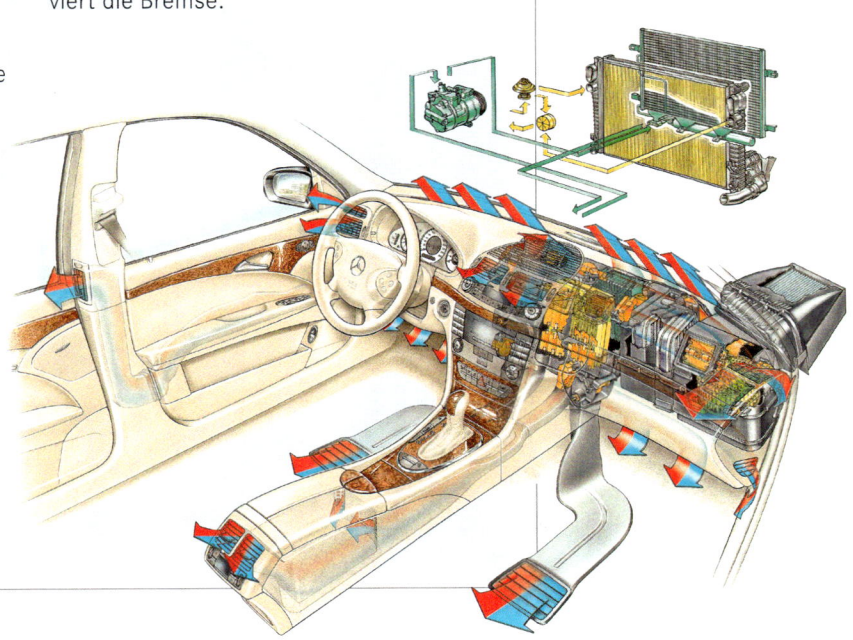

Schöner fahren: Das harmonische
Zusammenspiel von Mensch und Auto
basiert auf Spitzenleistungen in puncto
Ergonomie, Haptik, Komfort und Design.

beeinträchtigen nicht nur das Wohlbefinden der Insassen, sie sorgen auch für Stress und steigern die Nervosität.

Zudem bestätigen Vergleichsuntersuchungen mit gleichmotorisierten Fahrzeugen unterschiedlicher Größe, dass Modelle mit gutem Platzangebot und Raumkomfort defensiver und damit sicherer gefahren werden.

Deshalb beginnt die Anpassung des Automobils an den Menschen mit einfachen Dingen – mit messbaren Größen, die für Platzangebot, Ergonomie, Komfort und Sicherheit ausschlaggebend sind: Kopffreiheit, Knieraum, Schulterbreite, Sitzplatzabstand und andere Maßangaben geben darüber Aufschluss. Ihre Festlegung erfordert von den Ingenieuren buchstäblich Weitblick: Der Maßkonzeption der Mercedes-Personenwagen liegt das Gardemaß des so genannten „95-Prozent-Mannes" zu Grunde, dessen Körperhöhe den heutigen Wert deutlich überragt. Der „95-Prozent-Mann" ist für die Automobilentwickler die obere Grenze der menschlichen Körpermaße; nur fünf Prozent der männlichen Bevölkerung Europas sind noch größer.

Diesem Größenwachstum tragen die Ingenieure von Mercedes-Benz bei der Maßkonzeption Rechnung, entwickeln gleichzeitig jedoch Auto-Innenräume, in denen sich Menschen aller Größenklassen wohl fühlen. Dazu gehört auch die „Fünf-Prozent-Frau", die das Maß für die untere Grenze der menschlichen Längenskala markiert. Vordersitze mit vielen individuellen Einstellmöglichkeiten und einem großen, stufenlosen Längsverstellweg von bis zu 290 Millimetern sowie eine Lenksäule, die sich in der Höhe und in der Länge einstellen lässt, machen die individuelle Anpassung leicht.

> **BITTE PLATZ NEHMEN**
>
> Um entspannt und wirbelsäulenschonend zu sitzen und Auto zu fahren, sollte man den Sitz so einstellen:
>
> - **Längsverstellung:** Der Sitzabstand nach vorne stimmt, wenn die Fußsohle – nicht nur die Zehenspitzen – voll auf dem durchgedrückten Pedal aufliegt und das Bein dabei noch leicht angewinkelt bleibt.
> - **Kopfstützen:** Die Oberkante sollte zwei bis drei Zentimeter oberhalb der Augen-Ohren-Linie abschließen.
> - **Rückenlehne:** So hinsetzen, dass der ganze Rücken guten Kontakt zur Lehne hat. Die Neigung ist richtig eingestellt, wenn der Handballen auf den oberen Lenkradkranz gelegt werden kann – ohne dabei die Schulter von der Lehne zu lösen.
> - **Arme:** Bei angelehnten Schultern sind die Arme leicht angewinkelt.
> - **Sitzhöhe:** Je höher und aufrechter, desto besser. Man hat eine bessere Übersicht und schont zudem die Bandscheibe.
>
> Wer die Sitzhaltung während der Fahrt öfter leicht variiert, kommt entspannter ans Ziel.

Ellbogen leicht angewinkelt

Kniewinkel 110° bis 140°

Fußanstellwinkel 90° bis 115°

Winkel zwischen Oberkörper und Oberschenkel 95° bis 115°

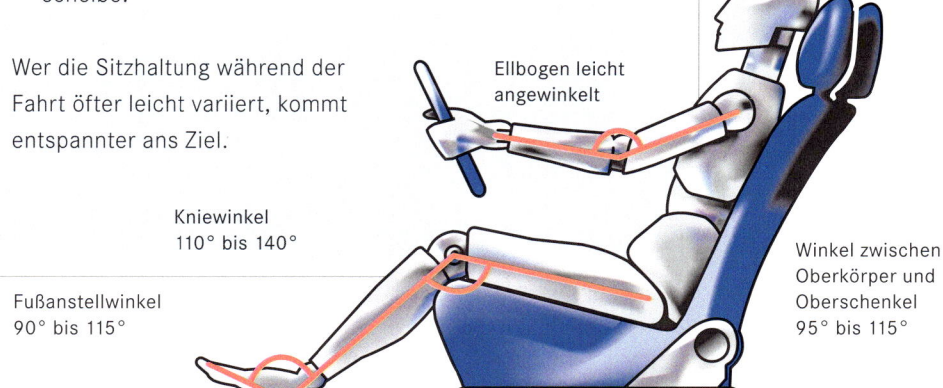

MENSCH UND AUTO

ALLES IM GRIFF

„Einsteigen und sich wohl fühlen" lautet ein wichtiges Ziel bei der Innenraumkonzeption im Sinne der Konditionssicherheit. Wer in einem Mercedes-Benz Platz nimmt, soll sich auf Anhieb zurechtfinden. Die wichtigsten Bedienelemente – Schalthebel, Belüftungsdüsen, Taster und Regler – sind deshalb stets so angeordnet, dass der Fahrer sie bequem erreicht und ihre Funktionen sofort versteht. Er hat buchstäblich alles im Griff – und alles im Blick. Das sorgt für Entspannung, die sich bei längerer Fahrt auch als spürbare Entlastung bemerkbar macht.

Bei ihrem Bestreben, das Miteinander von Mensch und Auto zu perfektionieren, arbeiten die Mercedes-Ingenieure seit einiger Zeit nach dem Prinzip der auto-adaptiven Ergonomie. Gemeint ist die weitgehend bedienungsfreie Selbstanpassung der Technik mit dem Ziel, den Autofahrer noch weiter zu entlasten, damit er sich aufs Wesentliche konzentrieren kann: auf die Verkehrslage und das Fahr-Erlebnis. Hier ergänzen sich die Aspekte Bedien- und Konditionssicherheit in geradezu idealer Weise.

Das Bedienkonzept der modernen Mercedes-Personenwagen weist den Weg in Richtung auto-adaptive Ergonomie: Scheibenwischer, Beleuchtungsanlage, Innen- und Außenspiegel, Sitze, Lenkrad und Klimatisierung passen sich automatisch den aktuellen Umgebungsbedingungen an oder arbei-

GUT GURTEN

Richtigen Schutz bietet der Sicherheitsgurt nur, wenn er richtig angelegt ist:

- Das Gurtband darf keinesfalls verdreht sein und muss eng am Körper anliegen.
- Der Beckengurt darf nicht über den Bauch, sondern sollte möglichst tief übers Becken verlaufen. Sitzt der Beckengurt zu locker, rutscht der Körper bei einem Aufprall unter dem Gurt durch.
- Der Schultergurt soll diagonal über den Brustkorb verlaufen und darf nicht am Hals scheuern. Den Schultergurt nach dem Anlegen straff ziehen, sodass er eng anliegt.
- Während der Fahrt keine dicken Mäntel und Jacken tragen, denn sie können die Schutzwirkung des Gurtes vermindern.

Kontrollzentrale: Übersichtliche Zeiger-Instrumente und Displays sind Teil eines modernen Bedien- und Anzeigekonzepts, das den Autofahrer entlastet.

ten – einmal programmiert – selbstständig und erfordern keine weiteren Bedienfunktionen. So schalten sich die Scheibenwischer mittels Regensensors automatisch ein, die Spiegel blenden bei Lichteinfall ab und der rechte Außenspiegel verändert im Rückwärtsgang automatisch seine Einstellung, damit der Fahrer die Bordsteinkante sehen und sich beim Einparken besser orientieren kann.

Andere Bedienaufgaben gehen leicht von der Hand: Mit dem serienmäßigen Multifunktions-Lenkrad kann der Fahrer zum Beispiel in vielen Mercedes-Modellreihen per Daumendruck Autoradio und Autotelefon steuern oder wichtige Informationen abrufen, die auf dem Zentral-Display im Kombi-Instrument erscheinen und so schnell erfasst werden können.

In puncto Schwingungskomfort leistet Mercedes-Benz nicht nur durch seine laufruhigen Vier-, Sechs- und Achtzylindermotoren einen wichtigen Beitrag für entspanntes, sicheres Autofahren. Großen Aufwand betreibt die Stuttgarter Automarke auch bei der Entkopplung des Fahrwerks und bei der Karosseriekonstruktion. So fahnden Mercedes-Ingenieure im Aero-Akustikkanal mithilfe moderner Messverfahren nach Karosseriedetails, die lästige Windgeräusche oder Schwingungen verursachen und auf diese Weise eine zusätzliche Belastung des Autofahrers darstellen.

PRIMA KLIMA

Die klimatische Behaglichkeit im Auto wird durch viele Faktoren bestimmt: Lufttemperatur, Luftbewegung, Wärmestrahlung und Luftfeuchtigkeit sind an erster Stelle zu nennen. Tipps für die Einstellung der Klimaanlage:

- Die seitlichen Belüftungsdüsen der Instrumententafel so einstellen, dass die Luft entlang der Seitenscheiben strömt. Die mittleren Düsen in Richtung Brust und Schoß richten. Luftzug im Bereich der Augen vermeiden.
- Kalte Luft nicht in den Fußraum lenken.
- Die Temperatur nicht zu niedrig einstellen – 20 bis 22 Grad Celsius werden von Auto-Insassen als angenehm empfunden.
- Nach dem Start für einige Minuten die Umlufttaste drücken, um den aufgeheizten Innenraum schneller abzukühlen.

PHYSIO-CHECK WÄHREND DER FAHRT

Ob und wie Assistenzsysteme, Sitze, Bedien- und Anzeigekonzept, Akustik oder Fahrwerksabstimmung die Konditionssicherheit eines Autos steigern, untersuchen die Wissenschaftler der DaimlerChrysler-Forschung bei Langstreckentests. Im Mittelpunkt stehen dabei aber nicht das Auto und seine Technik, sondern der Mensch. Deshalb werden auch nicht nur Bremsweg oder Beschleunigungszeit, sondern in erster Linie Herzfrequenz, Muskelspannung und Hautleitfähigkeit gemessen. Sie gelten als zuverlässige, unbemerkt und kontinuierlich messbare Indikatoren, die neben subjektiven Befragungen Auskunft über die Beanspruchung eines Autofahrers geben.

Mikrocomputer im Kofferraum und Physiospeicher am Gürtel der Testpersonen zeichnen während der Versuchsfahrten die Werte auf – insgesamt rund 250 Messdaten pro Sekunde, die alles über Fahrweise und körperliche Verfassung der Fahrer verraten und ein ebenso präzises wie repräsentatives Bild über den Einfluss der Pkw-Technik auf Fahrerverhalten und Leistungsfähigkeit der Autolenker ermöglichen.

Per Spezialantenne an der Heckscheibe hält die Messtechnik während der Fahrt Kontakt zu den Satelliten des Global Positioning Systems (GPS), die vom Weltraum aus den jeweiligen Standort der Autos ermitteln. Die Positionskoordinaten werden parallel zu den physiologischen und fahrtechnischen Daten gespeichert, sodass die Fachleute bei der Auswertung der Daten genau feststellen können, auf welchem Streckenabschnitt die Stressbelastung am größten war.

Zudem halten Videokameras unter anderem fest, wie oft die Fahrer die Spur wechseln, wie oft sie überholen, wann sie Pause machen, wie oft sie das Autoradio bedienen oder wie viele Zigaretten geraucht werden.

Testvorbereitung: Die Probanden werden mit Speichergeräten ausgestattet, die Stress-Indikatoren wie Muskelspannung, Herzfrequenz und Hautleitfähigkeit aufzeichnen.

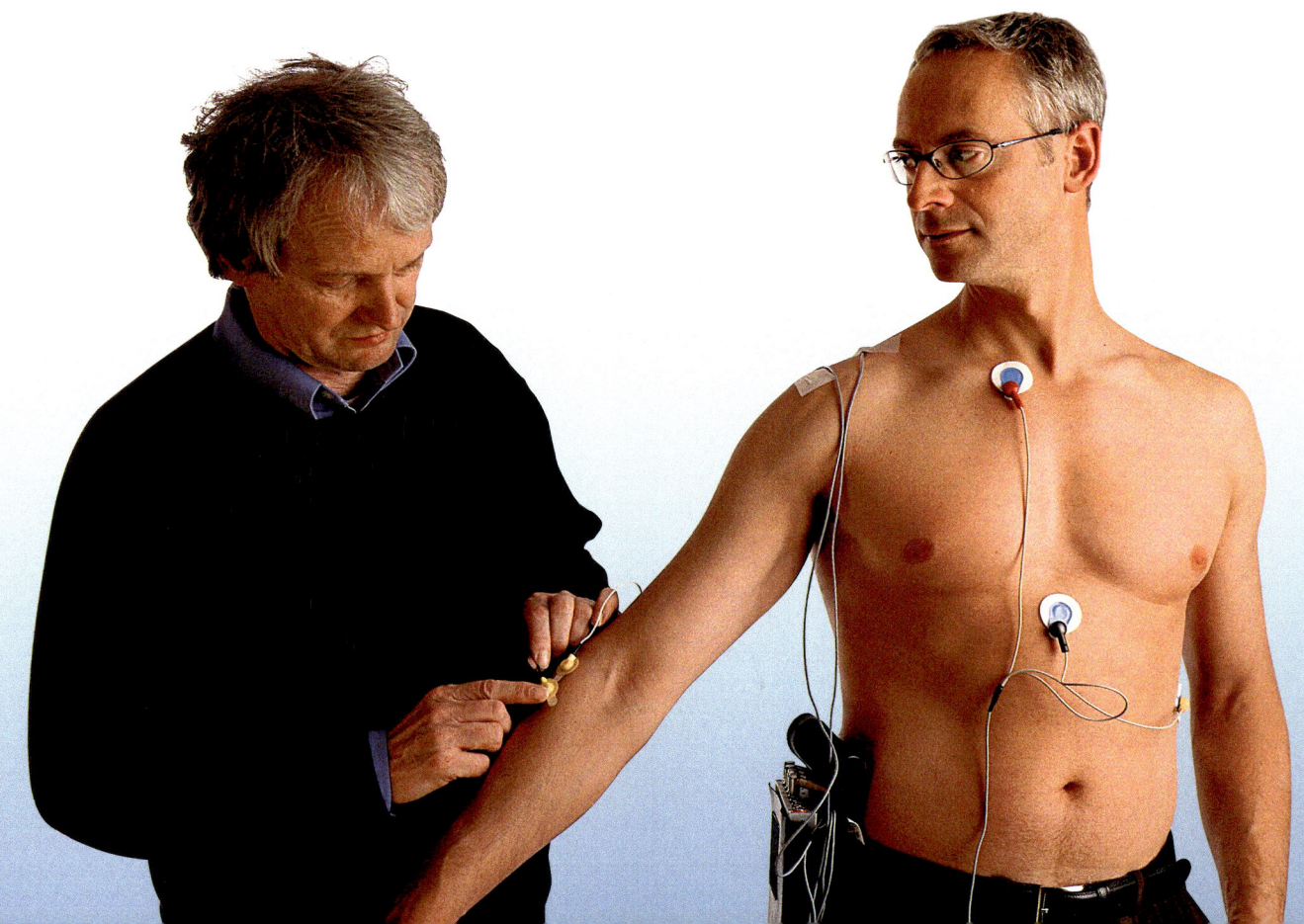

SIGNALE DES KÖRPERS

Herzfrequenz

Auf starke körperliche und geistige Anspannung reagiert der Organismus mit einer höheren Herzfrequenz. Da im Auto normalerweise die körperliche Bewegung fehlt, hat hier ein Anstieg der Herztätigkeit eine andere Ursache: Stress. Die Gründe dieser psychischen Beanspruchung können Hektik, hohes Verkehrsaufkommen oder schlechtes Wohlbefinden sein. Im Auto gibt es aber auch andere Einflussgrößen wie hoher Innengeräuschpegel, unzureichende Be- und Entlüftung, ungünstige Sitzposition und schlechte Sichtverhältnisse. Diese Kriterien stehen deshalb im Mittelpunkt des Mercedes-Engagements für höchste Konditionssicherheit.

Hautleitfähigkeit

Die elektrische Leitfähigkeit der Haut – gemessen in Mikrosiemens (μS) – verändert sich mit der Beanspruchung des Menschen durch optische und akustische Reize sowie durch äußere Stressfaktoren. Die bewusste oder unbewusste Verarbeitung dieser Informationen beeinträchtigt den Autofahrer, sodass es auf langen Strecken zu Aufmerksamkeitsdefiziten kommen kann. Andererseits: Eine zu starke Unterforderung des Autofahrers geht zu Lasten seiner Aufmerksamkeit. Deshalb ist es für die Pkw-Entwickler von Mercedes-Benz wichtig, dass dieser Indikator bei langer Fahrt nicht zu stark abfällt, denn Autofahrer sollten auch gegen Ende einer langen Reise in der Lage sein, sich aufmerksam dem Verkehrsgeschehen zu widmen.

Muskelspannung

Die Messung der Muskelspannung (gemessen in Mikrovolt am Arm oder im Nacken) gibt Wissenschaftlern Aufschluss über die körperliche Anspannung während der Fahrt. Stark belastete Autofahrer sitzen verkrampft hinter dem Lenkrad, sodass hier hohe Muskelspannungen gemessen werden. Das hat Folgen: Bei längeren Fahrten lassen Handlungsbereitschaft und Aufmerksamkeit nach.

Pupillentest vor und nach der Fahrt

Muskelspannung im Nacken

Online-Befragung während der Fahrt

Herzfrequenz

Hautleitwert am Fuß

Muskelspannung am Arm

BLICK IN DIE PUPILLE

Müdigkeit und Überbeanspruchung erkennen die DaimlerChrysler-Forscher bei ihren Verkehrsuntersuchungen auch durch einen tiefen Blick in die Augen der Testfahrer. Der so genannte „pupillographische Schläfrigkeitstest" misst elf Minuten lang per Infrarotlicht Pupillendurchmesser und -schwingungen und vergleicht die Ergebnisse mit empirisch ermittelten Durchschnittswerten. Hintergrund: Bei Müdigkeit zittert der Pupillenrand stärker als in wachem Zustand. Zudem verändert sich bei müden Menschen die Pupillengröße. Ein solcher Test, der vor und nach einer Testfahrt zum Thema Konditionssicherheit erfolgt, liefert unbestechliche Hinweise, denn Pupillenreaktionen werden vom autonomen Nervensystem gesteuert und lassen sich nicht beeinflussen.

Auch etwaige Stimmungswechsel der Testfahrer bleiben den Forschern bei ihren Verkehrsuntersuchungen nicht verborgen. Eine Online-Befragung, die entweder während der Fahrt oder an genau bestimmten Orten erfolgt, macht es möglich: Im 15-Minuten-Abstand sollen die Probanden durch Antippen eines berührungsempfindlichen Displays an der Instrumententafel acht Fragen zur Stimmungslage beantworten: „Wie müde fühlen Sie sich?" oder „Wie gut gelaunt sind Sie?". Das Antippen des Feldes „1" auf dem Bildschirm heißt „gar nicht" – Feld „6" bedeutet als Antwort „sehr".

Auf diese Weise stellen die Wissenschaftler fest, ob Stresssituationen während der Fahrt positiv (Eustress) oder negativ (Disstress) empfunden werden. Denn physiologische Messdaten wie Herzfrequenz oder Hautleitfähigkeit allein verraten nichts über die Art der Erregung und die dadurch veränderte Handlungsbereitschaft des Testfahrers.

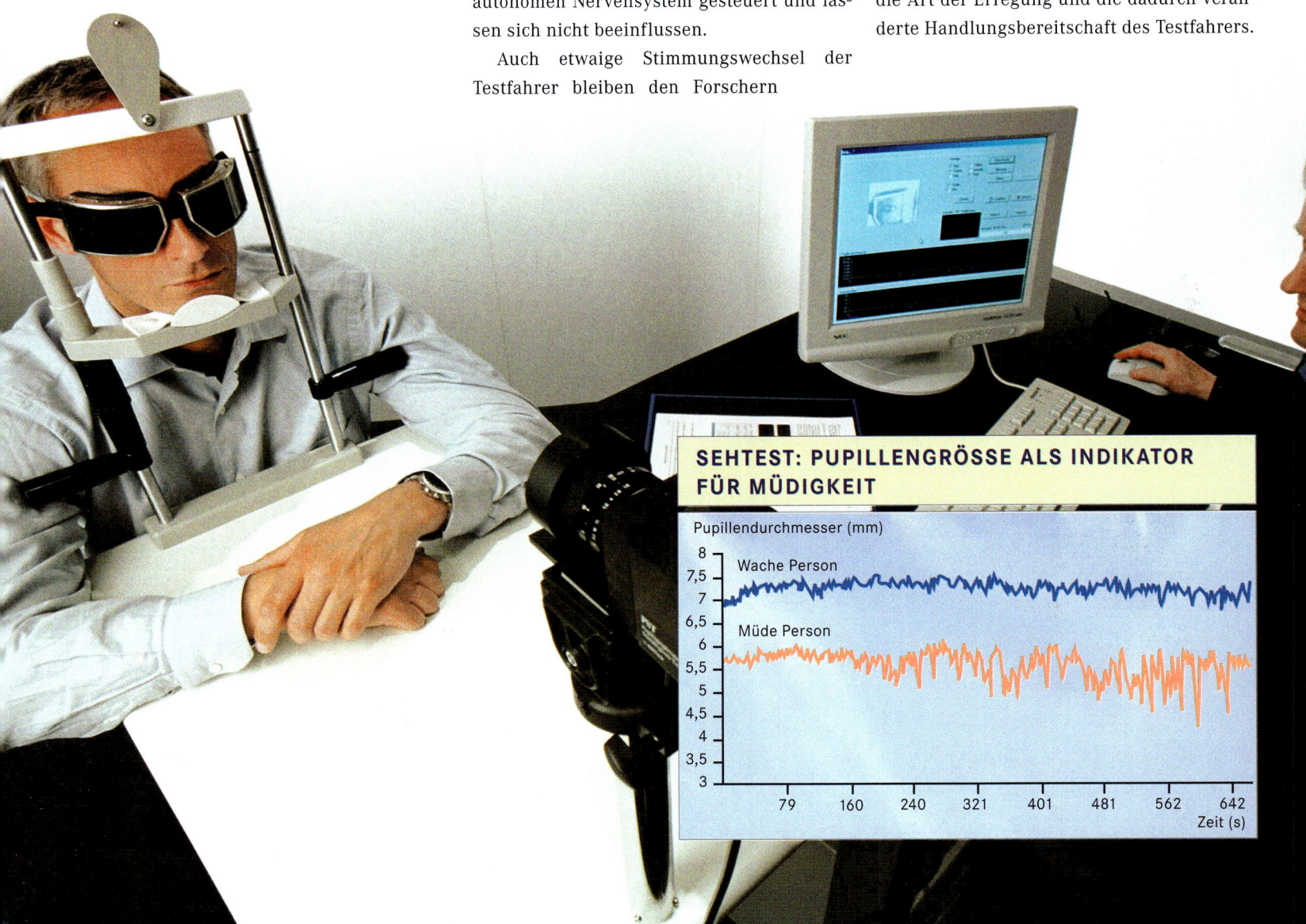

Sehtest: Größe und Schwingungen der Pupillen informieren die Wissenschaftler über die Müdigkeit der Testfahrer.

SEHTEST: PUPILLENGRÖSSE ALS INDIKATOR FÜR MÜDIGKEIT

Sicher reisen und entspannt ankommen –

Praxistests dokumentieren den Fortschritt bei der Konditionssicherheit

Bei zahlreichen Untersuchungen haben Fachleute der DaimlerChrysler-Forschung seit 1982 über 2500 Autofahrerinnen und Autofahrer beobachtet und unter anderem ihre Beanspruchung in verschiedenen Verkehrssituationen gemessen.

Dass der vorbildliche Entlastungskomfort moderner Mercedes-Personenwagen der Konditionssicherung des Autofahrers dient und somit seine Leistungsreserven schont, beweist zum Beispiel eine Vergleichsuntersuchung der aktuellen S-Klasse mit ihren Vorgängermodellen, an der rund 80 Autofahrerinnen und Autofahrer teilnahmen. Die physiologischen Belastungsindikatoren lagen in der aktuellen Mercedes-Toplimousine zum Teil deutlich unter den in den Vorgängermodellen gemessenen Daten: Der Wert für die Muskelspannung, der Aufschluss über die Beanspruchung eines Autofahrers gibt, betrug auf der Autobahn in der aktuellen S-Klasse durchschnittlich 67 Mikrovolt. Im Vorgängermodell aus dem Jahre 1991 (W 140) wurde dagegen ein rund 25 Prozent höherer Wert gemessen.

Im Vergleich mit dem Mercedes-Topmodell aus dem Jahre 1980 (W 126) fiel der Messwert in der aktuellen S-Klasse sogar um rund 60 Prozent geringer aus. Hier dienen unter anderem das luftgefederte AIRMATIC-Fahrwerk, die Komfortsitze mit dynamischer Multikonturfunktion und der ergonomisch gestaltete Innenraum der Konditionssicherheit.

Auch Herzfrequenz und Hautleitwert sind in der aktuellen S-Klasse am niedrigsten und zeigen, dass diese Limousine beste Konditionssicherheit bietet. Die Hautleitfähigkeit gilt als Indikator für kurzzeitige emotionale Beanspruchung. Eine solche Reizwirkung wird einerseits durch äußere Faktoren wie dichter Verkehr, widrige Wetterverhältnisse oder Lärm beeinflusst; andererseits kann auch das Automobil selbst durch hohen Fahrgeräuschpegel, störende Schwingungen oder ungünstige Klimatisierung den Autofahrer belasten, sodass sich die elektrische Leitfähigkeit seiner Haut verändert. Im Stadtverkehr lag der Hautleitwert bei Fahrten mit der aktuellen S-Klasse um rund 28 Prozent unter dem im Vorgängermodell gemessenen Durchschnittswert – ein deutliches Indiz für den höheren Entlastungskomfort des aktuellen Mercedes-Topmodells. Das bestätigen auch die Messungen der Herzfrequenz, ein zuverlässiger Indikator für physische und psychische Beanspruchung.

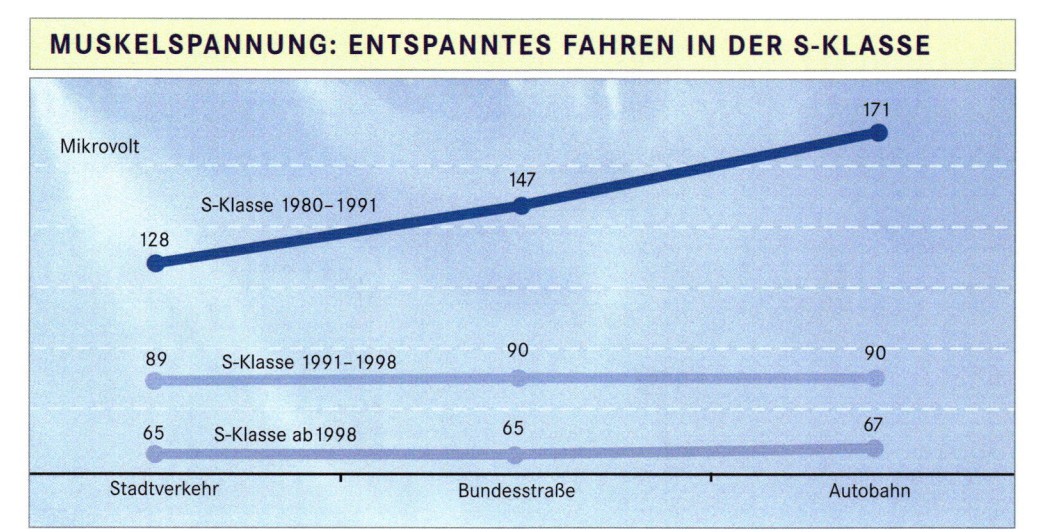

MUSKELSPANNUNG: ENTSPANNTES FAHREN IN DER S-KLASSE

	Stadtverkehr	Bundesstraße	Autobahn
S-Klasse 1980–1991 (Mikrovolt)	128	147	171
S-Klasse 1991–1998	89	90	90
S-Klasse ab 1998	65	65	67

ASSISTENZSYSTEME ALS STRESS-KILLER

Ebenso eindeutig sind die Resultate beim Vergleich der Mercedes-Benz E-Klasse mit ihrem Vorgängermodell, die Ingenieure des Mercedes Technologie-Centers und der DaimlerChrysler-Forschung auf der Strecke München-Bad Ragaz (Schweiz) ermittelten: Die durchschnittliche Herzfrequenz der Probanden betrug in der aktuellen E-Klasse auf der Autobahn 78,4 Schläge pro Minute, während im Vorgängermodell ein um sieben Prozent höherer Mittelwert gemessen wurde. Im Stadtverkehr beträgt der Unterschied in der Herzfrequenz zwischen beiden Modellen rund zehn Prozent.

Auf diese Weise machen sich moderne Assistenzsysteme wie etwa DISTRONIC, Vier-Zonen-Klimatisierung, fahrdynamischer Multikontursitz, COMAND APS und Fahrlicht-Assistent im Zusammenspiel mit der Luftfederung AIRMATIC und dem nochmals verbesserten Fahrwerk positiv bemerkbar und steigern den Entlastungskomfort deutlich. Im Vorgängermodell der E-Klasse waren diese Innovationen nicht lieferbar.

Den positiven Einfluss des von Mercedes-Benz entwickelten Abstandsregel-Tempomaten DISTRONIC, eines der leistungsfähigsten Assistenzsysteme für Personenwagen, auf die Fahr- und Konditionssicherheit hat Mercedes-Benz bei Langstreckentests in den USA und in Deutschland untersucht. Daran nahmen mehr als 140 Autofahrerinnen und Autofahrer teil, die insgesamt knapp 200 000 Kilometer abspulten. Die Ergebnisse:

- Der Sicherheitsabstand vergrößerte sich zwischen 70 und 110 km/h im Durchschnitt um 29 Prozent, wenn die Testfahrer die DISTRONIC eingeschaltet hatten. In den USA bewirkte das Assistenzsystem, dass sich der Abstand im Mittel um 13 bis 25 Prozent vergrößerte.
- Die Fahrweise ist bei eingeschalteter DISTRONIC gleichmäßiger und damit entspannter als ohne das System. Das zeigen die gemessenen Beschleunigungs- und Verzögerungszeiten.
- Die mittlere Herzfrequenz der Testfahrerinnen und Testfahrer war bei aktiviertem Abstandsregel-Tempomaten gegenüber dem Ruhepuls nur durchschnittlich um 1,8 Schläge pro Minute erhöht. Bei Fahrten ohne DISTRONIC stieg die Herztätigkeit dagegen um 3,2 Schläge pro Minute an, was auf eine stärkere Beanspruchung der Autofahrer hinweist.

Radarsensor: Die DISTRONIC-Antenne verbirgt sich hinter der Kühlermaske. Ein Display im Kombi-Instrument (ganz rechts) informiert über den Abstand zum vorausfahrenden Auto.

IN TOPFORM

Konditionssicherheit ist ein Aufgabengebiet, von dem nicht nur die Pkw-Kunden der Marke Mercedes-Benz profitieren. Auch bei der Entwicklung einer neuen Fahrerkabine für den Schwerlastwagen Actros nutzte die Stuttgarter Automobilmarke das Wissen der DaimlerChrysler-Forschung und schickte zwei Dutzend Fernfahrer auf Testtour, um den Entlastungskomfort an Bord des neuen Modells zu beurteilen.

Manchmal wissen die Forscher bereits vor Auswertung vieler Millionen Messdaten, dass sie in puncto Konditionssicherheit auf dem richtigen Weg sind. Etwa, wenn Autofahrer am Ende der siebenstündigen Autobahntour gut gelaunt aus dem Wagen aussteigen: „Was machen wir jetzt? Ich möchte noch etwas unternehmen."

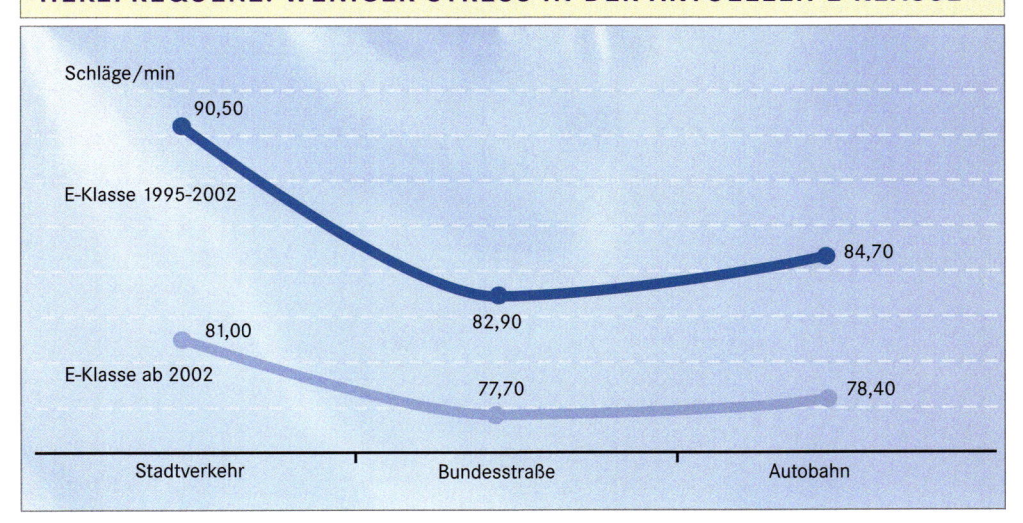

HERZFREQUENZ: WENIGER STRESS IN DER AKTUELLEN E-KLASSE

Schläge/min

E-Klasse 1995–2002: Stadtverkehr 90,50 — Bundesstraße 82,90 — Autobahn 84,70

E-Klasse ab 2002: Stadtverkehr 81,00 — Bundesstraße 77,70 — Autobahn 78,40

STRESSTEST
Wie belastbar sind Sie als Autofahrer?

Mit diesem Fragebogen der DaimlerChrysler-Forschung können Sie Ihre individuelle Belastungssensitivität in typischen Verkehrssituationen testen. Durch Skizzen oder Texte werden sechs verschiedene Situationen beschrieben; stellen Sie sich bitte vor, Sie befinden sich in diesen Situationen. Wie wirken sie sich auf Ihr Befinden aus?

Zur Beantwortung überlegen Sie bitte, inwieweit die jeweils sechs Aussagen auf Sie persönlich zutreffen und kreuzen Sie für jede Aussage jeweils eine der Antwortmöglichkeiten von „a" (trifft voll zu) bis „e" (trifft nicht zu) an. Bitte beantworten Sie alle Fragen zügig und lassen Sie nichts aus. Es gibt keine richtigen und falschen Antworten. Beantworten Sie die Fragen bitte so, wie Sie die Situationen empfinden.

Im Anschluss können Sie Ihr persönliches Testergebnis ermitteln, indem Sie die Werte mithilfe der Auswertungstabelle berechnen. Vergleichen Sie Ihr Ergebnis mit den Punktzahlen der drei Auswertungskategorien Typ „A", „B" oder „C" und ermitteln Sie anhand der Beschreibung, wie stark Sie auf belastende Situationen beim Autofahren reagieren.

SITUATION 1

Eine übersichtliche Autobahnstrecke liegt vor Ihnen. Die Fahrbahn ist trocken und griffig; es sind nur wenige Autos unterwegs. Sie geben Gas und fahren Ihren neuen Wagen mal so richtig aus.

In dieser Situation fühle ich mich ...
1. überlegen und selbstsicher.
2. wütend und aggressiv.
3. gelangweilt und gedankenverloren.
4. aufmerksam und konzentriert.
5. nervös und ängstlich.
6. schwungvoll und leistungsbereit.

SITUATION 2

Auf der Autobahn nähern Sie sich einem Stauende, das unerwartet auftaucht. Es gelingt Ihnen, rechtzeitig zu bremsen. Den nachfolgenden Verkehr können Sie mit der Warnblinkanlage warnen. Es besteht aber die Gefahr, dass Sie übersehen werden, denn Sie befinden sich unmittelbar in einer Kurve.

In dieser Situation fühle ich mich ...
7. überlegen und selbstsicher.
8. wütend und aggressiv.
9. gelangweilt und gedankenverloren.
10. aufmerksam und konzentriert.
11. nervös und ängstlich.
12. schwungvoll und leistungsbereit.

SITUATION 3

In einer ruhigen Wohngegend herrscht Parkplatznot. Nach längerer Suche haben Sie eine kleine Parklücke entdeckt, die für Ihr Auto gerade noch passend wäre. Sie nehmen Maß und parken ein.

In dieser Situation fühle ich mich ...
13. überlegen und selbstsicher.
14. wütend und aggressiv.
15. gelangweilt und gedankenverloren.
16. aufmerksam und konzentriert.
17. nervös und ängstlich.
18. schwungvoll und leistungsbereit.

SITUATION 4

Bei Regenwetter geraten Sie mit Ihrem Wagen in einen längeren Stau. Da die Windschutzscheibe dauernd beschlägt, schalten Sie das Gebläse ein. Der Luftzug saugt nun Abgase der anderen Autos in Ihren Wagen. So bleibt Ihnen nur die Wahl zwischen schlechter Sicht und schlechter Luft.

In dieser Situation fühle ich mich ...
19. überlegen und selbstsicher.
20. wütend und aggressiv.
21. gelangweilt und gedankenverloren.
22. aufmerksam und konzentriert.
23. nervös und ängstlich.
24. schwungvoll und leistungsbereit.

SITUATION 5

Sie machen Urlaub in den Bergen. An einem sonnigen Tag unternehmen Sie eine Spazierfahrt über eine längere Gebirgsstrecke. Die kurvenreiche Passstraße ist Ihnen wohl vertraut und Sie können endlich mal Gas geben.

In dieser Situation fühle ich mich ...
25. überlegen und selbstsicher.
26. wütend und aggressiv.
27. gelangweilt und gedankenverloren.
28. aufmerksam und konzentriert.
29. nervös und ängstlich.
30. schwungvoll und leistungsbereit.

SITUATION 6

An einer Kreuzung nimmt Ihnen ein anderer Wagen von links die Vorfahrt. Nur durch starkes Bremsen können Sie einen Unfall vermeiden. Ohne auf Sie zu reagieren, fährt der andere Fahrer weiter.

In dieser Situation fühle ich mich ...
31. überlegen und selbstsicher.
32. wütend und aggressiv.
33. gelangweilt und gedankenverloren.
34. aufmerksam und konzentriert.
35. nervös und ängstlich.
36. schwungvoll und leistungsbereit.

Die Auswertetabelle für diesen Autofahrer-Stresstest ist diesem Buch beigelegt.

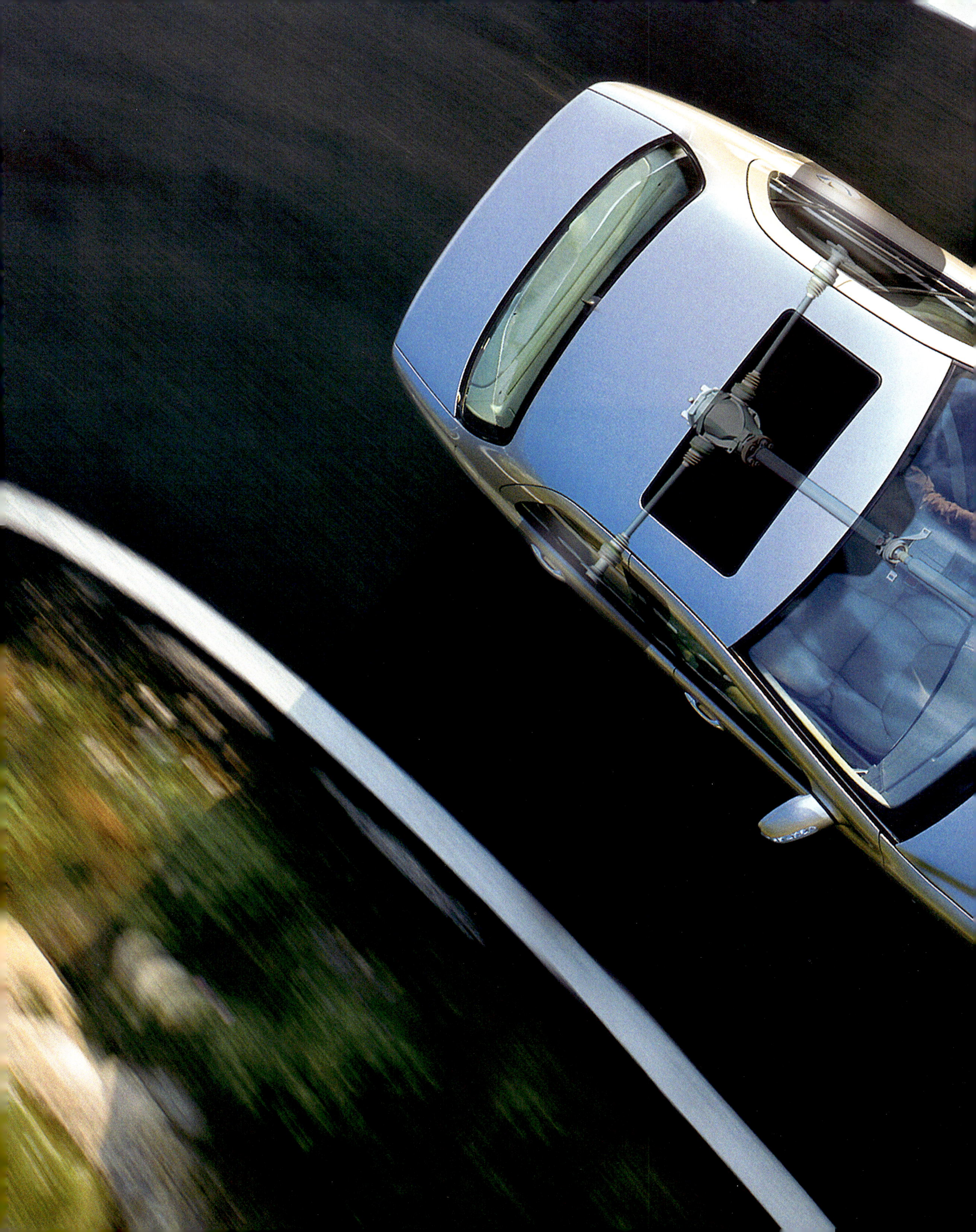

TRENDS UND TECHNIK

Immer einen Schritt voraus

Knautschzone und ABS, Airbag und ESP®, Windowbag und PRE-SAFE, Gurtstraffer und Brems-Assistent – Beispiele für bahnbrechende Mercedes-Erfindungen aus über sechs Jahrzehnten engagierter Sicherheitsentwicklung. Sie helfen, Unfälle zu vermeiden oder deren Folgen zu verringern. Und sie zeigen, wie eng die Geschichte der Fahrzeugsicherheit mit der Geschichte von Mercedes-Benz verbunden ist. Mit technischen Innovationen und zukunftsweisenden Konzepten bleibt die Stuttgarter Automobilmarke Schrittmacher auf diesem Gebiet.

Pioniere: Gottlieb Daimler, Karl Benz und Wilhelm Maybach (oben) brachten das Automobil auf Touren. Der Patent-Motorwagen von Karl Benz absolvierte im Juli 1886 seine erste Fahrt auf öffentlichen Straßen.

Sie hatten weder Türen noch Scheiben, weder Scheinwerfer noch Haltegurte. Sie fuhren auf drei Rädern, bremsten mit Lederriemen und drohten in jeder engen Kurve umzukippen.

Doch sie fuhren und das war zunächst einmal das Wichtigste.

Einfach aber dennoch genial – so kamen die ersten Automobile auf die Welt. In einer Zeit, da Pferdekutschen das Straßenbild beherrschten, waren sie etwas Besonderes – technische Meisterleistungen, wenngleich die Sicherheit bei ihrer Konstruktion für lange Zeit noch kein Thema war. Die Erfinder hatten andere Sorgen: „Die Hauptsache war der Motor", berichtete Karl Benz über seinen Patent-Motorwagen von 1886. „Ich mag mit dem Wagen eine Schnelligkeit von 16 km/h erreicht haben. Jede Ausfahrt stärkte mein Vertrauen, bei jeder Ausfahrt lernte ich aber auch neue Tücken des Motors und der Wagenteile kennen."

Jene Tücken sorgten denn auch dafür, dass manche Fahrversuche im Straßengraben endeten. Auto fahren begann als Abenteuer.

Das änderte sich erst als Wilhelm Maybach, Chefkonstrukteur der Daimler-Motoren-Gesellschaft zu Stuttgart, um 1900 etwas wirklich Neues auf die Räder stellte: ein Automobil, dessen Konzeption und Technik richtungsweisend war: der erste Mercedes. 35 PS stark und mit technischen Innovationen wie Stahlchassis, Schraubenspindel-Lenkung, Luftreifen, Trommel- und Kardanbremsen avancierte er auch zum Trendsetter der Fahrsicherheit. Der lange Radstand, die breite Spur, der niedrige Schwerpunkt und der Einsatz fast gleich großer Räder an beiden Achsen garantierten ein sehr stabiles Fahrverhalten.

Das bewies der Mercedes im Frühjahr 1901 bei der Rennwoche von Nizza, wo er mit bis zu 86 km/h Höchstgeschwindigkeit den gesamten Rennverlauf dominierte. Ebenso beim Bergrennen von Nizza nach La Turbie, das die deutschen Automobile mit 51,4 km/h Durchschnittstempo gewannen. Ein Rekord. Publikum und Fachwelt waren begeistert und bald sprach man von einer neuen Ära – von der „Ära Mercedes".

Als die Motoren das Laufen gelernt hatten und die Autos immer schneller wurden, rückte endlich auch das Thema Fahrsicherheit in den Blickpunkt der Konstrukteure. Man beschäftigte sich mit der Verbesserung der Fahrwerke und suchte beispielsweise in England bei den ersten so genannten „Side-Slip-Trials" nach Möglichkeiten, das Ausbrechen der Autos bei schnellen Lenkbewegungen und beim Bremsen in den Griff zu bekommen. Einfallsreichtum war gefragt. Den bewies man schon bei der Auswahl der Teststrecke: Es war eine mit Fett überzogene Bahn aus Holzbohlen.

Pioniertaten wie diese ebneten den Weg für die Weiterentwicklung von Achsen, Federn, Lenkung, Bremsen und Reifen. Indes: Die Sicherheitslage auf den Straßen machte solche Neuentwicklungen auch dringend erforderlich: Im Jahre 1906 registrierte die deutsche Polizei 2290 Verkehrsunfälle mit 1570 Verunglückten, sechs Jahre später waren es bereits vier Mal so viel.

Trendsetter: Der erste Mercedes von 1901 revolutionierte die Automobiltechnik.

SPIEL DER KRÄFTE

Die Autos sicherer und fahrstabiler zu machen, das bedeutete für die Auto-Pioniere, die Gesetze der Physik kennen zu lernen und innerhalb ihrer Grenzen den bestmöglichen Kompromiss zu erreichen.

Grundsätzlich bewirken alle Kräfte, die das Auto beeinflussen, dass es sich um seinen Schwerpunkt dreht. Er bestimmt damit das Fahrverhalten.

Ziel der Ingenieure ist es, diesen Schwerpunkt so tief und so mittig wie möglich zu legen, um auf diese Weise ein neutrales, stabiles und sicheres Fahrverhalten zu erreichen. Die Gewichtsverteilung gilt dabei als wichtiges Kriterium – ideal ist es, die Gewichtsanteile jeweils zur Hälfte auf Vorder- und Hinterachse zu verlagern.

Die Kräfte, die das Auto beherrschen, wirken über die Hoch-, Quer- und Längsachse des Wagens: Neigt sich die Karosserie in der Kurve zur Seite, bewegt sie sich um die Längsachse; sie „wankt", wie die Fahrwerksingenieure sagen. Wird die Kurve zu schnell gefahren und bricht das Heck des Wagens aus, bewegt es sich um die Hochachse und „giert". Beim Beschleunigen oder Bremsen schließlich „nickt" oder „hebt" sich das Auto um die Querachse. Die Mitte – besser gesagt: das Massenzentrum – dieser geometrischen Achsen ist der Schwerpunkt.

In der Kurve beherrschen im Wesentlichen zwei Kräfte das Geschehen: die Zentrifugalkraft – auch Fliehkraft genannt – und die Zentripetalkraft. Driftet das Auto in der Kurve nach außen, hat die Zentrifugalkraft die Regie übernommen. Sie ist umso größer, je höher die Geschwindigkeit, je größer die Masse des Wagens und je enger die Kurve.

Der Fliehkraft wirkt die Zentripetalkraft entgegen und sorgt dafür, dass der Wagen bei Kurvenfahrt auf der Straße bleibt.

Dafür muss die Zentripetalkraft, die sich aus dem Gewicht, das auf jedem einzelnen Rad lastet, und dem Reibwert zwischen Fahrbahn und Reifen berechnet, aber größer als die Zentrifugalkraft sein. Ist das nicht der Fall, kommt das Auto vom vorgesehenen Kurs ab; es rutscht zur Außenseite der Kurve, so lange bis die Kräfte wieder ausgeglichen sind.

Buchstäblich im Grenzbereich bewegen sich Autofahrer, die Kurven so durchfahren, dass beide Kräfte im Gleichgewicht bleiben. Das ist der Job von Rennfahrern – für den normalen Straßenverkehr ist eine solche Fahrweise viel zu riskant, weil man sehr schnell die Kontrolle über das Fahrzeug verliert. Mit anderen Worten: Der Autofahrer kann das Spiel der Kräfte beherrschen, indem er mit angemessener Geschwindigkeit in Kurven fährt und das Tempo hält. Gibt er jedoch zu viel Gas, vergrößert sich die Fliehkraft sehr schnell – und sehr heftig.

LÖSUNG EINES ZIELKONFLIKTS

In den vergangenen Jahren leisteten die Ingenieure Großartiges, damit Autofahrer das Spiel der Kräfte besser beherrschen können. In mehreren Entwicklungsschritten haben sich aus einfachen Starrachsen mit Blattfedern aufwändige Mehrlenker-Federbeinachsen entwickelt, die jedes Rad einzeln und präzise führen. Die hohe Kunst der Fahrwerkstechnik besteht nunmehr darin, Achstechnik, Federung und Dämpfung so aufeinander abzustimmen, dass zwei Aspekten Rechnung getragen wird: der Fahrsicherheit und dem Fahrkomfort. Ein Zielkonflikt, dessen Lösung viel Erfahrung und Know-how erfordert.

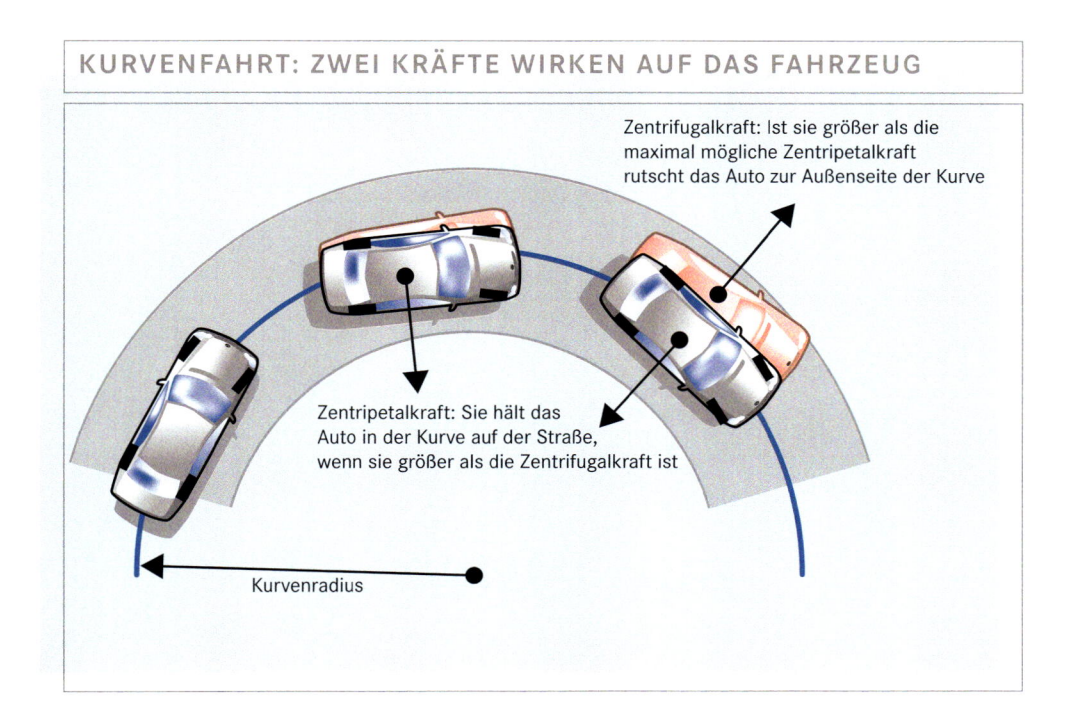

KURVENFAHRT: ZWEI KRÄFTE WIRKEN AUF DAS FAHRZEUG

Zentrifugalkraft: Ist sie größer als die maximal mögliche Zentripetalkraft rutscht das Auto zur Außenseite der Kurve

Zentripetalkraft: Sie hält das Auto in der Kurve auf der Straße, wenn sie größer als die Zentrifugalkraft ist

Kurvenradius

TRENDS UND TECHNIK

Kurvenkünstler: Die SL-Klasse ist mit dem aktiven Fahrwerk ausgestattet. Es passt die Federung blitzschnell der jeweiligen Fahrsituation an.

Um ein hohes Maß an Fahrsicherheit zu erreichen, sollten die Räder möglichst gleichmäßig auf die Fahrbahn gedrückt werden. Doch das ist Theorie. Die Oberflächen der Straßen und Autobahnen sind bekanntlich nicht topfeben; sie haben Wellen, Risse, Fugen und Löcher, die jedes Rad in Schwingungen versetzen. Das hat spürbare Folgen: Die Kraft, mit der die Räder auf der Straße stehen, schwankt im Rhythmus der Fahrbahnunebenheiten – die Techniker sprechen von den Radlastschwankungen. Das Ausmaß dieser Radlastschwankungen ist für die Fahrsicherheit entscheidend, denn je größer die Schwingungen der Räder, desto schlechter der Fahrbahnkontakt.

Die Radlastschwankungen gering zu halten, wäre technisch kein Problem. Man müsste Stoßdämpfer einsetzen, die so straff eingestellt sind, dass sie die Radbewegungen auf ein Minimum verringern und somit stets für eine optimale Verbindung zwischen Reifen und Fahrbahn sorgen. Nur: Bei derart großen Dämpferkräften würden die Insassen eines Personenwagens hart durchgeschüttelt – die Federung der Karosserie könnte solche „Schläge" nicht kompensieren und der Fahrkomfort bliebe buchstäblich auf der Strecke.

NEUES „ABC" DER FAHRWERKSTECHNIK

Den Zielkonflikt zwischen Fahrsicherheit, Fahrdynamik und Fahrkomfort bei der Abstimmung von Pkw-Fahrwerken löst das von Mercedes-Benz entwickelte aktive Fahrwerk Active Body Control (ABC). Es passt die Federung sofort der jeweiligen Fahrsituation an, sodass sich die Karosseriebewegungen beim Anfahren, bei Kurvenfahrten und beim Bremsen deutlich verringern. Während herkömmliche Fahrzeuge diese Bewegungen bei Einwirkung von Flieh-, Brems- oder Beschleunigungskräften sowie bei Radlastschwankungen erst begrenzen können, nachdem die entsprechenden Kräfte wirksam geworden sind, erkennt Active Body Control solche Bewegungen schon im Ansatz und kann sie sofort korrigieren – binnen Bruchteilen von Sekunden. Zwei Mikro-Computer berechnen die Steuerbefehle auf Basis gespeicherter Algorithmen.

Die Hauptrolle bei der aktiven Fahrwerksregelung übernehmen hydraulisch geregelte Stellzylinder in den Federbeinen. Sie werden „Plunger" genannt und bestehen im Wesentlichen aus einer beweglichen Hülse, an der sich die Schraubenfeder nach oben abstützt. Während der Fahrt verschiebt die Hydraulik den Plunger und übt mit seiner Hilfe Zusatzkräfte aus, um die Wirkung der Schraubenfeder zu beeinflussen. Je nach Nick-, Wank- oder Hubbewegung der Karosserie spannt der Zylinder die Feder an ihrem Fußpunkt stärker an, sodass sie den Karosseriebewegungen entgegenwirkt und sie deutlich verringert.

1 Karosseriebeschleunigungssensor
2 Niveausensor
3 Ölbehälter
4 Querbeschleunigungssensor
5 Längsbeschleunigungssensor
6 Gierwinkelsensor
7 Druckspeicher
8 Ölkühler
9 Ventilblock
10 ABC-Pumpe
11 ABC-Federbein
12 Steuergerät
13 Kompaktblock mit Drucksensor, Pulsationsdämpfer und Druckbegrenzungsventil
14 Rücklaufspeicher

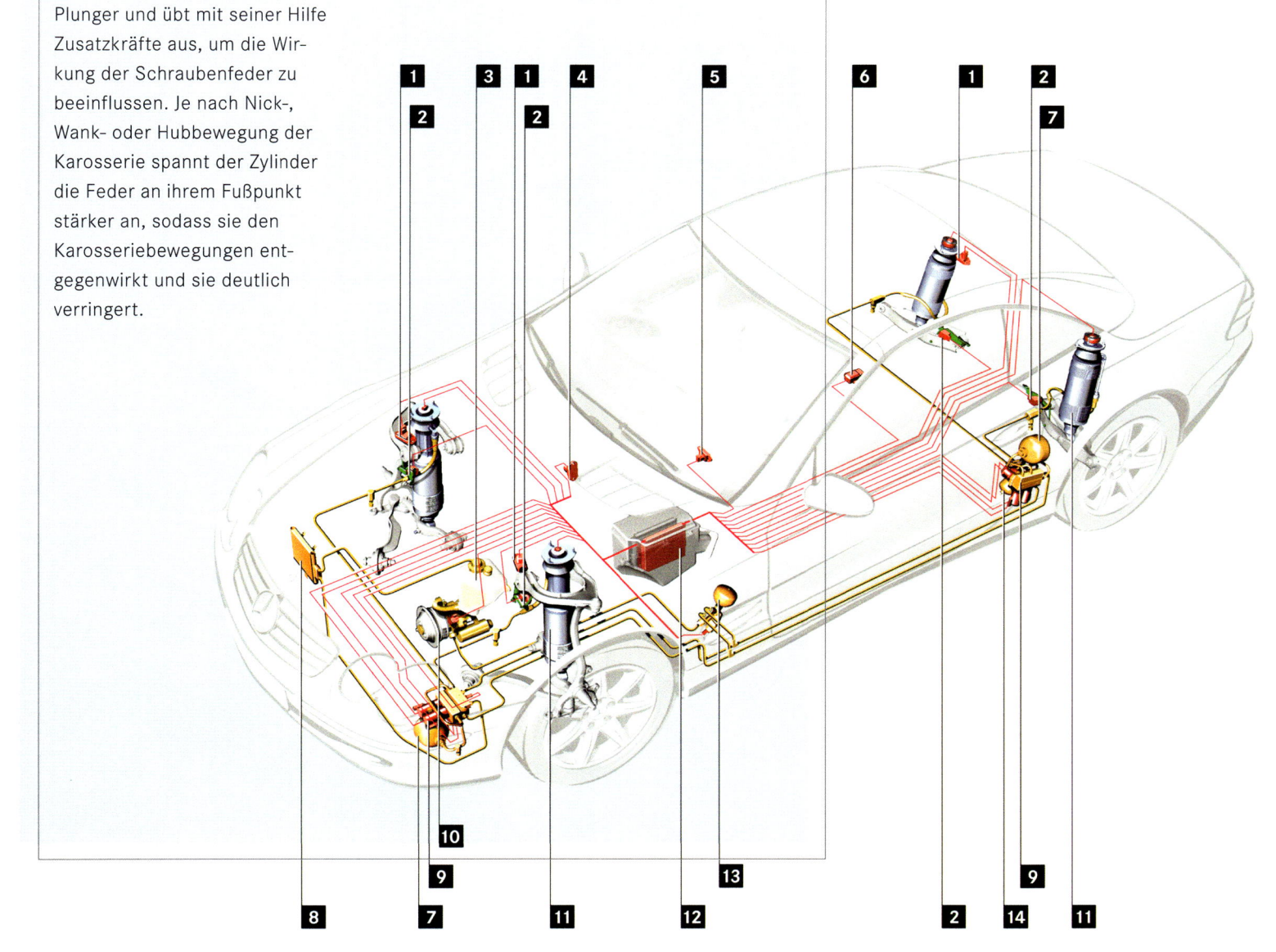

TRENDS UND TECHNIK

Aufgabe der Ingenieure ist es aber nicht nur, einen vernünftigen Kompromiss zwischen Dämpfung und Federung zu finden. Sie müssen sich gleichzeitig auch um die Schwingungen der Karosserie kümmern. Denn zu große Federbewegungen erweisen sich vor allem bei langwelliger Fahrbahnanregung als unangenehm für die Passagiere – die Karosserie schaukelt sich auf und führt große Wank-, Nick- oder Hubbewegungen aus. Deshalb muss der Aufbau zwar gefedert, aber gleichzeitig auch ge-

AUF LUFT GEFEDERT

Die Luftfederung heißt bei Mercedes-Benz AIRMATIC. Statt Stahlfedern übernehmen mit komprimierter Luft gefüllte Gummibälge die Aufgabe, das Fahrzeug abzufedern. Das Luftvolumen kann während der Fahrt aktiv gesteuert werden. So schaltet die AIRMATIC bei schneller Kurvenfahrt oder bei anderen hohen fahrdynamischen Anforderungen einen Teil des Luftvolumens kurzzeitig ab und stellt dadurch eine härtere Federrate ein, sodass sich die Wank- und Nickbewegungen der Karosserie verringern. Bei normaler Fahrt bleibt hingegen das gesamte Luftvolumen aktiv, sodass bei weicher Grundfederung ein Maximum an Komfort erreicht wird.

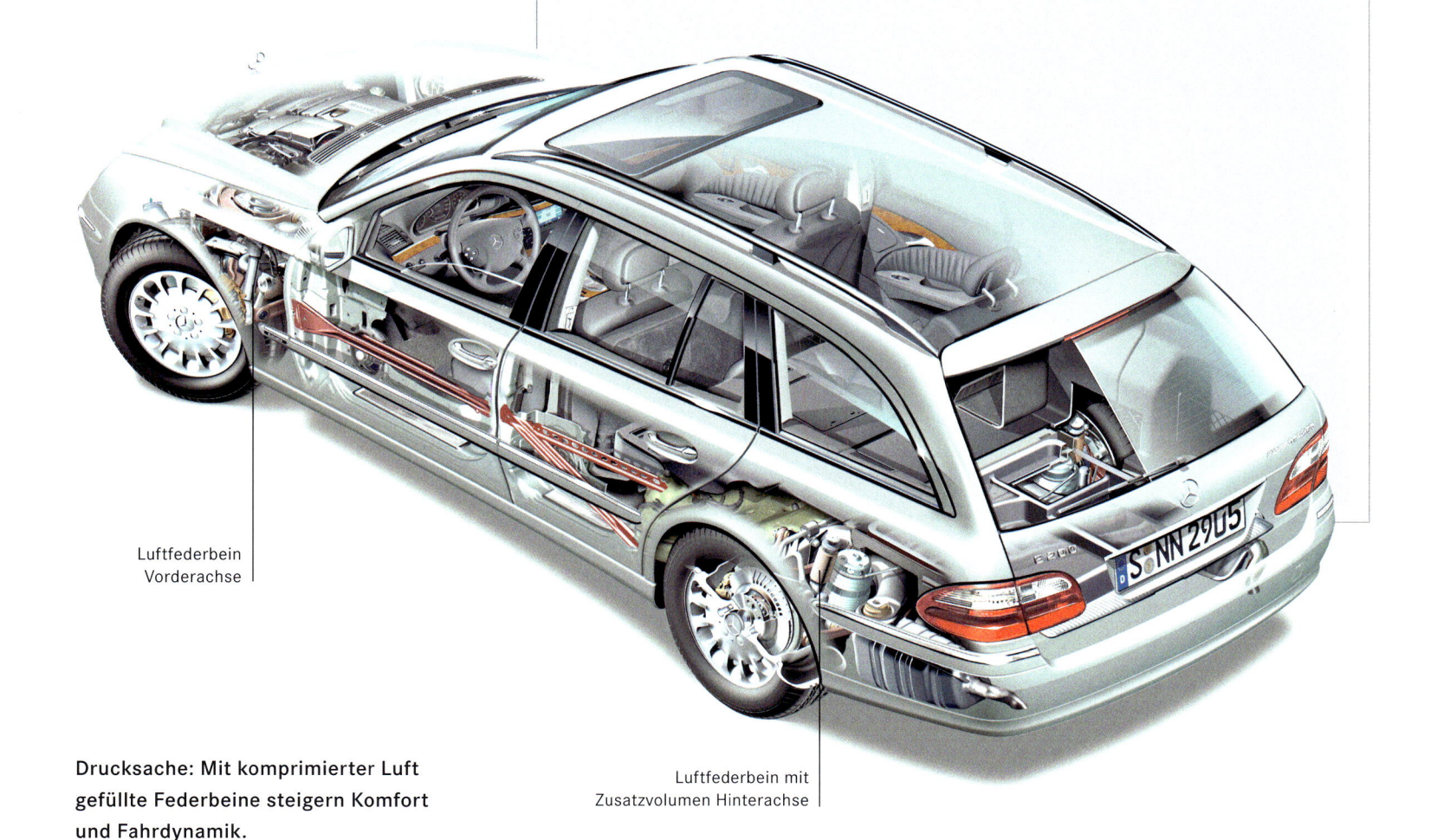

Luftfederbein Vorderachse

Luftfederbein mit Zusatzvolumen Hinterachse

Drucksache: Mit komprimierter Luft gefüllte Federbeine steigern Komfort und Fahrdynamik.

> **SICHERHEITSFAKTOR STOSSDÄMPFER**
>
> Während der Fahrt sorgen die Stoßdämpfer eines Autos dafür, dass die Reifen jederzeit guten Fahrbahnkontakt haben. So lassen sich die Lenk- und Bremskräfte sicher übertragen. Sind die Stoßdämpfer defekt, steigt das Unfallrisiko rapide: Bei Kurvenfahrten, beim Bremsen und bei plötzlichen Ausweichmanövern kann das Fahrzeug unkontrolliert ausbrechen. Nicht minder gefährlich sind der deutlich längere Bremsweg und die höhere Aquaplaning-Gefahr. Zudem arbeiten Fahrsicherheitssysteme wie ESP® und ABS nur mit verminderter Wirkung.
> Nach Schätzungen sind in Deutschland rund sechs Millionen Personenwagen mit defekten Stoßdämpfern unterwegs. Fachleute empfehlen, die Stoßdämpfer alle 20 000 Kilometer in einer Fachwerkstatt prüfen zu lassen.

dämpft werden. Die Frage ist nur, auf welche Weise und in welchem Maße?

Eines ist den Fahrwerksingenieuren klar: Bei der Suche nach dem Ideal-Fahrwerk können sie mit herkömmlicher Technik nicht alle Kundenwünsche auf einmal erfüllen. Sportlich ambitionierte Autofahrer, die den Kontakt zur Straße spüren wollen und deshalb auch gewisse Komforteinbußen in Kauf nehmen, werden sich mit einer weichen Fahrwerksabstimmung nicht zufrieden geben. Umgekehrt wünschen sich komfortbetonte Autolenker ein Fahrwerk mit weicher Aufbaudämpfung, die die Unebenheiten der Fahrbahn besser schluckt. Deshalb bietet Mercedes-Benz in einigen Modellreihen Sportfahrwerke mit tiefer gelegter Karosserie und härterer Stoßdämpfer-Charakteristik an.

Dämpfung und Federung sind zweifellos zwei wichtige Aspekte der Fahrwerksabstimmung. Die zentrale Frage für sicheres Kurvenverhalten ist und bleibt aber, wie die Räder geführt werden und wie sich deren Spurtreue unter dem Einfluss der Anfahr-, Brems- oder Seitenkräfte verändert? Komplizierte Messungen der Kinematik und der Elastokinematik helfen, dieses Spiel der Kräfte zu analysieren und zu beherrschen – zum Beispiel durch Anpassung der Fahrwerksgeometrie und durch Abstimmung der wichtigen Gummi-Elemente in der Radführung. Mit beiden Maßnahmen lassen sich die Spurwinkeländerungen so beeinflussen, dass die Richtungsstabilität des Wagens beim Bremsen und das Eigenlenkverhalten in Kurven unterstützt wird.

Bei der elastokinematischen Auslegung der Pkw-Fahrwerke gehen die Mercedes-Ingenieure keine Kompromisse ein: Alle Fahrwerksversionen sind so konzipiert, dass sich die Fahrzeuge in Kurven leicht untersteuernd verhalten. Das bedeutet: Mit steigender Querbeschleunigung muss der Autofahrer den Lenkradwinkel kontinuierlich vergrößern, um eine Kurve zu umrunden. Ein solches Eigenlenkverhalten – darin sind sich die Fachleute einig – entspricht einem sicheren Fahrzustand und gehört deshalb unumstößlich zum Prinzip der Fahrwerksauslegung aller Mercedes-Modelle.

TRENDS UND TECHNIK

BYPASS IM STOSSDÄMPFER

Während bei herkömmlichen Stoßdämpfern bei Radbewegungen Öl durch ein Ventil am Dämpferkolben gedrückt wird, zeichnet sich jeder Stoßdämpfer der A-Klasse durch ein zusätzliches Ventilgehäuse aus, das sich oberhalb des eigentlichen Dämpferkolbens befindet. In seinem Inneren arbeitet der Steuerkolben, der das Ventilgehäuse in zwei Bereiche teilt.

Bei geringen Hubbewegungen des Stoßdämpfers, also bei normaler Fahrweise, befindet sich der Steuerkolben in mittlerer Position und hält dadurch einen Bypass-Kanal offen, der einem Teil des Ölstroms den Weg durch den Kolbenzapfen öffnet. Dieses Öl fließt am Dämpfungsventil vorbei, sodass sich der hydraulische Gesamtwiderstand des Stoßdämpfers vermindert. Der Effekt: Eine „weichere" Stoßdämpfer-Charakteristik sorgt für hohen Abrollkomfort.

Bei stärkerer Anregung des Stoßdämpfers – beispielsweise bei dynamischer Kurvenfahrt oder bei Ausweichmanövern – drückt das Öl den Steuerkolben in dem Ventilgehäuse nach unten oder nach oben und verschließt damit automatisch den Bypass-Kanal. Der Effekt: Es steht die volle Dämpfkraft zur Verfügung und die A-Klasse wird bestmöglich stabilisiert.

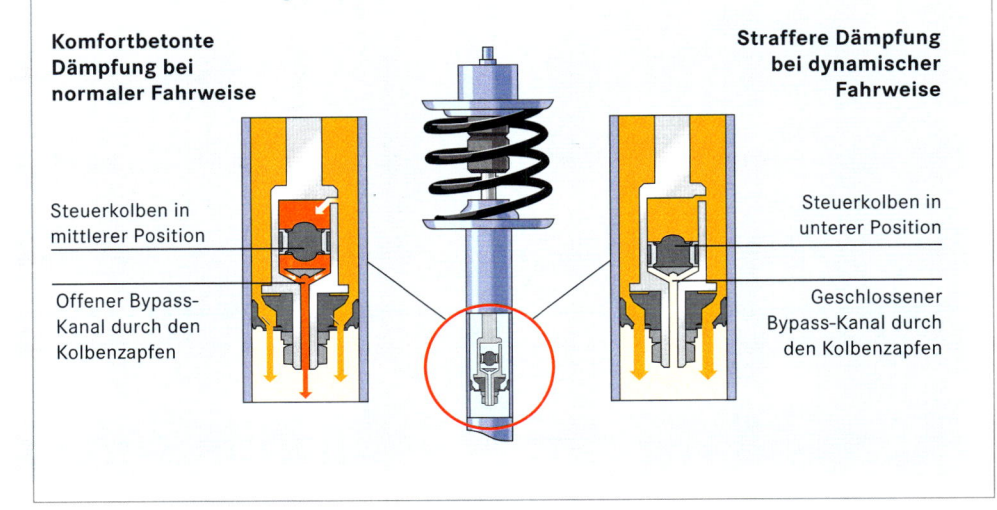

Komfortbetonte Dämpfung bei normaler Fahrweise

Steuerkolben in mittlerer Position

Offener Bypass-Kanal durch den Kolbenzapfen

Straffere Dämpfung bei dynamischer Fahrweise

Steuerkolben in unterer Position

Geschlossener Bypass-Kanal durch den Kolbenzapfen

Einblick: Im Kolben des Stoßdämpfers befindet sich ein zusätzliches Ventil mit Bypass-Kanal, das den Ölfluss je nach Fahrsituation steuert.

FAHRSTABILITÄT DURCH BREMS-IMPULSE

Überdies haben Mercedes-Benz und Bosch ein leistungsfähiges System entwickelt, das den Autofahrer unterstützt und kritische Kurvensituationen beherrschbar macht: das Elektronische Stabilitäts-Programm ESP® (siehe auch Seite 32). Es basiert auf dem physikalischen Gesetz, wonach alle von außen einwirkenden Kräfte den Drang haben, das Fahrzeug um seinen Schwerpunkt zu drehen. Die ESP®-Erfinder nutzten diese Erkenntnis, um die Fahrzeugbewegung durch gezielte Gegenkräfte zu korrigieren: durch Brems-Impulse an einzelnen Rädern.

Das Stabilitäts-Programm arbeitet als „ständiger Beobachter": Sensoren erfassen Fahrer- und Fahrzeugverhalten, senden ihre Daten an einen Mikro-Computer, der mit einem mathematischen Modell gefüttert ist. So wird der tatsächliche Ist-Zustand des Wagens mit einem durch die Lenkbewegungen und die Geschwindigkeit vorgegebenen Soll-Zustand verglichen und die Schleudergefahr erkannt:

- Der Lenkradwinkelsensor misst den Lenkradeinschlag und erfasst auf diese Weise, wo der Fahrer hinfahren möchte.
- Die Raddrehzahlsensoren registrieren die Geschwindigkeit des Fahrzeugs und die Tendenz der Räder durchzudrehen oder zu blockieren.
- Der Querbeschleunigungssensor misst die Beschleunigung des Wagens in Querrichtung.
- Der Drehratensensor (auch: Gierratensensor) ist das Herzstück des Elektronischen Stabilitäts-Programms. Er misst die Drehbewegung des Wagens. Weicht er von der errechneten „Ideallinie" ab, wird eine drohende Schleudergefahr erkannt.
- Der Vordrucksensor erfasst den vom Fahrer vorgegebenen Bremsdruck.

Während der Fahrt vergleicht der ESP®-Computer das tatsächliche Fahrzeugverhalten ständig mit den berechneten Sollwerten und greift blitzschnell nach einer speziell entwickelten Logik ein: durch genau dosierte Brems-Impulse an Vorder- oder Hinterachse sowie durch Anpassung des Motordrehmoments. Drängt das Fahrzeug beispielsweise bei schneller Kurvenfahrt mit der Hinterachse zu stark nach außen, reduziert der ESP®-Computer zunächst das Antriebsmoment und erhöht damit die Seitenführungskräfte der hinteren Räder. Reicht dieser Motoreingriff nicht aus, bremst das System zusätzlich das kurvenäußere Vorderrad so lange gezielt ab, bis sich die Schleuderbewegung verringert. Die Brems-Impulse wirken der kritischen Drehbewegung entgegen und stabilisieren somit das Fahrzeugverhalten.

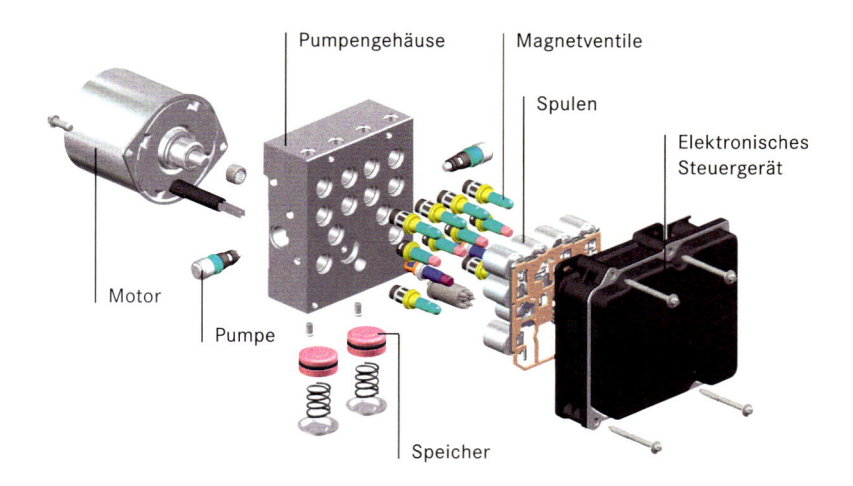

Schaltzentrale: Elektronik und Hydraulik sind beim Stabilitäts-Programm der neuesten Generation in einer Einheit zusammengefasst. Hier werden die automatischen Brems-Impulse für jedes Rad berechnet und dosiert.

IM GRENZBEREICH: ESP® VERRINGERT DAS SCHLEUDERRISIKO IN DER KURVE

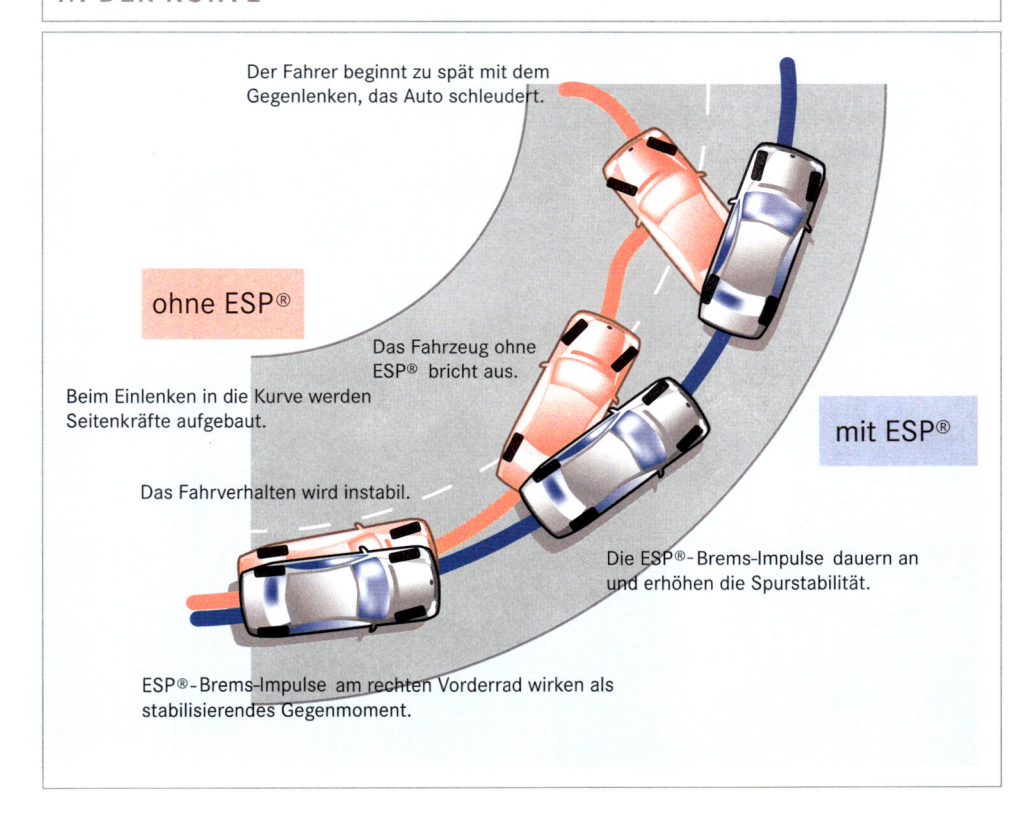

ohne ESP®

Der Fahrer beginnt zu spät mit dem Gegenlenken, das Auto schleudert.

Beim Einlenken in die Kurve werden Seitenkräfte aufgebaut.

Das Fahrzeug ohne ESP® bricht aus.

Das Fahrverhalten wird instabil.

mit ESP®

Die ESP®-Brems-Impulse dauern an und erhöhen die Spurstabilität.

ESP®-Brems-Impulse am rechten Vorderrad wirken als stabilisierendes Gegenmoment.

TRENDS UND TECHNIK

ESP®: FAHRER UND FAHRZEUG STETS UNTER KONTROLLE

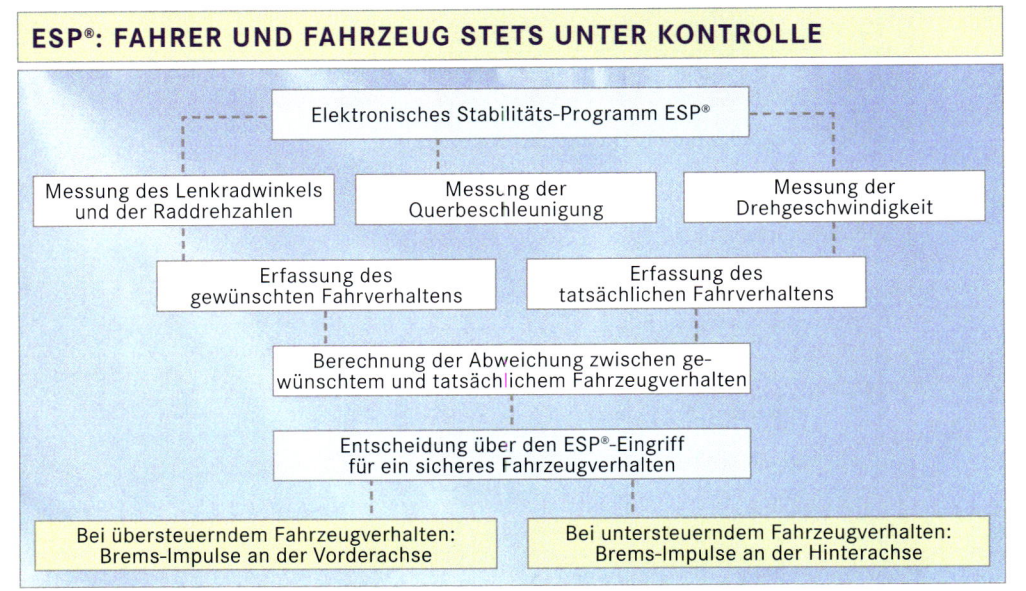

- Elektronisches Stabilitäts-Programm ESP®
  - Messung des Lenkradwinkels und der Raddrehzahlen
  - Messung der Querbeschleunigung
  - Messung der Drehgeschwindigkeit
- Erfassung des gewünschten Fahrverhaltens
- Erfassung des tatsächlichen Fahrverhaltens
- Berechnung der Abweichung zwischen gewünschtem und tatsächlichem Fahrzeugverhalten
- Entscheidung über den ESP®-Eingriff für ein sicheres Fahrzeugverhalten
- Bei übersteuerndem Fahrzeugverhalten: Brems-Impulse an der Vorderachse
- Bei untersteuerndem Fahrzeugverhalten: Brems-Impulse an der Hinterachse

ESP®-FUNKTION: DAS SYSTEM ERHÖHT DIE KURVENSTABILITÄT IN ALLEN FAHRSITUATIONEN

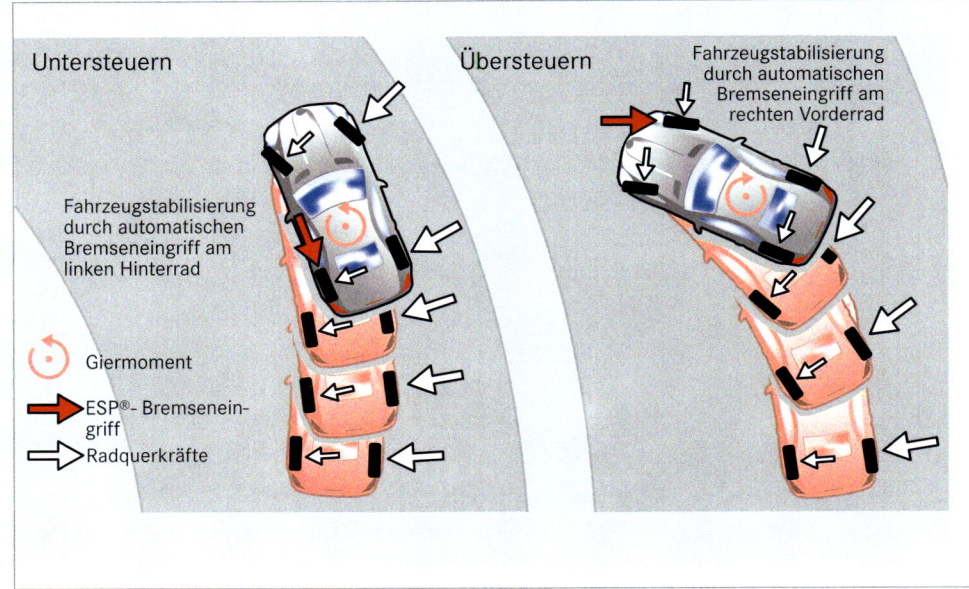

Untersteuern – Fahrzeugstabilisierung durch automatischen Bremseneingriff am linken Hinterrad

Übersteuern – Fahrzeugstabilisierung durch automatischen Bremseneingriff am rechten Vorderrad

- ↻ Giermoment
- ⇒ ESP®-Bremseneingriff
- ⇨ Radquerkräfte

Die gleichzeitige Verringerung der Geschwindigkeit dient als zusätzlicher Sicherheitseffekt. Die ESP®-Stabilisierung erfolgt permanent und passt sich sofort den situationsbedingten Fahrzeugbewegungen an.

Mit der Erfindung des Elektronischen Stabilitäts-Programms leisteten Mercedes-Benz und Bosch einen wichtigen Beitrag zur Verbesserung der Fahrsicherheit. Das einzigartige System kann unfallträchtige Situationen entschärfen, indem es verspätete oder nicht angepasste Reaktionen des Autofahrers erkennt und sie korrigiert – bis in den Grenzbereich. Mehr noch: Aufgrund von Sensorsignalen und Berechnungen erkennt die Elektronik Gefahrenmomente, bevor der Fahrer überhaupt reagieren kann. Deshalb kann ESP® im Ernstfall extrem schnell eingreifen.

Allerdings: Auch ESP® vermag die Gesetze der Fahrdynamik nicht außer Kraft zu setzen. Vorausschauende Fahrweise und angemessene Geschwindigkeit bleiben nach wie vor die wichtigsten Voraussetzungen, um sicher ans Ziel zu kommen.

Schleuderfrei fahren, sicher bremsen –
Elektronik unterstützt den Autofahrer

BREMSEN UND LENKEN

Auch Bremsen hat mit Physik zu tun: Kinetische Energie wird durch Reibung in Wärme umgewandelt. Das ist das Grundprinzip. Wie gut oder wie schlecht ein Auto bremst, hängt nicht nur von der Leistungsfähigkeit der Bremsanlage, sondern auch von verschiedenen äußeren Faktoren ab: Fahrgeschwindigkeit, Bodenhaftung, Fahrbahnoberfläche, Reifenzustand. Sind alle Bedingungen günstig, erreichen moderne Personenwagen eine Bremsverzögerung von sieben bis zehn Metern pro Sekundenquadrat. So erreichen moderne Autos bei Tests aus 100 km/h Bremswege von deutlich unter 40 Metern.

Doch das sind Testsituationen, die Praxis sieht oft ganz anders aus. Denn zum einen sind die Bedingungen oft gar nicht so günstig und zum anderen gehören zum Bremsen immer zwei: Technik und Fahrer.

Bis der Autofahrer die Gefahr nämlich erkennt, begreift und schließlich aufs Bremspedal tritt, vergeht kostbare Zeit. Dauert diese „Schrecksekunde" bei 100 km/h wirklich nur eine Sekunde, hat das Auto in der Gefahrensituation bereits rund 28 Meter zurückgelegt – ungebremst. Der Weg bis zum tatsächlichen Stillstand des Wagens verlängert sich also deutlich. Ist der Fahrer weniger aufmerksam, müde oder betrunken, dauert die „Schrecksekunde" nicht selten 1,5 bis 1,8 Sekunden – und dementsprechend größer ist der Reaktionsweg. Hinzu kommt, dass sich die Bremswirkung rapide verschlechtert, wenn die Fahrbahn uneben, nass oder glatt ist. Bei Nässe muss man beispielsweise mit einer um 50 Prozent geringeren Verzögerung rechnen, bei Schneeglätte sogar mit mehr als 85 Prozent weniger Bremswirkung.

Reicht der Weg, um sicher vor einem Hindernis zum Stillstand zu kommen, nicht aus, heißt es ausweichen. Nur macht auch diesmal die Physik einen Strich durch die Rechnung: Während einer Vollbremsung mit blockierenden Rädern können keine Seitenführungskräfte übertragen werden. Selbst wenn die Lenkung voll eingeschlagen ist, ändert sich in dieser Situation nichts an der Bewegungsrichtung des Wagens – er rutscht stur geradeaus.

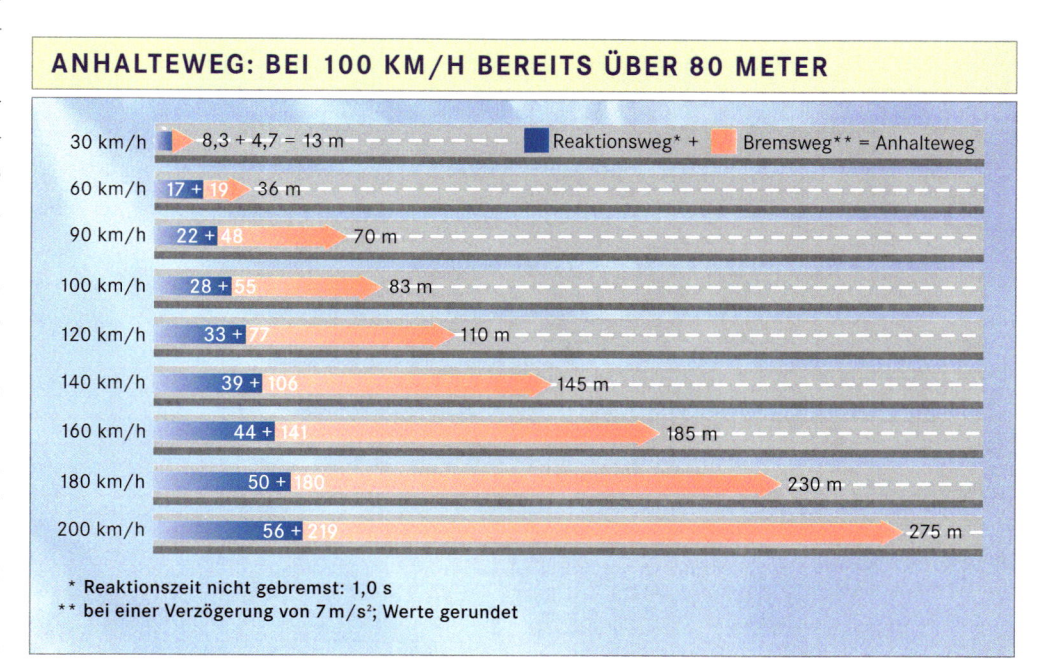

ANHALTEWEG: BEI 100 KM/H BEREITS ÜBER 80 METER

Geschwindigkeit	Reaktionsweg + Bremsweg = Anhalteweg
30 km/h	8,3 + 4,7 = 13 m
60 km/h	17 + 19 = 36 m
90 km/h	22 + 48 = 70 m
100 km/h	28 + 55 = 83 m
120 km/h	33 + 77 = 110 m
140 km/h	39 + 106 = 145 m
160 km/h	44 + 141 = 185 m
180 km/h	50 + 180 = 230 m
200 km/h	56 + 219 = 275 m

* Reaktionszeit nicht gebremst: 1,0 s
** bei einer Verzögerung von 7 m/s²; Werte gerundet

TRENDS UND TECHNIK

Auch solche Situationen werden mithilfe moderner Technik für den Fahrer beherrschbar: Das von Mercedes-Benz, Teldix und Bosch erfundene Anti-Blockier-System (ABS) gewährleistet die Richtungsstabilität und die Lenkbarkeit des Fahrzeugs bei jeweils maximaler Verzögerung. Mit anderen Worten: Zur Vermeidung eines Unfalls können Autofahrer dank ABS gleichzeitig bremsen und lenken – und damit gezielt ausweichen (siehe Seite 30).

In den modernen Mercedes-Personenwagen ist ABS ein Bestandteil des Elektronischen Stabilitäts-Programms. Beide nutzen die gleiche Sensortechnik an den Rädern, die gleichen Magnetventile und das gleiche elektronische Steuergerät. Für die ABS-Funktionen sind vor allem die Drehzahlsensoren an den Rädern wichtig, denn auf Basis ihrer Messsignale berechnet ein Mikro-Computer die Bremsregelung. Droht ein Rad zu blockieren, vermindert das elektrohydraulische System mittels eines Magnetventils den Bremsdruck bis zu einem festgelegten Schwellenwert unterhalb der Blockiergrenze und erhöht ihn in einem weiteren Regelschritt – binnen weniger Sekundenbruchteile – wieder bis zum Maximum. So wird die Bremskraft stets präzise bis zur so genannten Schlupfgrenze dosiert und der Wagen bleibt lenkbar.

ASSISTENT FÜR KRITISCHE BREMS-MOMENTE

Mitte der Neunzigerjahre setzte Mercedes-Benz mit einer Neuentwicklung abermals Zeichen auf dem Gebiet der Bremsentechnik – und der Fahrsicherheit. Praxisuntersuchungen und Unfallanalysen hatten gezeigt, dass Autofahrer in Notsituationen zwar schnell reagieren, doch das Brems-

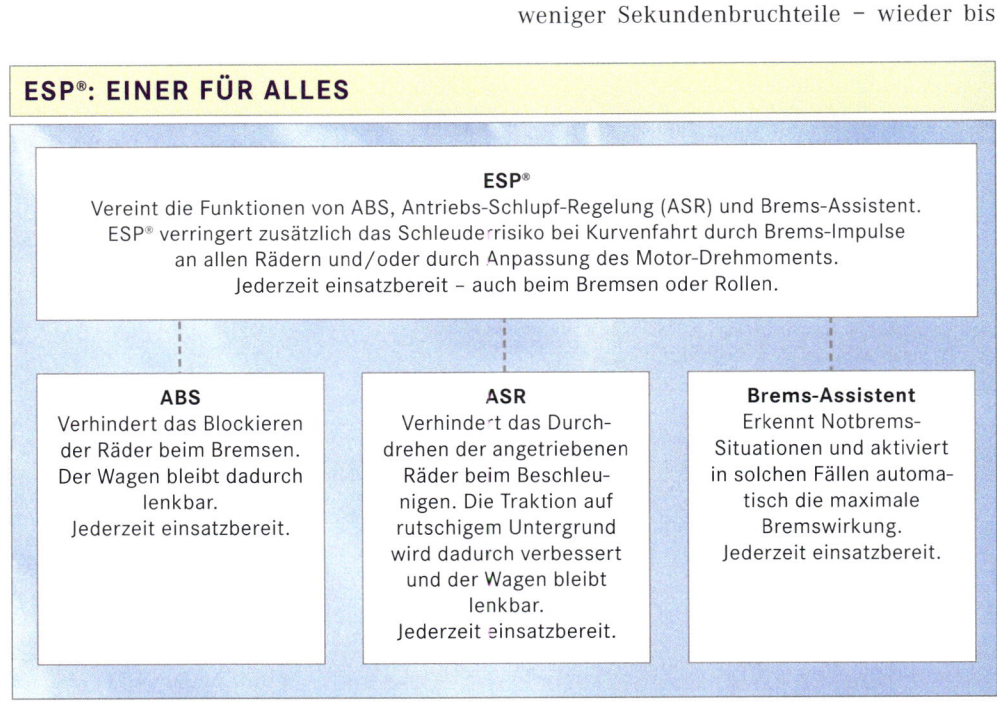

ESP®: EINER FÜR ALLES

ESP®
Vereint die Funktionen von ABS, Antriebs-Schlupf-Regelung (ASR) und Brems-Assistent.
ESP® verringert zusätzlich das Schleuderrisiko bei Kurvenfahrt durch Brems-Impulse an allen Rädern und/oder durch Anpassung des Motor-Drehmoments.
Jederzeit einsatzbereit – auch beim Bremsen oder Rollen.

ABS	ASR	Brems-Assistent
Verhindert das Blockieren der Räder beim Bremsen. Der Wagen bleibt dadurch lenkbar. Jederzeit einsatzbereit.	Verhindert das Durchdrehen der angetriebenen Räder beim Beschleunigen. Die Traktion auf rutschigem Untergrund wird dadurch verbessert und der Wagen bleibt lenkbar. Jederzeit einsatzbereit.	Erkennt Notbrems-Situationen und aktiviert in solchen Fällen automatisch die maximale Bremswirkung. Jederzeit einsatzbereit.

pedal in vielen Fällen nicht fest genug durchtreten. Über 90 Prozent der Teilnehmer eines Bremsentests waren beim Tritt auf die Bremse zu zaghaft, konnten sich erst mit Verspätung zu einer wirklichen Vollbremsung durchringen oder reagierten falsch. Folge: Die Leistungsfähigkeit der Bremsanlage wird nicht vollständig ausgeschöpft, der Bremsweg verlängert sich deutlich.

Der Brems-Assistent bietet die notwendige Unterstützung. Das System erkennt Notbremssituationen durch ständigen Vergleich der Geschwindigkeit, mit der das Bremspedal betätigt wird. Tritt der Autofahrer – etwa bei einem schreckhaften

BREMSVERZÖGERUNG: BESTE LEISTUNG MIT BREMS-ASSISTENT

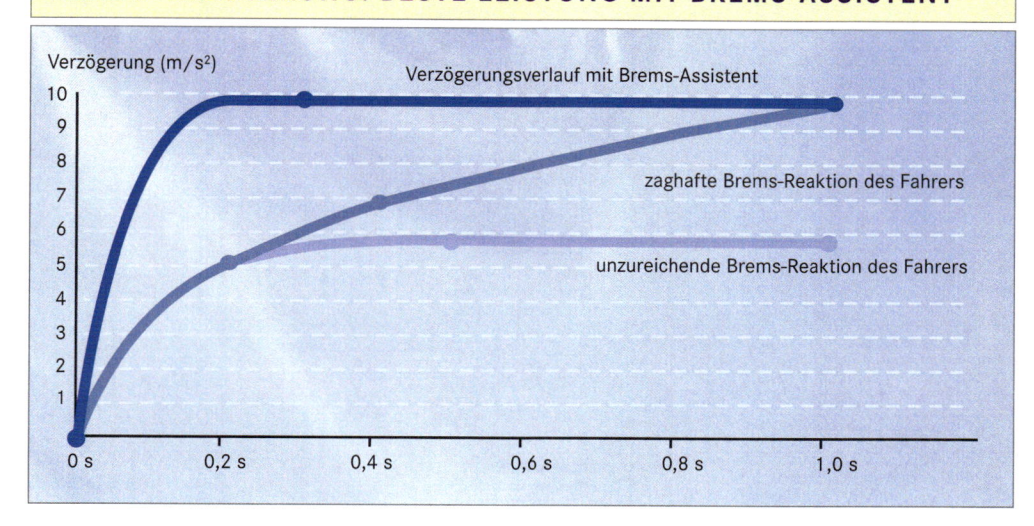

Verzögerung (m/s²)
- Verzögerungsverlauf mit Brems-Assistent
- zaghafte Brems-Reaktion des Fahrers
- unzureichende Brems-Reaktion des Fahrers

Vollbremsung: Anti-Blockier-System und Brems-Assistent helfen, kritische Situationen zu beherrschen und Unfälle zu vermeiden.

FUSSGÄNGERSCHUTZ DURCH BREMS-ASSISTENT

„Falsches Verhalten gegenüber Fußgängern" lautet die amtliche Unfallursache, wenn Autofahrer zu schnell an Fußgängerüberwegen oder Haltestellen vorbeifahren oder wenn sie das Tempolimit in verkehrsberuhigten Bereichen missachten. Rund 13 Prozent aller tödlichen Verkehrsunfälle fallen in Deutschland unter diese Rubrik. Kein Zweifel: Hier sind mehr Aufmerksamkeit und größeres Verantwortungsbewusstsein gegenüber den schwächsten Verkehrspartnern erforderlich. Doch auch die moderne Fahrzeugtechnik kann ihren Beitrag leisten, Unfälle mit Fußgängern zu verhindern. Das zeigt eine Untersuchung der Mercedes-Ingenieure im Fahrsimulator. 55 Autofahrerinnen und Autofahrer nahmen an dem Test teil: Mit Tempo 50 fuhren sie durch eine Ortschaft als plötzlich von rechts ein Kind vor das Fahrzeug lief. Eine Notbremsung war die einzige Möglichkeit, den drohenden Unfall zu vermeiden. Die Ergebnisse: Autofahrer, die durch den Brems-Assistenten unterstützt wurden, verunglückten signifikant seltener als Fahrer ohne diese technische Unterstützung. Die Unfallquote sank dank Brems-Assistent um 26 Prozentpunkte. Damit ergänzt der Brems-Assistent das realitätsorientierte Sicherheitskonzept von Mercedes-Benz in einem wichtigen Punkt: der Unfallvermeidung.

Unfallquote*
mit Brems-Assistent: 32 %
ohne Brems-Assistent: 58 %
*bei einem Probandentest im Fahrsimulator

Reflex – schneller aufs Pedal als dies dem im Steuergerät gespeicherten Normalwert entspricht, wird der Brems-Assistent automatisch aktiv und baut den höchsten Bremsdruck auf. Die Bremsverzögerung steigt blitzschnell auf den maximal möglichen Wert.

Der Brems-Assistent ist in das Elektronische Stabilitäts-Programm integriert. Zur Regelung des Bremsdrucks nutzt er die ESP®-Technik, sodass keine zusätzlichen Komponenten erforderlich sind. Ein Sensor registriert ständig die Betätigungsgeschwindigkeit des Bremspedals und liefert diese Daten an das elektronische Steuergerät. Das Blockieren der Räder ist auch bei dieser automatischen Vollbremsung ausgeschlossen, weil ABS die Bremskraft weiterhin präzise bis zur Schlupfgrenze dosiert und der Wagen auf diese Weise lenkbar bleibt. Nimmt der Autofahrer den Fuß vom Bremspedal schaltet sich die automatische Kraftverstärkung sofort wieder ab.

Funktion und Wirkungsweise des Brems-Assistenten hat Mercedes-Benz ausführlich getestet. Zum Beispiel im Berliner Fahrsimulator: Hier wurden Autofahrerinnen und Autofahrer ohne Vorwarnung mit kritischen Fahrsituationen überrascht, in denen sie voll bremsen mussten. Bei trockener Fahrbahn benötigten die meisten Testfahrer ohne Einsatz des Brems-Assistenten bis zu 73 Meter für eine Vollbremsung aus Tempo 100. Mithilfe des Systems standen die Räder dagegen bereits nach nur 40 Metern still. Das entspricht einer Verkürzung des Bremswegs um rund 45 Prozent. Und selbst wenn Autofahrer per Fuß erst mit Verspätung die volle Bremskraft aktivieren, verkürzt sich der Bremsweg dank Brems-Assistent noch um gut sechs Meter – das ist immerhin mehr als die Länge eines Personenwagens.

IMMER EINEN SCHRITT VORAUS

Fahrsimulator: In der Berliner Anlage der DaimlerChrysler-Forschung haben Autofahrerinnen und Autofahrer den Brems-Assistenten getestet.

NOTBREMSUNG: MIT BREMS-ASSISTENT BIS ZU 45 PROZENT KÜRZERER BREMSWEG

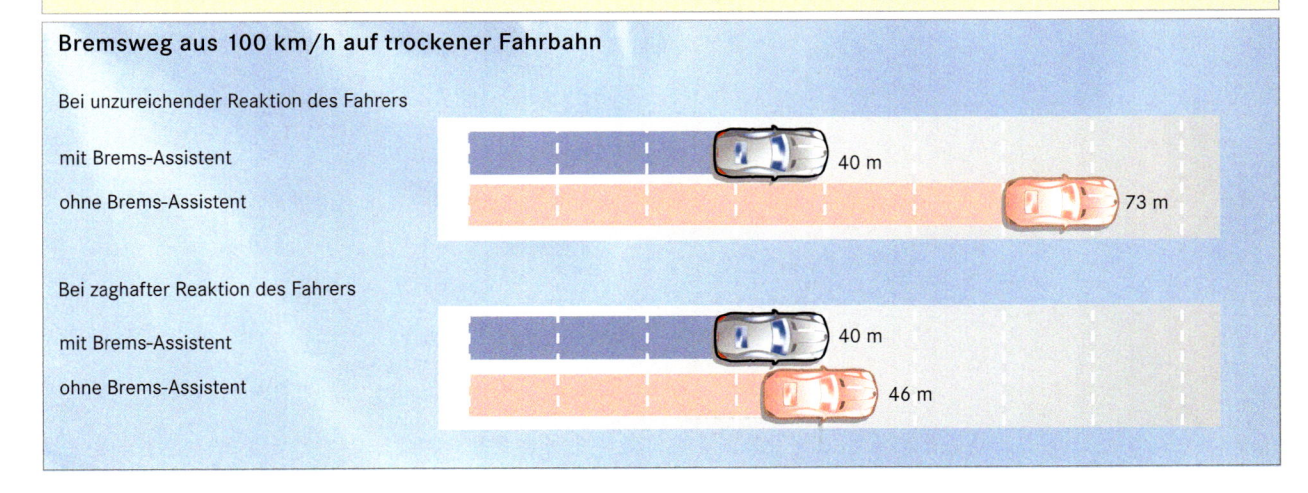

Bremsweg aus 100 km/h auf trockener Fahrbahn

Bei unzureichender Reaktion des Fahrers

mit Brems-Assistent	40 m
ohne Brems-Assistent	73 m

Bei zaghafter Reaktion des Fahrers

mit Brems-Assistent	40 m
ohne Brems-Assistent	46 m

TRENDS UND TECHNIK

PROFIL ZEIGEN

Egal, ob mit ESP®, ABS, Brems-Assistent oder anderen modernen Fahrsicherheitssystemen – alle Kräfte und Bewegungen, die während der Fahrt wirken, werden über die Aufstandsflächen der Reifen auf die Fahrbahn übertragen. Jede dieser Flächen ist kaum größer als eine Postkarte. Auf diesen wenigen Quadratzentimetern spielt sich einiges ab, denn Reifen müssen Alleskönner sein: Sie bringen beim Bremsen und Beschleunigen große Kräfte auf die Straße, garantieren in Kurven optimale Seitenführung und Richtungsstabilität, bieten hohen Fahrkomfort, sollen nur geringen Rollwiderstand entwickeln und obendrein möglichst geräuscharm abrollen.

Hoher Forschungs- und Entwicklungsaufwand ist notwendig, um die vielfältigen Anforderungen zu erfüllen. Mit raffinierten Gummi-Rezepturen und neuartigen Profilstrukturen haben die Reifenhersteller in den letzten Jahren ihre Beiträge für mehr Fahrsicherheit geleistet. Moderne Pkw-Gürtelreifen sind Hightech-Produkte, die in der Praxis auch als solche behandelt werden sollten. Das beginnt bereits beim Thema Luftdruck: Luft ist das tragende Element des Reifens; deshalb muss der Luftdruck im Reifen der jeweiligen Belastung entsprechen. Doch weil sich Luftmoleküle ständig ihren Weg nach außen suchen und ihn auch finden, nimmt der Luftdruck im Reifeninneren stetig ab und muss regelmäßig überprüft werden – am besten alle zwei Wochen bei kalten Reifen. Kurvenhaftung, Bremsweg und Reifenlaufleistung hängen in entscheidendem Maße vom richtigen Luftdruck ab. Die Betonung liegt auf „richtig"; zu hoher Luftdruck ist nämlich ebenso schädlich wie zu niedriger.

Der zweite wichtige Reifen-Checkpunkt ist die Tiefe der Profilrinnen, sowohl für die Übertragung der Lenk- und Bremskräfte als auch für die Wasserverdrängung.

Plattfuß: Fast jeder fünfte Autofahrer ist mit falschem Reifenluftdruck unterwegs.

REIFENLUFTDRUCK: GUTER KONTAKT ZUR FAHRBAHN

Richtiger Luftdruck: Bestmögliche Kraftübertragung zwischen Reifen und Fahrbahn

Zu geringer Luftdruck: Lenkfähigkeit und Fahrverhalten sind eingeschränkt. Hoher Reifenverschleiß in den Außenzonen

Zu hoher Luftdruck: Der Reifen wölbt sich zu stark und verliert an Fahrbahnhaftung

Fachleute des Deutschen Verkehrssicherheitsrates (DVR) haben festgestellt, dass der Bremsweg bei einer Blockierbremsung auf nasser Straße bei Reifen mit der gesetzlich vorgeschriebenen Profiltiefe von 1,6 Millimetern fast doppelt so lang ist wie bei einem Neureifen mit acht Millimetern Profiltiefe. Die Gesetzesvorgabe sollte als Mindestwert verstanden werden. Um ein Maximum an Sicherheit zu erreichen, raten die Experten Sommerreifen mit weniger als drei Millimeter Profiltiefe auszutauschen. Winterreifen sollten noch mehr Profil zeigen: mindestens vier Millimeter.

REIFENDRUCK-WARNUNG DURCH ESP®

Die leistungsfähige ESP®-Technik bietet die Möglichkeit, den Autofahrer bei einem deutlichen Druckverlust in einem Reifen zu informieren. Dazu nutzt ESP® Sensor-Informationen über die Drehzahlen der Räder, die hauptsächlich von der Fahrgeschwindigkeit, der Beladung und vom Reifenluftdruck abhängig sind. Durch ständigen Vergleich der Raddrehzahlen erkennt das System auffällige Abweichungen. Zusätzlich überprüft es automatisch andere fahrdynamische Messgrößen wie Querbeschleunigung, Gierrate und Radmomente, um den Luftdruckverlust in einem Reifen sicher zu diagnostizieren. Wird ein zu geringer Druck in einem Reifen erkannt, erscheint im Zentral-Display des Kombi-Instruments der Warnhinweis: „Reifendruck, Reifen überprüfen."

REIFEN-CODES IM KLARTEXT

225/50 R 16 V – die Ziffern und Buchstaben auf den Reifenflanken beschreiben unter anderem Größe, Breite, Typ und Geschwindigkeitsklasse der Pneus:

- Die erste Zahl gibt die Reifenbreite in Millimetern an: beispielsweise 225 Millimeter.
- Die zweite Zahl informiert über das Höhen-Breiten-Verhältnis. „50" bedeutet zum Beispiel, dass die Höhe des Reifenquerschnitts 50 Prozent seiner Breite ausmacht. Je kleiner diese Zahl, desto flacher und breiter der Pneu.
- Der Buchstabe „R" steht für Radialreifen. Das sind Gürtelreifen.
- Die Zahl „16" gibt den Felgendurchmesser in Zoll an.
- Der letzte Kennbuchstabe informiert über die zulässige Höchstgeschwindigkeit des Reifens und ist deshalb besonders wichtig:
  S   bis 180 km/h
  T   bis 190 km/h
  H   bis 210 km/h
  V   bis 240 km/h
  W   bis 270 km/h
  Y   bis 300 km/h
  ZR über 240 km/h
- Auch das Alter des Reifens lässt sich anhand der Codes ablesen: Hinter dem Kürzel „DOT" erscheint eine dreistellige Zahl, die darüber informiert. Steht dort zum Beispiel „144", wurde der Reifen in der 14. Woche des Jahres 2004 hergestellt.

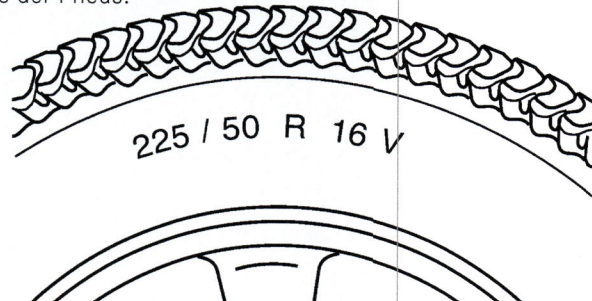

TRENDS UND TECHNIK

WIND-KRAFT MIT TÜCKEN

Wenn von den Kräften die Rede ist, die das Fahrverhalten beeinflussen, darf ein Aspekt nicht vergessen werden: die Aerodynamik – genauer gesagt: die Luftkräfte. Der Fahrtwind, der über die Karosserie oder unter ihr strömt, hat erheblichen Einfluss auf die Fahrstabilität. Er kann das Auto bei hohem Tempo buchstäblich aus den Federn heben und damit unkontrollierbar machen. Das Problem heißt Auftrieb: Wenn die Luft über das Autodach stürmt, muss sie wegen der Karosserie-Wölbung in gleicher Zeit einen längeren Weg zurücklegen als die Luft, die unter dem Wagen durchströmt. Dadurch entsteht ein Unterdruck mit Saugwirkung nach oben. Was bei Flugzeugen erst das Abheben ermöglicht, zieht auch eine Autokarosserie regelrecht in die Höhe und stellt die Ingenieure vor besondere Herausforderungen. Denn der Sog nach oben entlastet die Achsen und schmälert so den Kontakt der Reifen mit der Fahrbahn. Zusätzlich drückt der von den Reifen in den Radhäusern aufgestaute Fahrtwind wie ein Luftkissen aus der Federung.

Deshalb dreht sich bei der Arbeit im Mercedes-Windkanal längst nicht alles nur um den berühmten c_W-Wert, dem Luftwiderstandsbeiwert. Andere Messgrößen wie c_{AV} oder c_{AH} haben ebenso große Bedeutung. Sie beschreiben den Auftrieb an Vorder- und Hinterachse: Auf der Windkanalwaage wird die Luftkraft gemessen, die

ZAUBERFORMEL c_W-WERT

Der Luftwiderstand einer Autokarosserie ist das Ergebnis mehrerer Faktoren, auf die Entwicklungsingenieure nur zum Teil Einfluss nehmen können. Er berechnet sich aus der Stirnfläche (A) der Karosserie, dem Luftwiderstandsbeiwert (c_W-Wert), der Luftdichte und der Fahrgeschwindigkeit. Die (vereinfachte) Formel lautet:
Luftwiderstand = c_W x A.
Zwei Faktoren dieser Formel können die Auto-Entwickler beeinflussen: die Stirnfläche und den c_W-Wert als Maß für die aerodynamische Qualität einer Karosserieform. Die Verringerung des Luftwiderstands ist also im Wesentlichen durch die aerodynamische Optimierung der Form (= c_W-Wert) möglich.
Mit c_W-Werten von 0,26 bis 0,30 zählen die Mercedes-Personenwagen zu den strömungsgünstigen in ihren Klassen.

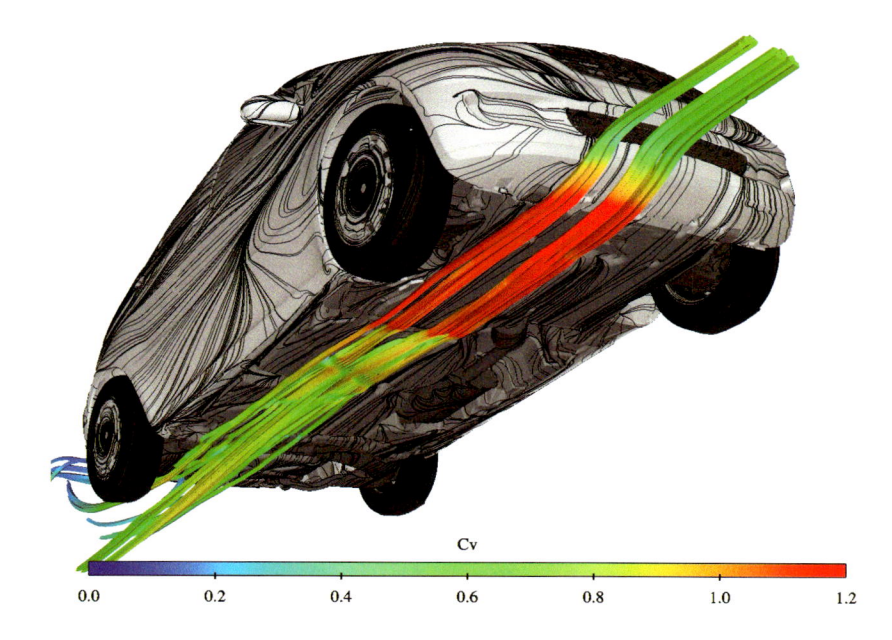

senkrecht zur Fahrtrichtung wirkt und die Karosserie bei hohem Tempo anhebt. Die Resultate solcher Tests sind – ähnlich wie beim Luftwiderstand – so genannte Beiwerte. Sie beschreiben die Auftriebsqualitäten einer Karosserie – und damit auch einen wichtigen Beitrag zur Fahrsicherheit.

Die Aerodynamik-Ingenieure haben verschiedene Maßnahmen entwickelt, die für niedrige Auftriebswerte sorgen: Kleine Spoiler vor den Rädern leiten den Fahrtwind um, sodass die Luft an den Radkästen vorbei in Richtung Fahrbahn strömt. Außerdem vermindern die aerodynamisch geformten Bugschürzen der Mercedes-Modelle und die dezenten Spoilerkanten auf den Kofferraumdeckeln oder an den Hecklappen den Fahrzeugauftrieb und sorgen für gute Bodenhaftung.

Zudem beschäftigen sich die Aerodynamik-Experten mit den Begleiterscheinungen schlechter Witterung, die sich während der Fahrt häufig in Form von Schmutz und Regenwasser auf den Seitenscheiben bemerkbar machen. Stichwort Wahrnehmungssicherheit: Ist der Scheibendurchblick des Fahrers getrübt, steigt die Unfallgefahr. Gute Karosserie-Aerodynamik kann dazu beitragen, dieses Risiko zu vermindern. Deshalb gehören „Regenfahrten" im Windkanal zum Entwicklungsprogramm aller Mercedes-Personenwagen: Bei verschiedenen Windgeschwindigkeiten wird Wasser über die Karosserie gesprüht, das eine fluoreszierende Testflüssigkeit enthält. Sie dient als Schmutzersatz. Große Lichtwände mit UV-Lampen beleuchten die regenreiche Szene und machen den Verlauf der Chemikalie an der Karosserieoberfläche sichtbar. So erkennen die Ingenieure etwaige Problemzonen und können Abhilfemaßnahmen konstruieren.

Bei den Mercedes-Modellen bleiben Außenspiegel, Seiten- und Heckscheiben weitgehend sauber, weil sich das auf die Frontscheibe auftreffende Regenwasser in Ablaufschienen an den A-Säulen sammelt, von dort mithilfe des Fahrtwinds über das Dach nach hinten geführt wird und in einem Kanal an der Dachhinterkante nach unten abläuft. Überdies zeichnen sich die aerodynamisch geformten Gehäuse der Außenspiegel durch eine spezielle, unscheinbare Rinne aus, aus der das Wasser in einem flachen Winkel abtropft und schließlich vom Fahrtwind nach hinten getragen wird. So hat der Autofahrer eine nahezu ungetrübte Sicht durch die Seitenscheiben auf die Außenspiegel. Die Spiegelflächen bleiben ebenfalls schmutzfrei.

Stromlinien: Mithilfe leistungsfähiger Computerprogramme (oben links) lässt sich die Aerodynamik einer Karosserie schon im frühen Entwicklungsstadium optimieren. Windkanaltests mit drehenden Rädern (oben) liefern realistische Ergebnisse über Luftwiderstand und Auftriebskräfte.

Kurvenlicht: Elektromotoren schwenken die Bi-Xenon-Scheinwerfer je nach Lenkwinkel und Fahrtempo zur Seite.

SICHT BEDEUTET SICHERHEIT

Wahrnehmungssicherheit – das bedeutet sehen und gesehen werden. Auch bei Dunkelheit, wenn das Unfallrisiko auf den Straßen am größten ist. Jeder vierte schwere Verkehrsunfall ereignet sich in den Nachtstunden.

Deshalb arbeiten Automobilentwickler unermüdlich daran, die Scheinwerfertechnik der Personenwagen zu perfektionieren und auf alle erdenklichen Situationen des Verkehrsalltags abzustimmen. War Gottlieb Daimlers Motorwagen von 1886 lediglich mit Kerzen-Laternen ausgestattet, so gilt heute „Xenon" als Inbegriff für beste Lichttechnik. Xenon-Scheinwerfer mit Gasentladungslampen stellte Mercedes-Benz 1991 erstmals im Forschungsfahrzeug F 100 vor; 1995 gingen sie in der E-Klasse in Serie. In den Glaskörpern der Glühlampen dienen das Leuchtgas Xenon und Spuren verschiedener Metallsalze als Lichtquelle. Bei einem Spannungsimpuls von bis zu 28 000 Volt wird zwischen den Elektroden der Lampe ein Plasma-Lichtbogen erzeugt, der doppelt so lichtstark wie eine herkömmliche Halogen-Glühlampe ist. Damit sorgt das Xenon-Licht für eine weitaus bessere und hellere Ausleuchtung der Fahrbahn und ihrer Seitenränder.

Im Jahre 1999 folgte die nächste Spitzenleistung auf dem Gebiet der Scheinwerfertechnik: Bi-Xenon. Die Coupés der Mercedes-Benz CL-Klasse waren die ersten Serienautomobile, bei denen die Xenon-Scheinwerfer sowohl fürs Abblend- als auch fürs Fernlicht sorgt. Die Technik: Während beim Fernlicht der gesamte Lichtstrom genutzt wird, schiebt sich beim Umschalten auf Abblendlicht eine Blende zwischen Lampe und Linsenoptik, die einen Teil des Lichtbündels abdeckt. Zusätzlich tritt beim Fernlicht ein Halogen-Spotscheinwerfer in Aktion. Später rückte an die Stelle der Reflektoren ein Projektionssystem, bei dem das Licht von einer Linsenoptik gebündelt und ohne Reflexion direkt auf die Fahrbahn geschickt wird.

BLICK IN DIE KURVE

Seit Frühjahr 2003 lassen sich die lichtstarken Bi-Xenon-Scheinwerfer mit einer Technik kombinieren, die das Autofahren bei Nacht noch sicherer macht: das aktive Kurvenlicht. Es verbessert die Fahrbahnausleuchtung in Kurven um bis zu 90 Prozent: Beträgt der vom Abblendlicht ausgeleuchtete Bereich bei Einfahrt in eine Kurve mit 190 Metern Radius normalerweise rund 30 Meter, so verlängert er sich dank der neuen Scheinwerfertechnik um weitere 25 Meter. Das aktive Kurvenlicht arbeitet sowohl in der Abblend- als auch in der Fernlichtfunktion und passt sich kontinuierlich der jeweiligen Fahrgeschwindigkeit an.

Bei der Entwicklung dieser innovativen Technik haben sich Mercedes-Benz und Partner Hella bewusst für ein dynamisches System entschieden, weil es gegenüber einem statisch zuschaltbaren Abbiegelicht auch bei Landstraßenfahrt und in lang gezogenen Kurven ein deutliches Sicherheitsplus bietet. Ein Mikro-Computer, der in das elektronische Datennetzwerk des Autos integriert ist und auf diese Weise stets die aktuellen Informationen des Lenkwinkel- und des Geschwindigkeitssensors erhält, steuert das aktive Kurvenlicht. Dazu sind die beiden Bi-Xenon-Module nochmals mit je einer separaten Elektronik und einem Elektromotor ausgerüstet. Beide sorgen für die horizontalen Schwenkbewegungen.

Durch die Eigenschaft des menschlichen Auges, sich bei Dunkelheit am jeweils hellsten Punkt zu orientieren, können die Augen des Fahrers exakt dem Kurvenverlauf folgen und sich besser auf das Verkehrsgeschehen konzentrieren. Bei herkömmlichen Scheinwerfern werden in Kurven hingegen auch der Straßenrand und die Bereiche neben der Fahrbahn relativ stark beleuchtet, sodass der Blick des Autofahrers abgelenkt werden kann. Unfallforscher gehen davon aus, dass bei jedem zweiten Nachtunfall auch solche optischen Wahrnehmungsprobleme eine Rolle spielen. Sie sehen deshalb bei der Verbesserung der Sicht aus dem Fahrzeug und der Erkennbarkeit der Verkehrsteilnehmer sowie auf dem Gebiet der Scheinwerfertechnik weitere Potenziale, um die hohe Zahl der Nachtunfälle zu verringern.

Zukünftige Automobilscheinwerfer, die ihre Lichtverteilung automatisch der jeweiligen Fahrsituation anpassen, werden die Verkehrssicherheit bei Dunkelheit nachhaltig verbessern. Das aktive Kurvenlicht markiert den Einstieg in diese neue adaptive Scheinwerfer-Technologie, die zum Beispiel durch spezielle Lichtfunktionen für Autobahnen, Stadtverkehr oder Schlechtwetter-Situationen ergänzt werden kann (siehe auch Seite 108).

Eine dieser Neuentwicklungen ist bei Mercedes-Benz seit Anfang 2004 in Kombination mit Bi-Xenon-Scheinwerfern lieferbar: das Abbiegelicht. Dank dieser neuen Lichttechnologie, die Nebelscheinwerfer und Abbiegelicht in einem Gehäuse vereint, sind Radfahrer, Fußgänger oder andere Fahrzeuge beim Abbiegen deutlicher zu erkennen; bei langsamer Fahrt werden auch enge Kurven besser einsehbar.

Wenn das Abblendlicht aktiviert ist, schaltet sich das Abbiegelicht bis zu einer Geschwindigkeit von maximal 40 km/h automatisch ein, sobald der Fahrer den Blinker betätigt oder das Lenkrad bewegt und die Vorderräder einschlägt. Dabei leuchten die Scheinwerfer den Bereich seitlich vor dem Fahrzeug in einem Winkel von bis zu 65 Grad und mit einer Reichweite von etwa 30 Metern aus. Sie rücken so Straßen- und Fußwegabschnitte ins Helle, die mit konventioneller Scheinwerfertechnik im Dunkeln bleiben.

Abbiegelicht: Sobald der Autofahrer den Blinker betätigt, schaltet sich ein zusätzlicher Scheinwerfer ein. So werden Kreuzungen besser ausgeleuchtet.

Schwenkbereich: Durch das aktive Kurvenlicht verbessert sich die Fahrbahnausleuchtung um bis zu 90 Prozent.

TRENDS UND TECHNIK

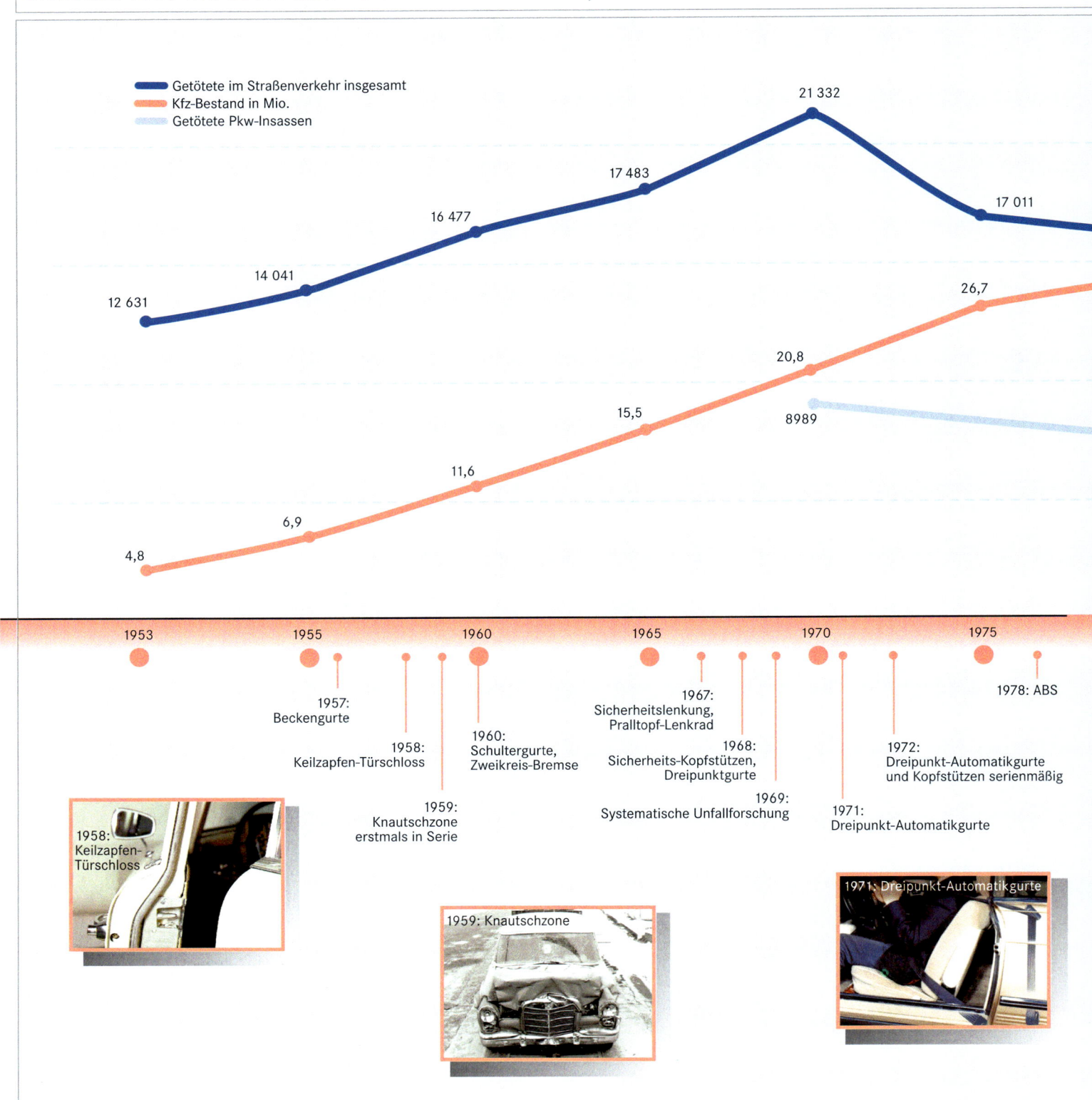

CHRONIK 1953 BIS 2003: MEHR SICHERHEITSTECHNIK, WENIGER UNFALLOPFER

— Getötete im Straßenverkehr insgesamt
— Kfz-Bestand in Mio.
— Getötete Pkw-Insassen

Getötete im Straßenverkehr insgesamt: 12 631 — 14 041 — 16 477 — 17 483 — 21 332 — 17 011

Kfz-Bestand in Mio.: 4,8 — 6,9 — 11,6 — 15,5 — 20,8 — 26,7

Getötete Pkw-Insassen: 8989

Zeitleiste: 1953 — 1955 — 1960 — 1965 — 1970 — 1975

- 1957: Beckengurte
- 1958: Keilzapfen-Türschloss
- 1959: Knautschzone erstmals in Serie
- 1960: Schultergurte, Zweikreis-Bremse
- 1967: Sicherheitslenkung, Pralltopf-Lenkrad
- 1968: Sicherheits-Kopfstützen, Dreipunktgurte
- 1969: Systematische Unfallforschung
- 1971: Dreipunkt-Automatikgurte
- 1972: Dreipunkt-Automatikgurte und Kopfstützen serienmäßig
- 1978: ABS

1958: Keilzapfen-Türschloss

1959: Knautschzone

1971: Dreipunkt-Automatikgurte

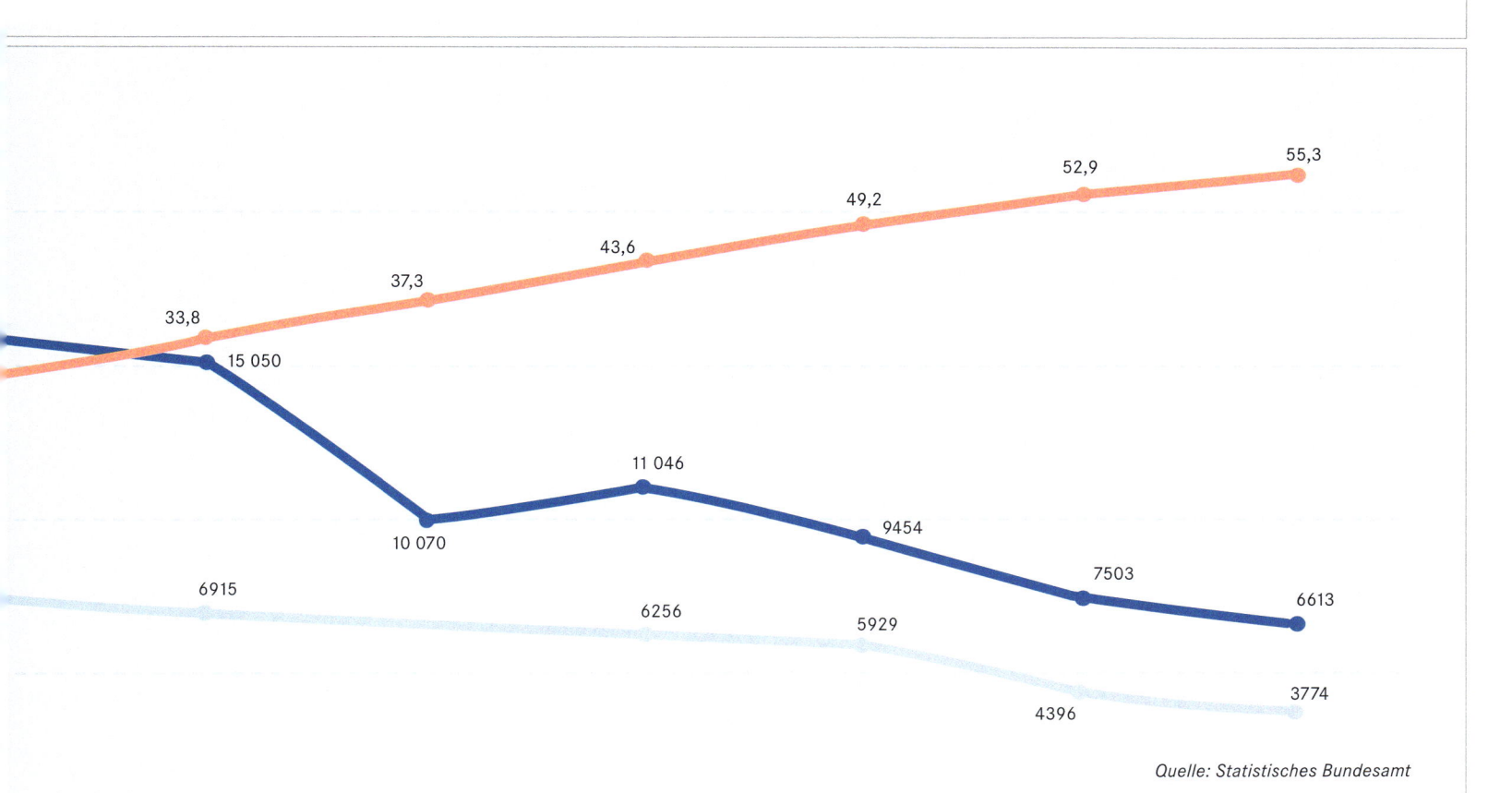

IMMER EINEN SCHRITT VORAUS

					52,9	55,3
				49,2		
			43,6			
		37,3				
33,8						
	15 050					
			11 046			
	10 070			9454		
6915					7503	6613
		6256	5929			
					4396	3774

Quelle: Statistisches Bundesamt

1980   1985   1990   1995   2000   2003

1980:
Fahrer-Airbag,
Gurtstraffer

1984:
Gurtstraffer serienmäßig

1979:
Sicherheitsgurte
im Fond serienmäßig

1986:
ASD, 4MATIC

1987:
ASR,
Beifahrer-Airbag

1989:
Automatischer Überrollschutz

1992:
Fahrer-Airbag und
ABS serienmäßig

1993:
Integrierte Kindersitze

1994:
ETS

1995:
Sidebags, Gurtkraftbegrenzer, ESP®

1996:
Brems-Assistent

1997:
Sandwich-Konzept,
automatische Kindersitz-Erkennung,
4ETS

1998:
Windowbag,
adaptiver Fahrer-Airbag

1999:
Xenon-Licht,
ABC

2000:
Adaptiver
Beifahrer-Airbag

2001:
SBC™,
Head/Thorax-Bag

2002:
PRE-SAFE,
aktives Kurvenlicht,
adaptiver Gurtkraftbegrenzer

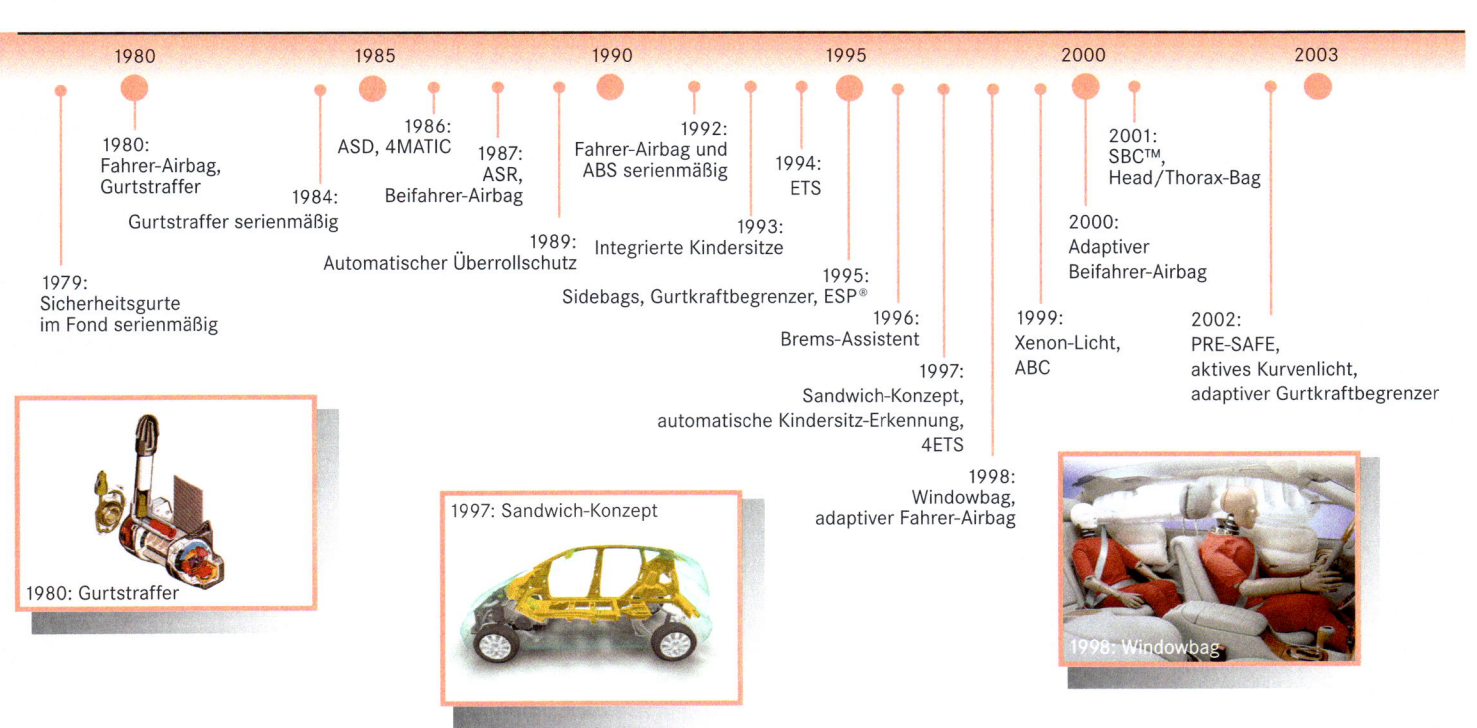

1980: Gurtstraffer

1997: Sandwich-Konzept

1998: Windowbag

TRENDS UND TECHNIK

Knautschzonen in der Karosserie, Airbags im Innenraum –

Bahnbrechende Mercedes-Erfindungen schützen die Insassen beim Unfall

Aufprallschutz: Das von Mercedes-Benz entwickelte Knautschzonen-Prinzip bildet die Grundlage der modernen Pkw-Sicherheit. Es ging 1959 beim Typ 220 erstmals in Serie.

Während sich Automobilingenieure schon Anfang des 20. Jahrhunderts Gedanken machten, die Fahrsicherheit der Motorwagen zu verbessern, ist der Insassenschutz eine weitaus jüngere Entwicklungsdisziplin. Seine Geschichte begann am 1. August 1939, und wie viele große Geschichten begann sie im Kleinen: In einer Holzbaracke am Rande des Sindelfinger Mercedes-Werks. Neun mal zwölf Meter. Das war der Arbeitsplatz von Béla Barényi, einem jungen und ebenso talentierten wie ungeduldigen Ingenieur, der sich zum Ziel gesetzt hatte, die Autotechnik zu revolutionieren. „Achsen, Karosserie, Rahmen und Lenkung müssen bei einem Auto der Zukunft anders aussehen als heute", erklärte er Wilhelm Haspel, dem damaligen Vorstandsvorsitzenden von Daimler-Benz, beim Einstellungsgespräch.

In Sindelfingen bekam Barényi (siehe auch Seite 16) Gelegenheit, es besser zu machen. Der „Plattformrahmen für Kraftfahrzeuge" war seine erste Erfindung für den neuen Arbeitgeber. Sie verbesserte den seitlichen Aufprallschutz und bot die solide Basis für eine „gestaltfeste Fahrgastzelle". Im Februar 1941 wurde die Neukonstruktion patentiert. Barényi war zu diesem Zeitpunkt jedoch mit seinen Gedanken bereits ein ganzes Stück weiter. Seine Vision war eine stabile Fahrgastzelle „umgeben von Knautschzonen vorne und hinten". Das klingt einfach, erforderte aber großes Know-how bei der Konstruktion. Mit verschiedenen Projektstudien näherte sich Barényi dem Ziel. 1952 wurde aus der Vision ein Patent. Mehr noch: ein Fundamentalprinzip, auf dem noch heute die gesamte passive Sicherheitstechnik beruht. Nach erfolgreichen Crashversuchen ging die Knautschzonen-Erfindung im Jahre 1959 erstmals in Serie – in den Mercedes-Modellen 220, 220 S und 220 SE der Baureihe W 111.

Barényi avancierte zum Leiter der Mercedes-Vorentwicklung, doch sein Fernziel eines rundum sicheren Autos hatte er noch nicht erreicht. Es gab noch viel zu tun: 1960 starben auf Deutschlands Straßen über 16 400 Menschen, viele davon als Auto-Insassen.

Schon in den Vierzigerjahren hatte der Vordenker eine der größten sicherheitstechnischen Schwachstellen erkannt und widmete sich wieder intensiv diesem Thema: der Verbesserung von Lenkrad und Lenksäule, die sich beim Unfall in Richtung Innenraum schob und schlimme Verletzungen verursachte. Barényis Problemlösungen waren die „Sicherheits-Lenkwelle" und das Pralltopf-Lenkrad – Erfindungen, die im Prinzip noch heute aktuell sind.

Béla Barényi war der erste Sicherheitsingenieur bei Mercedes-Benz – wahrscheinlich sogar der erste weltweit. Seinem Vorbild folgten Dutzende Ingenieure, die ebenso wie Barényi die Notwendigkeit erkannt hatten, die Sicherheit auf den Straßen zu verbessern. Das Mercedes-Werk in Sindelfingen war dabei stets die Keimzelle aller wegweisenden Entwicklungen auf diesem Gebiet. Hier führte die traditionsreichste Automarke ab Mitte der Fünfzigerjahre regelmäßige Crashversuche durch, die drastisch den Bedarf an wirksamen Sicherheitssystemen aufdeckten. So erkannte man, dass sich ein Großteil der Pkw-Insassen beim Unfall nicht im, sondern außerhalb des Autos schwer verletzte. Weil es weder Haltegurte noch stabile Türschlösser gab, wurden sie herausgeschleudert. Beiden Problempunkten widmeten die Mercedes-Ingenieure größte Aufmerksamkeit, erprobten den aus Flugzeugen bekannten Beckengurt und erfanden das aufprallsichere Keilzapfen-Türschloss. Diese Schutzsysteme waren ab Ende der Fünfzigerjahre in den Mercedes-Personenwagen verfügbar – das Türschloss serienmäßig, der Gurt vorerst nur auf Wunsch.

SCHUTZKISSEN IM LENKRAD

Schon damals weckte eine Erfindung aus den USA das Interesse der Sindelfinger Ingenieure: der Airbag. Ursprünglich erdacht als „Schutzkissensystem" für Flugzeugpassagiere erkannten die Mercedes-Fachleute sein großes Potenzial als Ergänzung des Sicherheitsgurtes (siehe auch Seite 23). 1967 begann die Serienentwicklung des Airbags; sie dauerte 13 Jahre und endete 1980 mit dem ersten Serieneinsatz des Luftsacks in der damaligen S-Klasse. Zeitgleich hatten Mercedes-Entwickler auch den Sicherheitsgurt perfektioniert, der nach ihrer Erfahrung neben Knautschzone und Sicherheits-Fahrgastzelle das wichtigste Schutzsystem für Auto-Insassen darstellt. Dreipunktgurte lösten 1968 die bis dato verwendeten Becken- oder Schultergurte ab, 1971 machte ein automatischer Aufroller das Anlegen und Tragen der Gurte komfortabler. Ab 1980 bildete der neu entwickelte Gurtstraffer zusammen mit dem Airbag ein „integriertes Rückhaltesystem", das sich bis heute hunderttausendfach bewährt hat (siehe auch Seite 22).

Beide Schutzsysteme nutzen eine gemeinsame Infrastruktur: Sensoren, die millisekundenschnell einen schweren Auf-

Schutzkissen: Den Fullsize-Airbag erfand Mercedes-Benz im Jahre 1980.

TRENDS UND TECHNIK

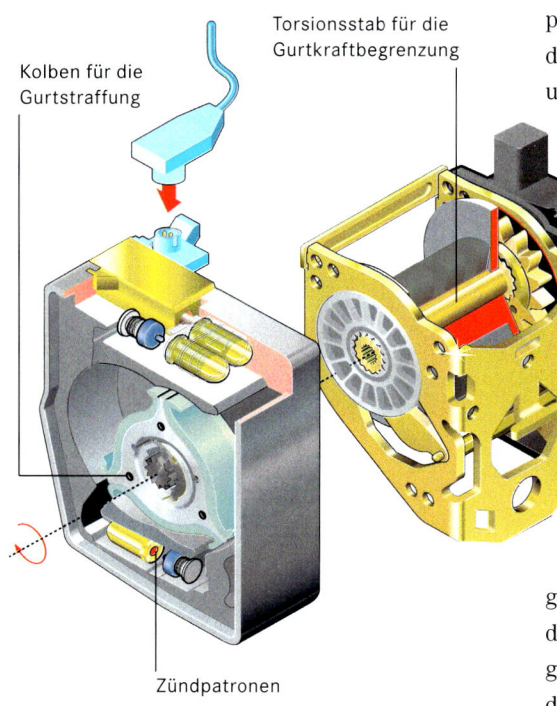

Gurtstraffer: Millisekundenschnell wird das Gurtband gestoppt und zurückgezogen.

Labels: Kolben für die Gurtstraffung; Torsionsstab für die Gurtkraftbegrenzung; Zündpatronen

prall erkennen, und ein Steuergerät, das die Sensordaten ebenso schnell auswertet und die notwendigen Entscheidungen trifft.

Der Gurtstraffer reduziert beim Unfall die so genannte Gurtlose, den prinzipbedingten Leerweg des Gurtbandes, und sorgt dafür, dass Fahrer und Beifahrer durch eng anliegende Gurte beim Aufprall besser mit der Fahrgastzelle verbunden sind und frühzeitig an den Verzögerungen der Karosseriestruktur teilnehmen können. Bei einem Typ dieses Systems übernehmen kleine Stahlkugeln im Aufrollautomaten, die sich nach der Aktivierung in Bewegung setzen und gegenläufig zur Gurtbandwelle rotieren, die Straffung des Gurtbandes. Sie stoppen zuerst das Gurtband und wickeln es anschließend blitzschnell wieder auf. So lassen sich innerhalb von Sekundenbruchteilen etliche Zentimeter loses Gurtband zurückziehen.

Auch die Airbag-Technik hat Mercedes-Benz in den letzten Jahren kontinuierlich weiterentwickelt. Das Stichwort lautet hier: adaptive Steuerung. Die Luftpolster für Fahrer und Beifahrer entfalten sich je nach Unfallschwere in zwei Stufen und bieten so einen situationsgerechten Insassenschutz. Zusätzlich können so genannte Up-Front-Sensoren durch ihre exponierte Einbaulage die Schwere des Aufpralls noch früher und präziser erkennen und den dritten Crash-Sensor auf dem Mitteltunnel ergänzen. Die Front-Informationen nutzt das zentrale elektronische Steuergerät, um die Zeitspanne zwischen dem Aufprall und dem Auslösebeginn der Gurtstraffer weiter zu verkürzen und früher zu entfalten: Bei einem leichten Frontalaufprall zündet die Elektronik nur eine Kammer der zweistufigen Airbag-Gasgeneratoren. Die Luftsäcke füllen sich deshalb mit geringerem Innendruck. Erkennt das

Steuergerät einen schweren Frontalaufprall, aktiviert es zusätzlich – etwa fünf bis 15 Millisekunden später – die zweiten Stufen der Gasgeneratoren. Dadurch füllen sich die Airbags mit höherem Druck und bieten den Insassen einen der Unfallschwere angepassten Schutz.

Adaptiv arbeiten auch die Gurtkraftbegrenzer moderner Mercedes-Personenwagen; die Kraftbegrenzung ist an den Verzögerungsverlauf angepasst. Im Klartext: Nach der Straffung des Gurtbandes in der frühen Aufprallphase liegt der Gurt zunächst eng am Insassen an. Die adaptive Kraftbegrenzung sorgt dafür, dass bei der Vorverlagerung zunächst eine höhere Rückhaltekraft eingestellt wird. Taucht der Insasse bei weiterer Vorverlagerung in den Airbag ein, wird die Gurtkraft abgesenkt und das System gibt gezielt Gurtband nach. Auf diese Weise wird die Brustbelastung des Insassen auf einem gleichmäßig niedrigen Niveau gehalten.

GURTKRAFT: ZUSAMMENSPIEL MIT DEM AIRBAG

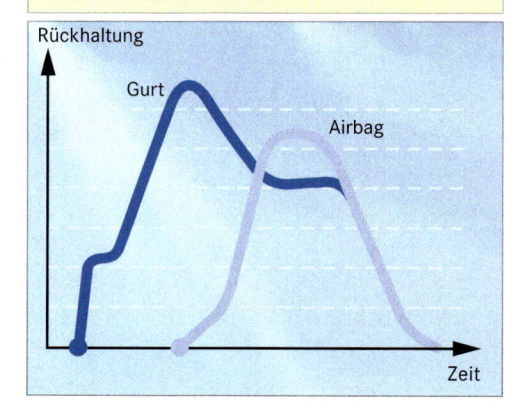

(Diagramm: Rückhaltung über Zeit – Kurven für Gurt und Airbag)

KNAUTSCHZONE MIT DREI STUFEN

Ebenso wurde Barényis Knautschzonen-Erfindung im Laufe der Jahre weiterentwickelt und auf das reale Unfallgeschehen abgestimmt. Das Prinzip blieb jedoch bis

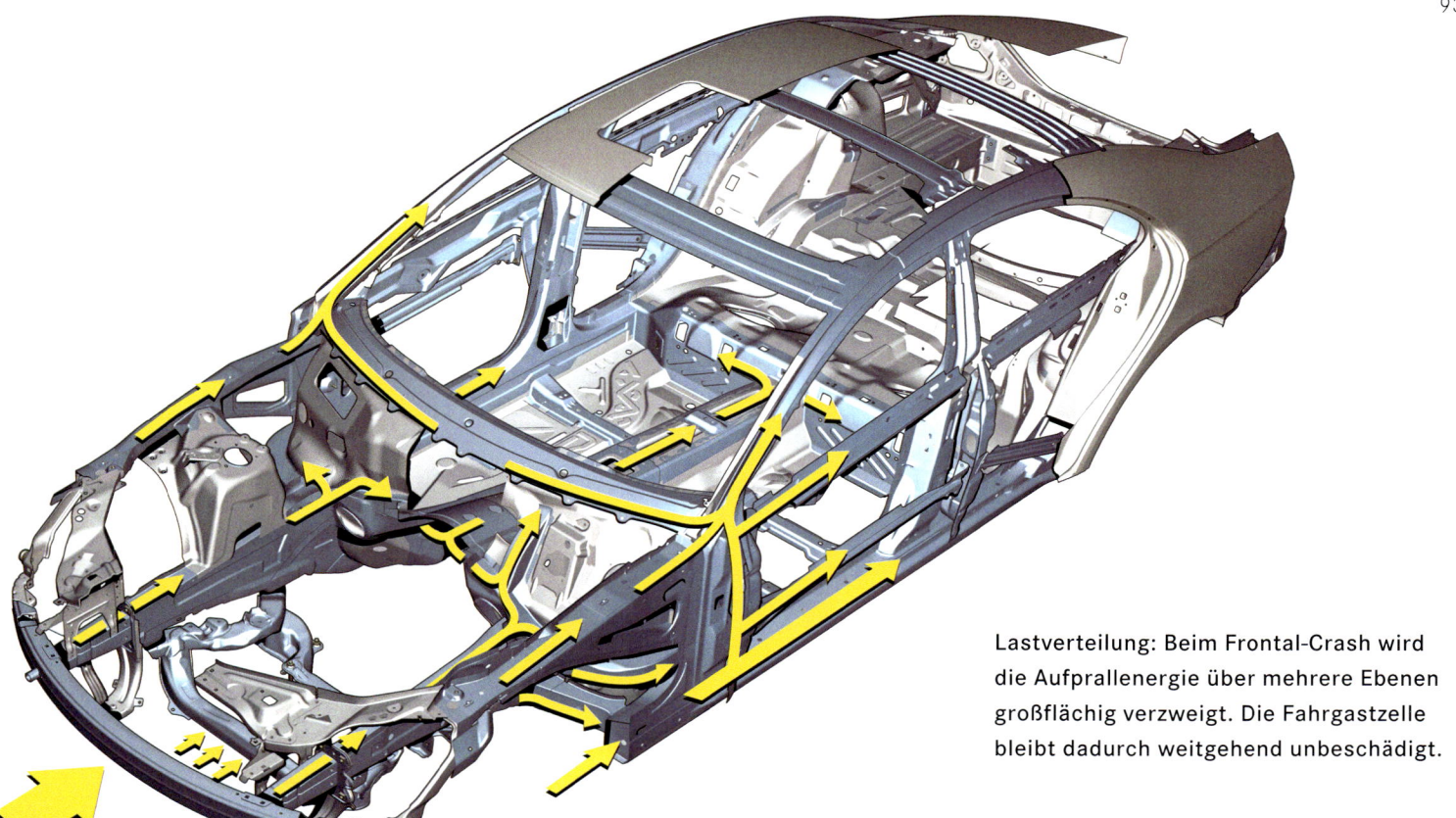

Lastverteilung: Beim Frontal-Crash wird die Aufprallenergie über mehrere Ebenen großflächig verzweigt. Die Fahrgastzelle bleibt dadurch weitgehend unbeschädigt.

heute gleich: Im Front- und Heckbereich ermöglichen beim Aufprall große Verformungszonen einen homogenen Kraftfluss. Die Kräfte werden großflächig verzweigt, sodass die Fahrgastzelle selbst bei schweren Kollisionen weitgehend erhalten bleibt. Bei allen modernen Mercedes-Personenwagen basiert der Aufprallschutz auf einem dreistufigen Konzept, das je nach Unfallschwere ganz oder nur teilweise in Aktion tritt. Beispiel CLS-Klasse:

- Bis etwa 4 km/h Aufprallgeschwindigkeit absorbieren die Kunststoff-Stoßfänger mit ihren Schaumelementen die Aufprallenergie und nehmen nach dem Crash wieder ihre ursprüngliche Form an.
- Bis zirka 15 km/h Aufprallgeschwindigkeit nehmen der vordere Querträger und Crash-Boxen im Frontmoduls Energie auf, sodass die nachgeordnete Trägerstruktur unbeschädigt bleibt.
- Bei mehr als 15 km/h Aufprallgeschwindigkeit sorgt ein aufwändig konstruiertes Trägersystem für den Insassenschutz. Dazu zählen zum Beispiel stabile Profilbleche oberhalb der Radkästen, die eine zweite Längsträgerebene bilden und beim Offset-Aufprall oder einer Frontunterfahrung für eine wirksame Lastverteilung sorgen. Die unteren Längsträger in der Frontstruktur leiten die Aufprallkräfte in stabile Stirnwandquerträger, die zusammen mit den Pedalbodenträgern für eine großflächige Energieverteilung bis in den Mitteltunnel und die äußeren Längsträger sorgen. Bei den häufigen Offset-Unfällen einseitiger Frontüberdeckung stützen spezielle Prallelemente vor beiden seitlichen Längsträgern die Räder frühzeitig ab, sodass auch auf diesem Lastpfad Aufprallkräfte in die seitliche Karosseriestruktur übertragen werden können.

Auch die Konstruktion der Fahrgastzelle ist auf alle Unfallarten abgestimmt und erweist sich sowohl beim Front- oder Heckaufprall als auch beim Seitencrash oder

TRENDS UND TECHNIK

beim Überschlag als eine sehr stabile Struktur, die den Passagieren selbst bei hohen Aufprallgeschwindigkeiten ein hohes Schutzniveau bietet. Die aufwändig konstruierte Bodenanlage, stabile Träger in Längs- und Querrichtung, biegesteife Streben, dreischalige A-, B- und C-Säulen sowie Rohrverstärkungen in den B-Säulen bilden das stabile Rückgrat dieser „Schutzzone".

MOTOR UND GETRIEBE AUF TAUCHSTATION

Es waren wegweisende Ideen, die Mercedes-Ingenieure Anfang der Neunzigerjahre entwickelt hatten und patentieren ließen: Der „Kraftwagen mit einem in einem spitzen Winkel gegen die Horizontale geneigten Antriebsmotor" (Patent DE 43 26 396 C 2) und der „Stirnwandaufbau für einen Kraftwagen mit vorn angeordneter Antriebseinheit" (Patent DE 44 00 132 C 1) revolutionierten den Automobilbau. Damit verwirklichte Mercedes-Benz erstmals ein Konzept, das die Gestaltung eines Kompaktwagens mit extrem kurzem Vorbau und dennoch hohem Insassenschutz ermöglicht: das Sandwich-Konzept der A-Klasse (siehe auch Seite XX).

Weil Motor und Getriebe in einer Schräglage von bis zu 59 Grad teils vor, teils unter der Fahrgastzelle angeordnet sind, verschiebt sich die starre Antriebseinheit bei einem schweren Frontal-Crash nicht in Richtung Innenraum, sondern kann an dem ebenfalls schrägen Pedalboden nach unten abgleiten. Dadurch steht im Vorbau der A-Klasse eine größere effektive Verformungslänge zur Verfügung. Oder anders ausgedrückt: Ohne das Sandwich-Konzept müsste der Vorderwagen der A-Klasse deutlich länger sein, um bei einem schweren Frontalaufprall das gleich hohe Maß an Insassensicherheit zu gewährleisten.

Im Falle eines Heckaufpralls gilt nahezu das gleiche dreiphasige, geschwindigkeitsabhängige Sicherheitskonzept wie bei der Frontstruktur. Die hinteren Längsträger bestehen aus einem durchgehenden, geschlossenen Kastenprofil mit gezielt abgestufter Materialstärke und können hohe Kräfte aufnehmen. Ebenfalls wichtig: Der Kraftstofftank befindet sich in einer günstigen Einbaulage vor der Hinterachse.

SIDEBAG MIT SATELLITEN-SENSOR

Stabile Trägerstrukturen und spezielle Airbags schützen die Auto-Insassen auch im Falle eines Seitenaufpralls. Die Airbags für diese Aufgabe heißen Sidebag, Windowbag oder Head/Thorax-Sidebag (siehe auch Seite 25). Ihre Entwicklung begann Anfang der Neunzigerjahre als die Unfallforschung erkannte, dass der Anteil der Seitenkollisionen an den schweren Verkehrsunfällen steigt. Die Sidebags der ersten Generation, die 1995 in Serie ging, fanden ihren Platz oberhalb der Armlehnen; heute werden sie vorn auch in die Sitzlehnen eingebaut, die hinteren befinden sich weiterhin in den Türverkleidungen oder neben den Sitzlehnen. Der Sidebag (etwa zehn Liter Volumen) schiebt sich beim Crash zwischen Insassen und Tür und verringert dadurch das Risiko eines direkten Kontakts mit der Türinnenverkleidung oder der B-Säule. Dadurch nehmen die Brustbelastungen des stoßzugewandten Insassen ab.

Eine der größten technischen Herausforderungen bei der Entwicklung des Sidebags war dessen Auslöse-Sensorik. Immerhin: Im Falle eines rechtwinkligen Seitenaufpralls mit 50 km/h bleiben der Elektronik nur höchstens sieben Millisekunden, um das Luftpolster zu zünden. Nach weiteren 13 Millisekunden muss es bereits voll entfaltet sein und den Insassen abstützen. Allein mit einem zentralen Auslösegerät auf dem Mitteltunnel, das für die Gurtstraffer und die Front-Airbags zuständig ist, ließ sich diese extreme Kurzzeit-Aufgabe nicht erfüllen. Die Mercedes-Ingenieure haben deshalb verschiedene Sensoren getestet und sich schließlich für ein so genanntes Satelliten-System entschieden. Im Klartext: Das Auslösegerät für Gurtstraffer und Airbags wird von zwei Assistenten an den Seitenschwellern unterstützt, die wie Satelliten um den Zentralsensor platziert sind und ihre Messfühler in Richtung Seitenflanken richten.

Auf diese Weise erfassen die Sensoren nicht nur den seitlichen Beschleunigungsstoß besser, sie erkennen auch blitzschnell die jeweilige Aufprallschwere und lösen den Zündimpuls aus.

Die seitlichen Aufprallsensoren bewähren sich auch bei der Aktivierung der Windowbags, die Mercedes-Benz 1998 als weltweit erste Automobilmarke einsetzte. Sie entsprechen aktuellen Anforderungen der Unfallforscher nach einem zusätzlichen, großflächigen Luftpolster für den Seitenwandbereich, das vor allem den Köpfen der Insassen bei der Vielzahl denkbarer Anstoß-Konstellationen Schutz bietet – und zwar sowohl den Front- als auch den Fond-Passagieren.

Der Windowbag besteht aus neun Kammern mit einem Gesamtvolumen von etwa zwölf Litern, die sich beim Crash binnen 25 Millisekunden wie ein Vorhang von der vorderen bis zur hinteren Dachsäule des Innenraums spannen. Er ist rund zwei Meter lang, etwa 35 Zentimeter breit und hat im aufgeblasenen Zustand eine Dicke von etwa sechs Zentimetern. Dank dieser Dimensionen bietet der Windowbag einen flächigen Kopfschutz, von dem sowohl die vorderen als auch die hinteren Passagiere profitieren. Im Normalfall verbergen sich die Windowbags hinter den Innenverkleidungen der Dachrahmen und der C-Säulen, die sie im Falle eines Unfalls nach innen drücken, um sich entfalten zu können.

Während die Sidebags vor allem den Thorax-Bereich schützen, verringert der Windowbag das Risiko eines Kopfaufpralls gegen Seitenscheibe, Dachsäulen oder

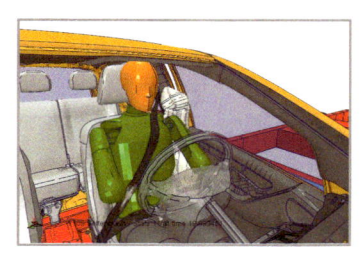

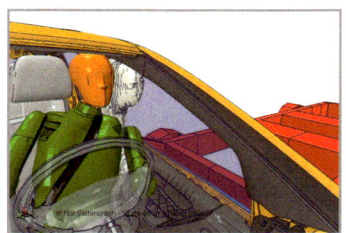

Doppelwirkung: Der neu entwickelte Seitenairbag der A-Klasse befindet sich in den vorderen Sitzlehnen und schützt sowohl Kopf als auch Brust der Insassen.

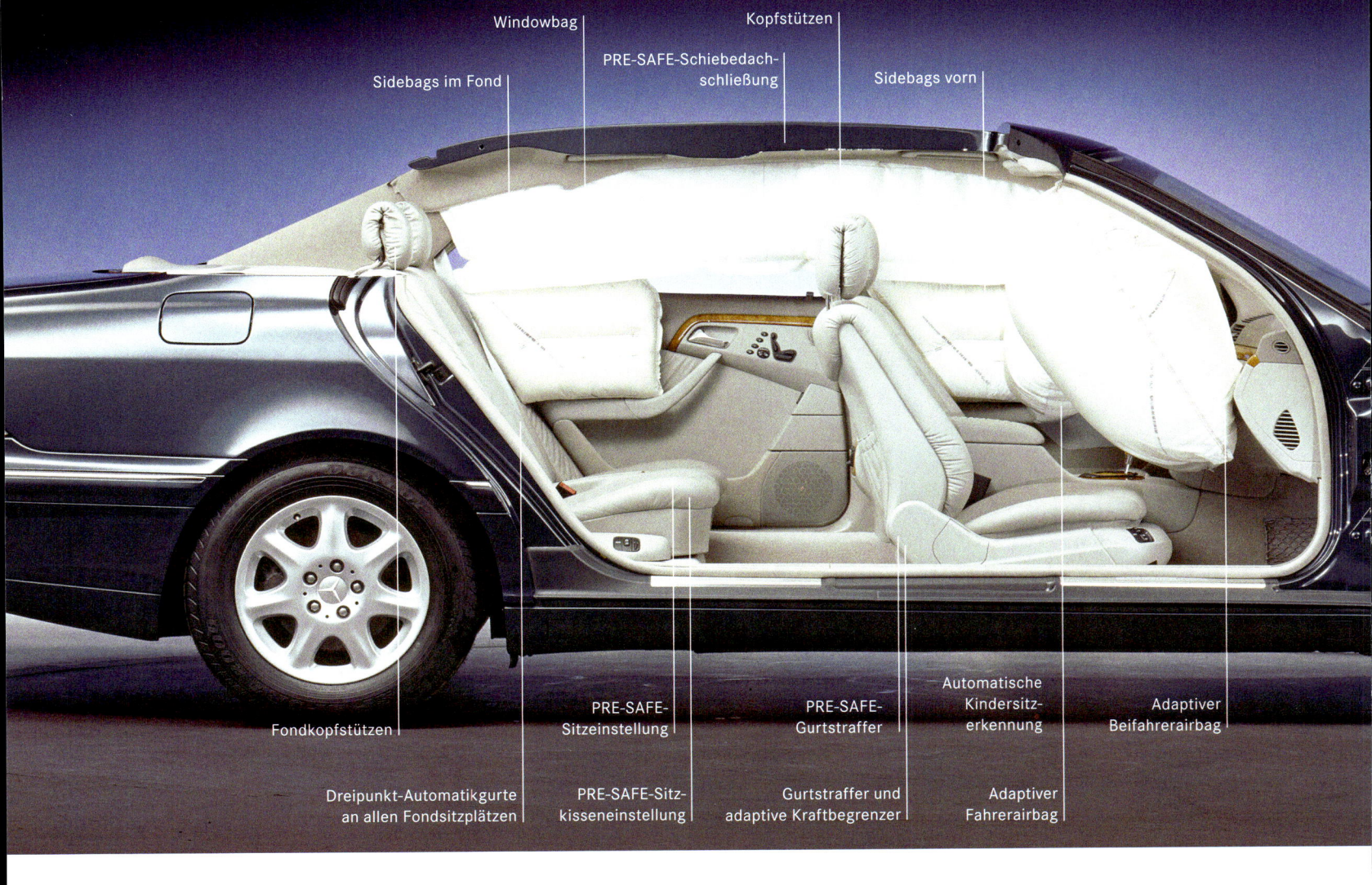

Sidebags im Fond | **Windowbag** | **PRE-SAFE-Schiebedachschließung** | **Kopfstützen** | **Sidebags vorn**

Fondkopfstützen | **PRE-SAFE-Sitzeinstellung** | **PRE-SAFE-Gurtstraffer** | **Automatische Kindersitzerkennung** | **Adaptiver Beifahrerairbag**

Dreipunkt-Automatikgurte an allen Fondsitzplätzen | **PRE-SAFE-Sitzkisseneinstellung** | **Gurtstraffer und adaptive Kraftbegrenzer** | **Adaptiver Fahrerairbag**

S-Klasse: Ein technisch aufwändiges und perfekt aufeinander abgestimmtes Rückhaltesystem mit bis zu acht Airbags, Gurtstraffern, Gurtkraftbegrenzern und anderen Mercedes-Erfindungen schützt die Auto-Passagiere beim Unfall. PRE-SAFE tritt bereits vor dem Crash in Aktion.

Dachrahmen. Überdies kann das Luftpolster Glassplitter oder andere Gegenstände zurückhalten, die beim Aufprall oder bei einem nachfolgenden Überschlag in den Innenraum eindringen und ein zusätzliches Verletzungsrisiko darstellen können. Aus diesem Grund bleibt der Windowbag auch noch nach dem Crash einige Sekunden lang gefüllt.

Mit anderen Worten: Sidebags und Windowbags bilden an Bord der Mercedes-Personenwagen ein wirksames Sicherheits-Doppel.

Eine Kombination aus Kopf- und Brust-Schutz bietet auch der Head/Thorax-Sidebag, der für die Cabriolets und Roadster sowie für die A-Klasse entwickelt wurde. Er findet in den Lehnen der Vordersitze Platz und entfaltet sich beim Seitenaufprall zu einem asymmetrisch geformten Luftsack, dessen Oberkante im aufgeblasenen Zustand weiter nach oben ragt als der Sidebag. Dadurch vermindert der Head/Thorax-Sidebag das Risiko des Kopfaufpralls gegen die Seitenscheibe oder gegen eindringende Objekte. Zugleich schiebt sich der Luftsack mit seinem unteren Teil zwischen Tür und Insassen, sodass er auch den Brustbereich großflächig abdeckt. Das Volumen dieses Seitenairbags beträgt rund 16 Liter.

SCHUTZ FÜR KNIRPSE

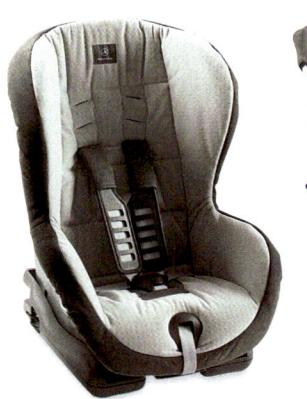

Das Engagement von Mercedes-Benz zur kontinuierlichen Verbesserung der Insassensicherheit gilt nicht nur erwachsenen Auto-Passagieren, die Stuttgarter Automobilmarke ist auch einer der Trendsetter auf dem Gebiet der Kindersicherheit. Aus gutem Grund: Kinder, die nicht richtig gesichert im Auto mitfahren, sind bei einem Unfall extrem gefährdet. Ihr Risiko, schwer verletzt oder getötet zu werden, ist siebenmal höher als bei Kindern, die durch passende Rückhaltesysteme geschützt werden.

Zwar erreichte nach einer Untersuchung der Bundesanstalt für Straßenwesen die Gesamtsicherungsquote von Kindern in Personenwagen im Jahr 2001 mit 96 Prozent einen neuen Höchststand (2000 : 94 Prozent), dennoch besteht weiterhin ein Verbesserungspotenzial: Noch fährt jedes vierte Kind auf Autobahnen und Landstraßen nicht vorschriftsmäßig gesichert in einem Auto mit.

Der normale Dreipunkt-Sicherheitsgurt ist für Kinder nicht das beste Schutzsystem. Das liegt an den Besonderheiten der kindlichen Anatomie. So macht zum Beispiel der Kopf eines Neugeborenen rund ein Drittel seines Körpergewichts aus, während es beim Erwachsenen nur 18 Prozent sind. Auch der Knochenbau verändert sich.

Die logische Konsequenz dieser biologischen Unterschiede: Kinder brauchen Rückhaltesysteme, die exakt auf ihre speziellen Bedürfnisse und auf ihr Alter zugeschnitten sind, wobei auch hier je nach Altersgruppe, Größe und Gewicht unterschiedliche Anforderungen erfüllt sein müssen. Deshalb bietet Mercedes-Benz verschiedene Kindersitze an, die für die körperlichen Gegebenheiten in jeder Altersstufe maßgeschneidert sind.

Eine viel beachtete Mercedes-Erfindung für hohe Kindersicherheit sind die in die Fondsitzbank integrierten Kindersitze. Sie eignen sich für kleine Mitfahrer in der Al-

Programm: Mercedes-Benz bietet Kindersitze für verschiedene Altersgruppen an.

Auf Knopfdruck: In die Fondsitzbank integrierte Kindersitze eignen sich für kleine Mitfahrer zwischen zwei und zwölf Jahren.

DIE MERCEDES-KINDERSITZE AUF EINEN BLICK

Modell	Geeignet für Altersgruppe	Serienausstattung
TOPSAFE	Bis ca. 4 Jahre (bis 18 kg)	Fangtisch, Stützfuß, Babyeinleger, drehbar um 180 Grad, automatische Kindersitz-Erkennung, ISOFIX
DUO	Ca. 8 Monate bis 4 Jahre (9 bis 18 kg)	Hosenträger-Gurtsystem mit Kraftbegrenzer, Neigungsverstellung, automatische Kindersitz-Erkennung, ISOFIX
KID	Ca. 3 1/2 bis 12 Jahre (15 bis 36 kg)	Zusätzlicher Seitenhalt, höhenverstellbare Rückenlehne, Sitz- und Schlafstellung
Integrierte Kindersitze	Ca. 2 bis 12 Jahre (12,5 bis 36 kg)	Schonbezug zum Schutz vor Verschmutzung und besseren Seitenhalt

DAS KÖRPERGEWICHT IST MASSGEBEND

Da das Wachstum bei Kindern sehr verschieden verlaufen kann, sind die Altersangaben für die Kindersitzmodelle nur ein grober Anhaltspunkt; es können sich im Einzelfall auch Abweichungen hiervon ergeben. Bei der Auswahl eines geeigneten Kindersitzes sollte man sich deshalb stets am Körpergewicht orientieren und den Gewichtsbereich des Kindersitzes nach oben möglichst voll ausnutzen, bevor man auf das nächst größere Modell umsteigt. Ganz wichtig: Der Kopf des Kindes darf niemals über die Rückenlehne hinausragen.

tersgruppe von zirka zwei bis zwölf Jahren (12,5 bis 36 Kilogramm) und sind auf Wunsch für die A-Klasse, für die Limousinen und T-Modelle der C- und E-Klasse sowie für die S-Klasse lieferbar. Die integrierten Kindersitze erhöhen die Sitzposition, wodurch der Gurtverlauf den speziellen Bedürfnissen der jungen Mitfahrer angepasst wird. Zudem vereinen sie hohe Sicherheit mit einfacher Handhabung und hoher Flexibilität: Eingebaut in die äußeren Fondsitze, ist das System stets griffbereit, kann aber bei Nichtgebrauch einfach weggeklappt werden. Somit steht Erwachsenen wieder die komplette Fondsitzbank zur Verfügung.

Wird ein Kindersitz auf dem Beifahrerplatz fixiert, muss der dortige Airbag deaktiviert werden. In den Mercedes-Modellen ist dafür bereits seit 1997 kein Tastendruck erforderlich: Antennen im Sitzpolster tauschen Daten mit Transpondern im Sockel der Mercedes-Kindersitze aus, sodass die Airbag-Elektronik den Kindersitz erkennt und den Airbag auf der Beifahrerseite automatisch abschaltet. Dies ist insbesondere bei rückwärts gerichtetem Einbau des Kindersitzes wichtig. Neben den integrierten Kindersitzen, die für den Nachwuchs von etwa zwei bis zwölf Jahren konzipiert sind, bietet Mercedes-Benz herausnehmbare Kindersitze an. Ideal für die Altersgruppe von bis zu vier Jahren ist der neu entwickelte Kindersitz TOPSAFE. Das Modell DUO eignet sich für Kinder zwischen etwa acht Monaten und vier Jahren. Für Dreieinhalb- bis Zwölfjährige empfiehlt sich der Kindersitz KID.

TOPSAFE ist serienmäßig mit dem universellen Befestigungssystem ISOFIX ausgestattet, das fehlerhafte Befestigungen des Kindersitzes verhindern hilft. Praxisuntersuchungen ergaben, dass sich die Fehlbedienungsrate damit von 60 auf vier Prozent reduziert. Ein deutlicher Sicherheitsgewinn. ISOFIX ist eine international genormte Schnittstelle zwischen Fahrzeug und Kindersitz. Er besitzt zwei Rasthaken, die einfach in zwei Metallösen zwischen Sitzfläche und Lehne des Fahrzeugsitzes eingerastet werden. Der Kindersitz ist danach fest mit der Karosserie verbunden; der Fahrzeug-Sicherheitsgurt wird nicht mehr benötigt.

ECE-GRUPPEN FÜR KINDERSITZE

Amtlich genehmigte Kindersitze erkennt man am orangefarbenen ECE-Zulassungsschild, das am Sitz angebracht sein muss. Bei Sitzen nach dem neuesten Sicherheitsstandard, zu denen alle im Programm von Mercedes-Benz gehören, beginnt die Genehmigungsnummer mit „03". Auf dem Label ist auch der Gewichtsbereich festgehalten, für den der Kindersitz geeignet ist. Die in Europa gültigen Vorschriften für Kindersitze teilen den Verwendungsbereich in Gruppen ein:

ECE-Gruppe	Körpergewicht	Alter
Gruppe 0	bis 10 kg	ca. 9 Monate
Gruppe 0+	bis 13 kg	ca. 18 Monate
Gruppe I	9 bis 18 kg	ca. 8 Monate bis 4 Jahre
Gruppe II	15 bis 25 kg	ca. 3 1/2 bis 7 Jahre
Gruppe III	22 bis 36 kg	ca. 6 bis 12 Jahre

Präventiver Insassenschutz bevor es kracht –
eine neue Ära der Automobilsicherheit hat begonnen

Früherkennung: PRE-SAFE nutzt die oft sekundenlange Zeitspanne vor einem drohenden Unfall, um vorsorglich Schutzmaßnahmen zu aktivieren.

PRE-SAFE-Phase: Mehrere Sekunden   Crash-Phase: Wenige Millisekunden

Knautschzone, Airbag, Gurtstraffer, Sidebag, Gurtkraftbegrenzer, Windowbag – das sind Meilensteine aus mehr als sechs Jahrzehnten intensiver und erfolgreicher Sicherheitsentwicklung bei Mercedes-Benz. Trotz engagierter Ingenieursarbeit und Perfektionierung der Systeme im Detail ist das Potenzial der passiven Sicherheitstechnik heute weitgehend ausgeschöpft. Man braucht neue Konzepte, um das Niveau der Insassensicherheit weiter zu steigern. Mercedes-Benz hat sie entwickelt und startete im Jahre 2002 mit PRE-SAFE in eine neue Ära der Fahrzeugsicherheit. Denn: Dieses System reagiert auf kritische Fahrsituationen und bereitet Insassen und Fahrzeug auf einen möglichen Unfall vor (siehe auch Seite 26).

PRE-SAFE ist mit den Fahrsicherheitssystemen vernetzt, deren Sensoren solche Fahrmanöver erkennen. Ein Beispiel: Sobald der Autofahrer mithilfe des Brems-Assistenten eine Notbremsung vornimmt, tritt auch PRE-SAFE in Aktion und trifft vorbeugende Schutzmaßnahmen. So verringert ein eigens entwickelter PRE-SAFE-Gurtstraffer die Vorverlagerung von Fahrer und Beifahrer, indem er dank eines starken Elektromotors binnen weniger Millisekunden die Gurtlose reduziert. Bei Messungen der Mercedes-Ingenieure konnte die Vorwärtsbewegung eines Beifahrers, der auf die plötzliche Notbremsung nicht gefasst war, um bis zu 150 Millimeter verringert werden. Dadurch sind Fahrer und Beifahrer beim Aufprall bestmöglich in ihren Sitzen fixiert und haben einen größeren Abstand zur Instrumententafel; die Airbags können dadurch ihre Schutzwirkung bestmöglich entfalten.

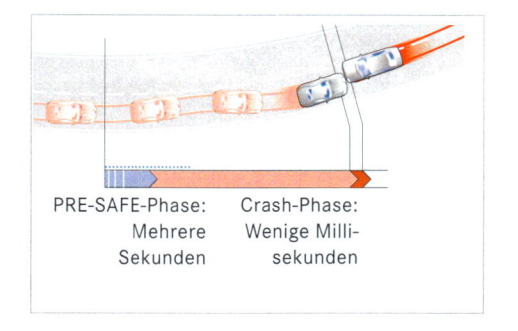

TRENDS UND TECHNIK

Einen ungünstig eingestellten Beifahrersitz bringt PRE-SAFE bei einer Notbremsung mit dem Brems-Assistenten vorsorglich in günstige Positionen: Ist der Sitz zu weit nach vorne eingestellt, wird er automatisch zurückgefahren, während gleichzeitig eine zu weit nach hinten geneigte Rückenlehne aufrecht gestellt wird. Anschließend erfolgt auch eine Anpassung der Sitzkissenneigung. Dafür nutzt PRE-SAFE die starken Elektromotoren des Sitzes, die ihn in Längsrichtung mit einer Geschwindigkeit von bis zu 22 Millimetern pro Sekunde bewegen und den Lehnenwinkel um 3,5 Grad pro Sekunde verändern. PRE-SAFE bringt den Beifahrer in eine

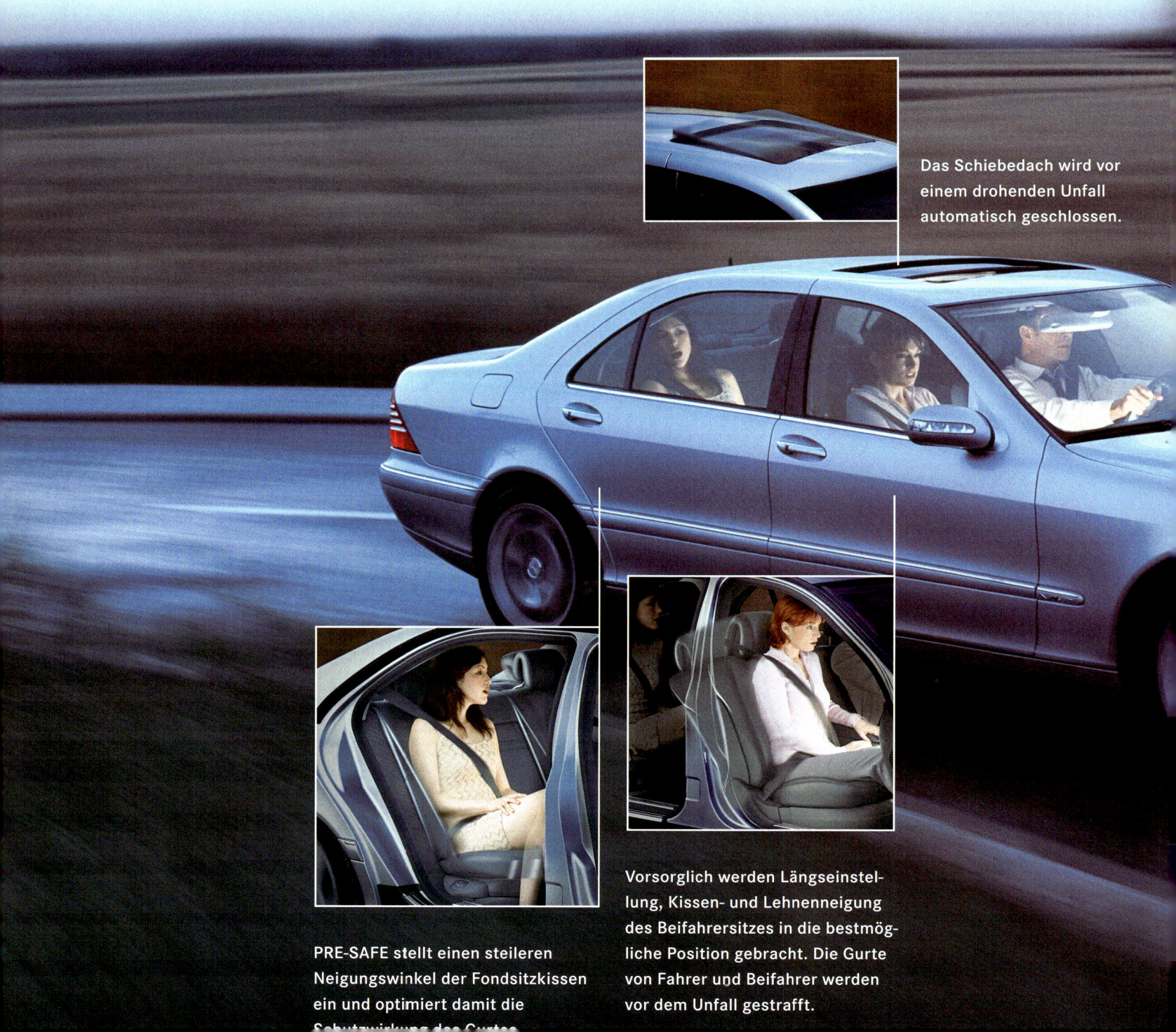

Das Schiebedach wird vor einem drohenden Unfall automatisch geschlossen.

PRE-SAFE stellt einen steileren Neigungswinkel der Fondsitzkissen ein und optimiert damit die Schutzwirkung des Gurtes.

Vorsorglich werden Längseinstellung, Kissen- und Lehnenneigung des Beifahrersitzes in die bestmögliche Position gebracht. Die Gurte von Fahrer und Beifahrer werden vor dem Unfall gestrafft.

IMMER EINEN SCHRITT VORAUS

Sitzposition, die für die Wirksamkeit der Airbags vorteilhaft ist und eine gute Rückhaltewirkung durch den Schultergurt ermöglicht. Überdies verringert sich das Risiko, beim Aufprall unter dem Gurtband nach vorne zu rutschen (Submarining) und sich dadurch zu verletzen. Droht zusätzlich ein Heckaufprall, verbessert die steilere Lehnenneigung die Abstützung des Beifahrers.

Die elektrisch einstellbaren Fondeinzelsitze (Wunschausstattung in der S-Klasse) werden bei einer Notbremsung durch PRE-SAFE ebenfalls besser eingestellt. Befinden sich eines oder beide Sitzkissen in einer sehr flachen Position, wählt PRE-SAFE ei-

TRENDS UND TECHNIK

„Die Zukunft des Automobils" –

Dieser Mercedes-Slogan ist für die Stuttgarter Ingenieure auch weiterhin Auftrag und Verpflichtung

nen steileren Neigungswinkel. Die Gefahr, dass die Fondpassagiere unter dem Gurtband nach vorne rutschen und sich verletzen, verringert sich durch die steilere Kissenneigung deutlich.

PRE-SAFE wird auch in kritischen Fahrsituationen mit hoher Querdynamik aktiv, die das Elektronische Stabilitäts-Programm erkennt. In diesem Fall wird neben der vorsorglichen Gurtstraffung und der Sitzpositionierung automatisch auch das Schiebedach geschlossen. Dieser vorbeugenden Maßnahme liegt die Erkenntnis der Mercedes-Unfallforschung zugrunde, dass heftiges Schleudern die Gefahr eines Überschlags des Fahrzeugs mit sich bringt. Die vorsorgliche Schließung des Schiebedachs reduziert das Risiko, dass Insassen beim Überschlag aus dem Fahrzeug geschleudert werden oder dass von außen Teile in den Auto-Innenraum eindringen und Verletzungen verursachen können.

Alle vorsorglichen PRE-SAFE-Schutzmaßnahmen sind reversibel: Wird der Unfall verhindert, lässt die präventive Straffung des Gurtbandes automatisch nach und die Passagiere können Sitze und Schiebedach in ihre Ausgangspositionen zurückstellen. Der präventive Insassenschutz ist nach jeder vorsorglichen Auslösung sofort wieder einsatzbereit.

Mercedes-Benz betrachtet PRE-SAFE als die logische und konsequente Fortführung seiner langjährigen Philosophie für praxisorientierte Pkw-Sicherheit. Basierend auf dem Wissen der firmeneigenen Unfallforscher schlägt PRE-SAFE erstmals die Brücke zwischen der aktiven und der passiven Fahrzeugsicherheit.

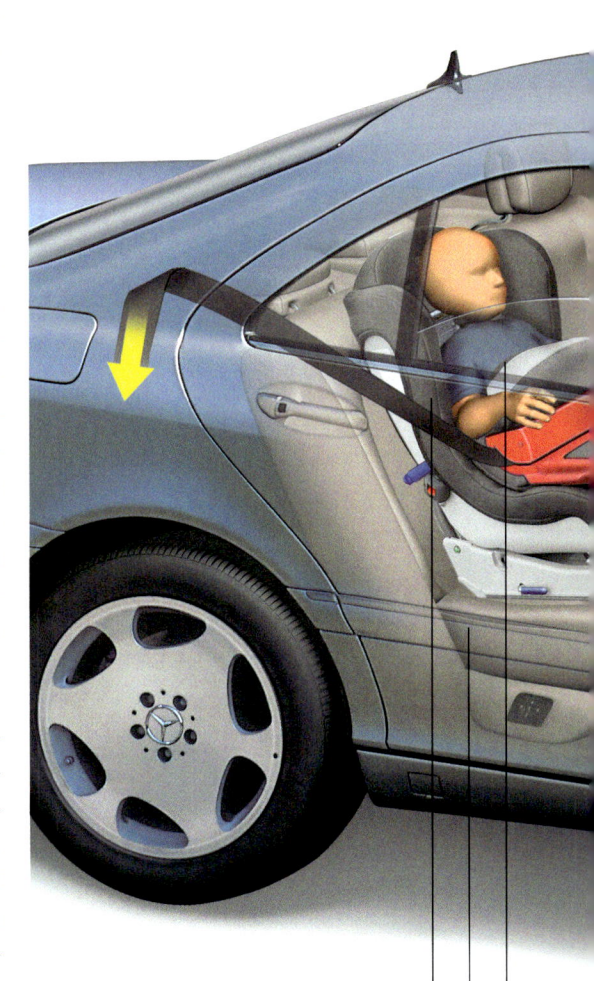

Morgen: Der PRE-SAFE-Kindersitz optimiert die Insassensicherheit kleiner Mitfahrer.

Heute: Die Neigung der Fondsitzkissen wird verbessert.

Morgen: Die Seitenscheiben werden automatisch geschlossen.

IMMER EINEN SCHRITT VORAUS

PRE-SAFE DER NÄCHSTEN GENERATION

Die heutigen PRE-SAFE-Systeme sind die erste Generation eines neuartigen, zukunftsweisenden Mercedes-Sicherheitskonzepts. Die Sindelfinger Ingenieure arbeiten bereits an weiteren Komponenten des vorbeugenden und situationsgerechten Insassenschutzes, den sie als die größte sicherheitstechnische Herausforderung der nächsten Jahre betrachten.

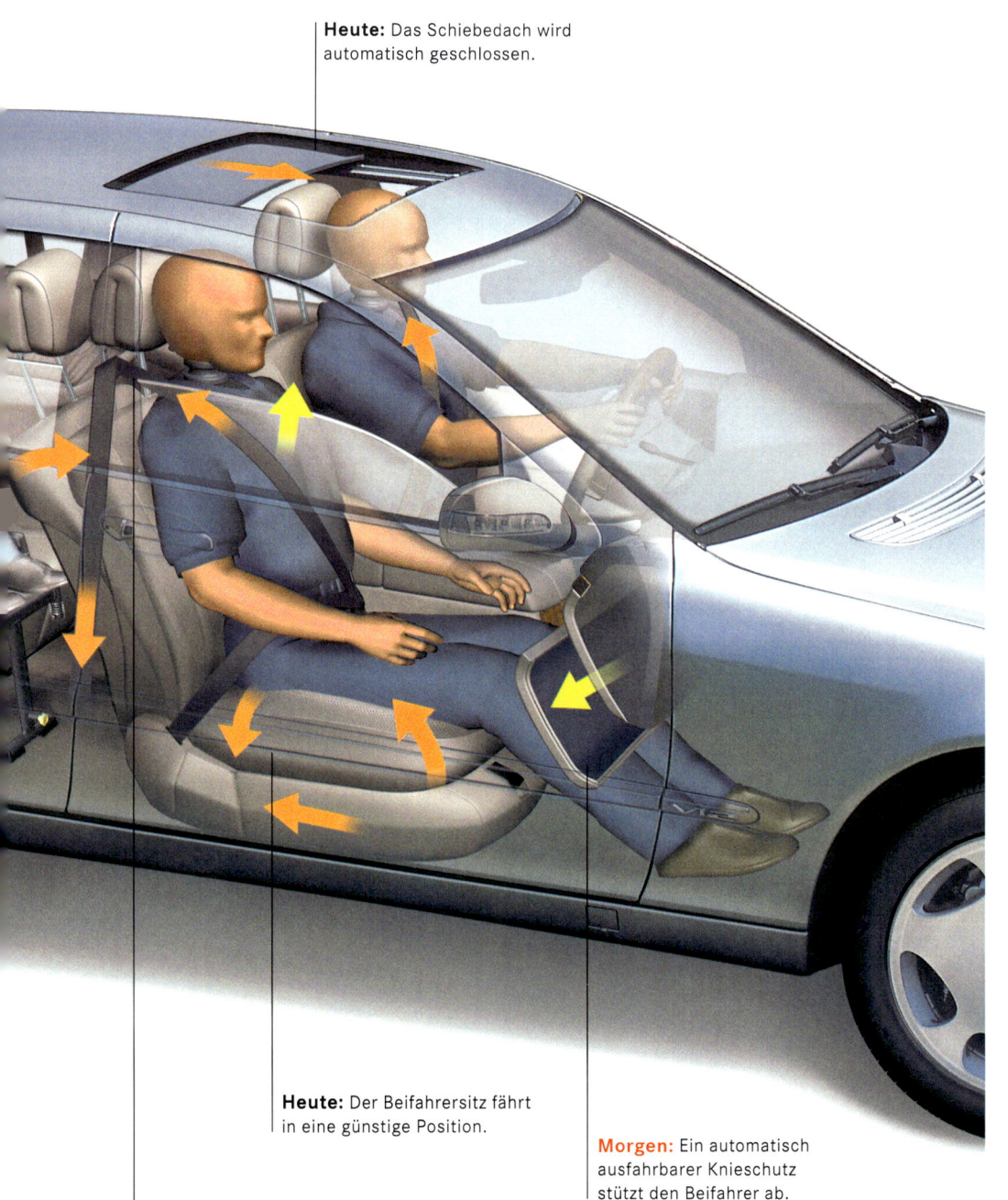

Heute: Das Schiebedach wird automatisch geschlossen.

Heute: Der Beifahrersitz fährt in eine günstige Position.

Morgen: Ein automatisch ausfahrbarer Knieschutz stützt den Beifahrer ab.

Heute: Die Gurte von Fahrer und Beifahrer werden vorsorglich gestrafft.

Vorschau: Das PRE-SAFE-Konzept lässt sich in Zukunft durch weitere Schutzfunktionen erweitern.

TRENDS UND TECHNIK

Das heutige PRE-SAFE-System schafft dafür die Voraussetzungen. Mercedes-Benz wird es in den kommenden Jahren kontinuierlich erweitern – auf zwei Ebenen: durch zusätzliche Präventiv-Maßnahmen im Auto-Innenraum sowie durch eine Umfeldsensorik, die Gefahren bereits vor der Aktivierung von Brems-Assistent oder ESP® „sieht".

Die künftigen PRE-SAFE-Konzepte zur noch besseren Konditionierung der Insassen auf einen drohenden Unfall beinhalten zum Beispiel einen automatisch ausfahrbaren Knieschutz, der den Beifahrer abstützt und beim Aufprall die Belastung der Beine vermindert. Vor einer drohenden Kollision klappt das Kniepolster aus dem Unterteil der Instrumententafel heraus, ist aber genauso reversibel ausgelegt wie der PRE-SAFE-Gurtstraffer. Ist die Unfallgefahr gebannt, zieht sich der Knieschutz wieder zurück. Nach gleichem Prinzip wären auch Türinnenverkleidungen denkbar, die sich vor dem Crash auf die Insassen zubewegen und sie von den Karosseriezonen fernhalten, die bei einem Unfall eventuell ins Wageninnere eindringen können. Ähnliche Stützfunktionen könnten ausfahrbare Verkleidungsteile an den Innenseiten der B-Säulen übernehmen.

Auch kleine Mitfahrer sollen in Zukunft von dem vorausschauenden Insassenschutz profitieren. Mercedes-Benz arbeitet an einem PRE-SAFE-Kindersitz, dessen Gurt mit dem Dreipunkt-Automatikgurt des Fahrzeugs verbunden wird. Dadurch kann die präventive Gurtstraffer-Funktion auch auf den Kindersitz übertragen werden – der kleine Passagier sitzt vor einem drohenden Unfall in der bestmöglichen Position und ist durch den Gurt optimal mit der Karosseriestruktur verbunden. Zusätzlich ist der Mercedes-Kindersitz von morgen mit einem Gurtkraftbegrenzer ausgestattet, der beim Crash die Belastungen des Kindes vermindert.

Wenn PRE-SAFE-Entwickler an die Zukunft denken, stellen Sie sich auch ein auf individuelle Parameter der Insassen abgestimmtes Schutzsystem vor. Denkbar wäre es zum Beispiel, dass Fahrer und Beifahrer vor dem Start den Bordcomputer mit persönlichen Angaben wie Größe, Gewicht, Geschlecht, Alter oder Krankheiten programmieren. Auf Basis dieser Daten lässt sich dann unter anderem der Volumenstrom beim Aufblasen der Airbags, die Kraft der Gurtstraffer oder die Funktion der Gurtkraftbegrenzer individuell einstellen. Zudem könnten PRE-SAFE-Funktionen – etwa die automatische Sitzpositionierung vor einem Unfall – entsprechend der Insassengröße gesteuert werden.

Kernstück: Der reversible Gurtstraffer ist und bleibt das zentrale Element des PRE-SAFE-Systems. Ein Elektromotor strafft das Gurtband vor einem drohendem Unfall.

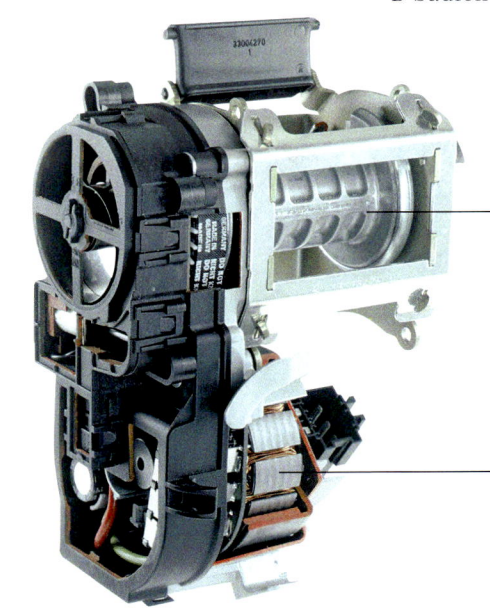

Integrierter Gurtkraftbegrenzer

Starker Elektromotor für die PRE-SAFE-Gurtstraffung

IMMER EINEN SCHRITT VORAUS

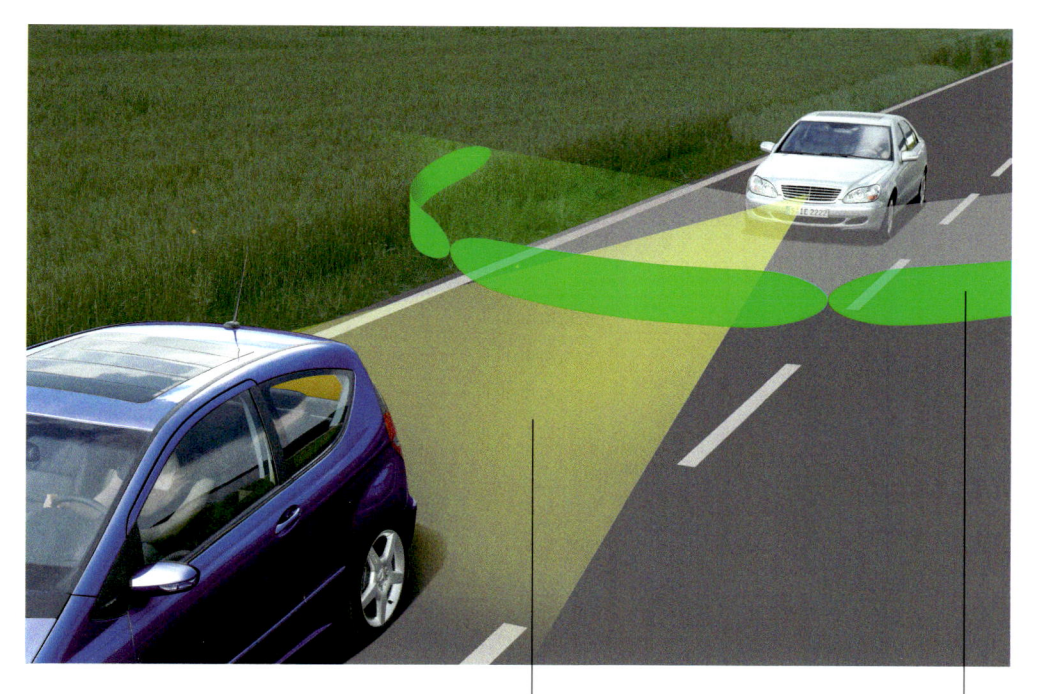

PRE-SAFE-Zukunftsprojekt autonomes Bremsen: Radarsensor und Brems-Assistent arbeiten zusammen.

PRE-SAFE-Zukunftsprojekt Umfeldsensorik: Ein Nahbereichs-Radar erfasst den Bereich vor und neben dem Fahrzeug.

Nahbereich: Mercedes-Ingenieure arbeiten an einer Umfeldsensorik, die mit dem automatischen Brems-Assistenten gekoppelt ist.

UMGEBUNG ERKANNT – GEFAHR GEBANNT

Außerdem entwickeln Mercedes-Ingenieure und DaimlerChrysler-Forscher Systeme, die das nähere Umfeld des Autos auf einer Entfernung von bis zu 30 Metern Entfernung beobachten und so Gefahren noch früher erkennen. In der Erprobung ist ein Nahbereichs-Radar (24 Gigahertz), das in den Stoßfängern Platz findet und mit großem Erfassungswinkel arbeitet. Mit Motor und Bremsanlage gekoppelt, könnte diese Technik zu einem Stop-and-go-Assistenten oder einem vorausschauenden Brems-Assistenten ausgebaut werden: Erkennt der mit dem Nahbereichs-Radar gekoppelte Mikro-Computer, dass plötzlich ein anderes Fahrzeug von der Nachbarspur ausschert, bewertet er blitzschnell Abstand und Relativgeschwindigkeit. Sobald der Fahrer aufs Bremspedal tritt, unterstützt ihn das System und steuert den Bremsvorgang situationsgerecht, denn nicht in jedem Gefahrenmoment ist eine Vollbremsung erforderlich. Mithilfe einer Umfeldsensorik können nach Ansicht der Fachleute zahlreiche Auffahrunfälle verhindert werden.

In weiteren Entwicklungsstufen dienen Radarsensoren als Basis für ein autonomes Bremssystem. Es tritt automatisch in Aktion, wenn nur noch eine Notbremsung hilft, die Kollision zu vermeiden oder deren Folgen für die Insassen zu mindern. In Verbindung mit einer solchen Unfall-Früherkennung können auch Airbag und Gurtstraffer früher aktiviert werden, um die Auto-Passagiere noch besser zu schützen.

TRENDS UND TECHNIK

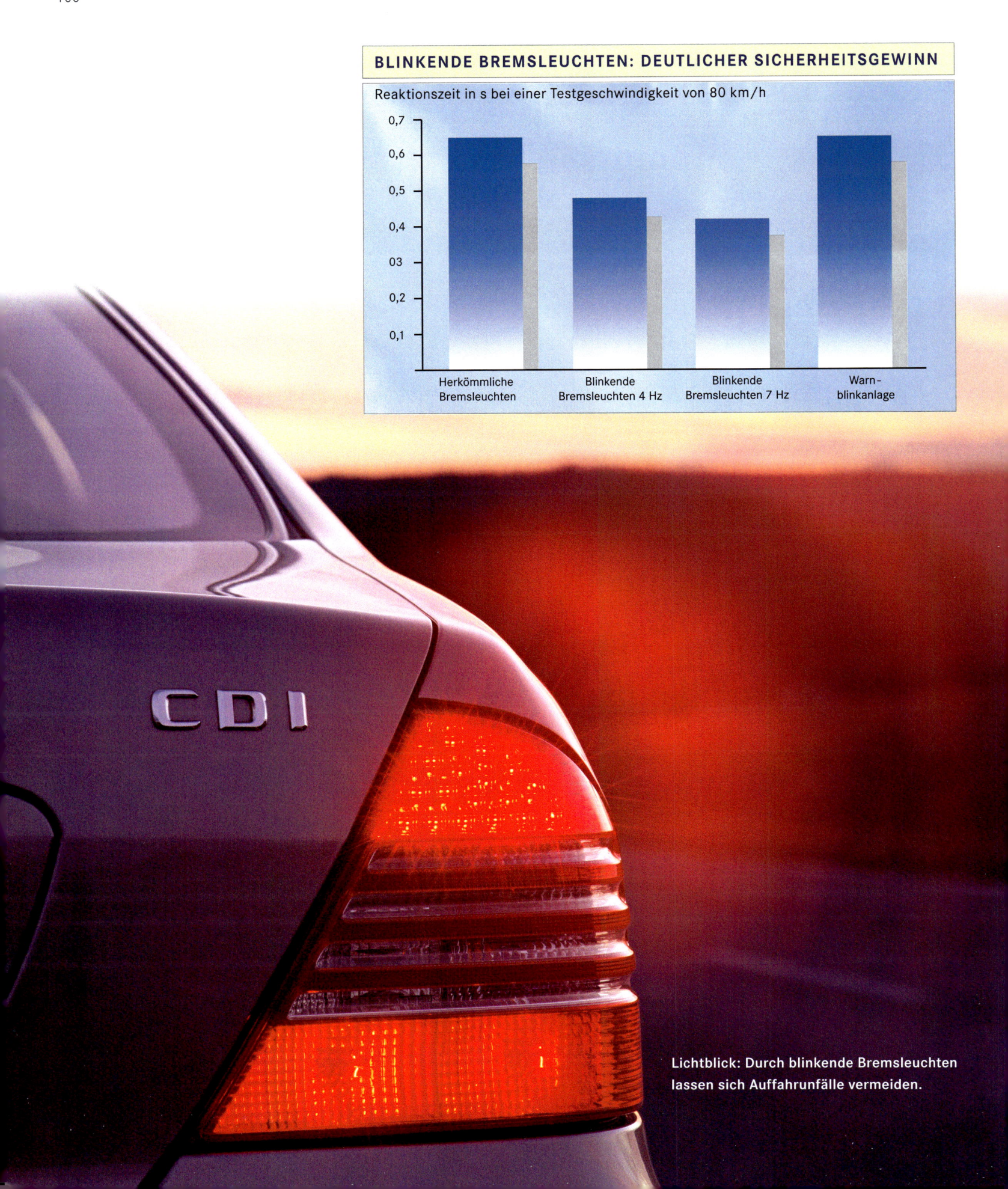

BLINKENDE BREMSLEUCHTEN: DEUTLICHER SICHERHEITSGEWINN

Reaktionszeit in s bei einer Testgeschwindigkeit von 80 km/h

	Herkömmliche Bremsleuchten	Blinkende Bremsleuchten 4 Hz	Blinkende Bremsleuchten 7 Hz	Warn-blinkanlage
	0,65 / 0,58	0,48 / 0,43	0,42 / 0,38	0,66 / 0,58

Lichtblick: Durch blinkende Bremsleuchten lassen sich Auffahrunfälle vermeiden.

Die steigende Zahl der Unfälle im Längsverkehr – sprich: Auffahrunfälle – sind seit einiger Zeit in den Blickpunkt der Sicherheitsingenieure gerückt. Mit dem vorausschauenden Brems-Assistenten haben sie ein System in der Entwicklung, um in Zukunft diesem Trend im Unfallgeschehen in einigen Jahren entgegenzuwirken. Weitaus schneller lässt sich eine Technik verwirklichen, die nachfolgende Autofahrer besser warnt: blinkende Bremsleuchten.

Untersuchungen der Mercedes-Ingenieure zeigen, dass sich die Bremsreaktionen der Autolenker um bis zu 0,2 Sekunden verkürzen, wenn statt des herkömmlichen Bremslichts ein rotblinkendes Warnsignal erfolgt. Das bedeutet zum Beispiel bei Tempo 80 eine Verringerung des Anhaltewegs um rund 4,40 Meter. Am wirkungsvollsten erwiesen sich bei dem Test Bremslichter, die mit einer Frequenz von sieben Hertz blinken. Durch das zusätzliche Einschalten der Warnblinkanlage verkürzt sich die Reaktionszeit der Autofahrer hingegen nur unwesentlich.

ASSISTENT BEIM LENKEN

Das Elektronische Stabilitäts-Programm entwickelt sich Schritt für Schritt zu einem noch wirkungsvolleren Fahrsicherheitssystem: In seiner nächsten Generation wird es die Möglichkeit bieten, den Autofahrer auch durch Lenk-Assistenz zu unterstützen und das Auto zu stabilisieren. So beeinflusst ESP® in fahrdynamisch kritischen Situationen – beispielsweise beim Übersteuern – das Lenkradmoment und gibt dem Fahrer damit das Signal gegenzulenken. Auch beim Bremsen auf einseitig unterschiedlichen Fahrbahnoberflächen hilft die künftige ESP®-Zusatzfunktion bei den Lenkkorrekturen und vermittelt dem Autofahrer einen noch besseren Fahrbahnkontakt.

Die elektronische Vernetzung von Lenkung, Motor und Elektronischem Stabilitäts-Programm schafft die Voraussetzungen für den Lenk-Assistenten. Binnen Sekundenbruchteilen tauschen die einzelnen Steuergeräte zum Beispiel beim Übersteuern des Fahrzeugs Daten über Lenkradwinkel, Fahr- und Giergeschwindigkeit aus, sodass der ESP®-Computer das für die jeweilige Situation notwendige, zusätzliche Lenkradmoment berechnen kann. Die Servo-Unterstützung führt anschließend den entsprechenden Steuerbefehl aus. Für Lenkkorrekturen beim Bremsen werden zusätzlich auch die Informationen der Drehzahlsensoren an den Rädern in die Berechnung einbezogen.

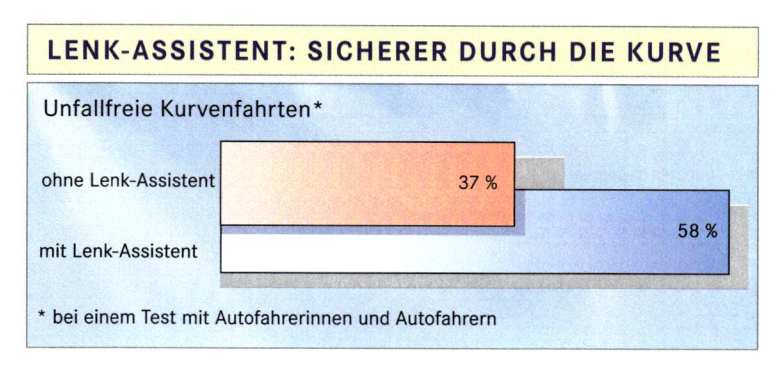

Wie wirkungsvoll diese Assistenz-Funktion ist, hat Mercedes-Benz bei Tests mit Autofahrerinnen und Autofahrern untersucht. Sie bekamen die Aufgabe, eine enge, kurvenreiche Strecke mit konstant 50 km/h zu befahren – ohne zu bremsen. Einige Abschnitte der Teststrecke waren nass und bargen deshalb ein erhöhtes Schleuderrisiko. Die Ergebnisse: Mithilfe des Lenk-Assistenten verliefen 58 Prozent aller Fahrten unfallfrei. Ohne das neue System wurden hingegen nur rund 37 Prozent der Fahrten fehlerfrei absolviert.

LENK-ASSISTENT: SICHERER DURCH DIE KURVE

Unfallfreie Kurvenfahrten*

ohne Lenk-Assistent	37 %
mit Lenk-Assistent	58 %

* bei einem Test mit Autofahrerinnen und Autofahrern

SCHEINWERFER FÜR JEDE SITUATION

Auch auf dem Gebiet der Wahrnehmungssicherheit wird es in einigen Jahren weitere Fortschritte geben. Das aktive Kurvenlicht, das bei Mercedes-Benz bereits im Serieneinsatz ist, markiert den Beginn einer neuen Ära der Scheinwerfertechnik mit verschiedenen Lichtfunktionen, die sich in Zukunft automatisch der jeweiligen Fahrsituation anpassen. Gemeinsam mit Partnern aus der Zulieferindustrie wird Mercedes-Benz auch diese intelligenten, adaptiven Systeme in den kommenden Jahren bis zur Serienreife entwickeln und damit weitere Beiträge für noch mehr Sicherheit und höheren Komfort bei Nachtfahrten leisten.

Die Vorentwicklungen laufen seit einigen Jahren im Rahmen des Projekts „Adaptive Front Lighting System" (AFS), an dem sich führende Automobilhersteller sowie verschiedene Unternehmen der Kraftfahrzeugausrüstung beteiligen. Sobald die gesetzlichen Rahmenbedingungen geschaffen sind, können die neuartigen Lichtfunktionen voraussichtlich ab 2005 in Serie gehen.

Auf Basis des herkömmlichen Abblendlichts wollen die Ingenieure in Zukunft verschiedene neuartige Lichtfunktionen realisieren, die sich aufgrund von Sensor-Informationen automatisch je nach Fahr- oder Verkehrssituation zuschalten:

- **Stadtlicht:** Im Stadtverkehr ist unmittelbar vor dem Fahrzeug eine möglichst breite Lichtverteilung vorteilhaft, um bei Dunkelheit Einmündungen, Kreuzungen, Fußgänger- oder Radwege besser zu beleuchten. Das geplante Stadtlicht leuchtet die Fahrbahn und ihre Randbereiche breitflächig aus; es schaltet sich bei einer Geschwindigkeit unterhalb von 60 km/h automatisch zu.

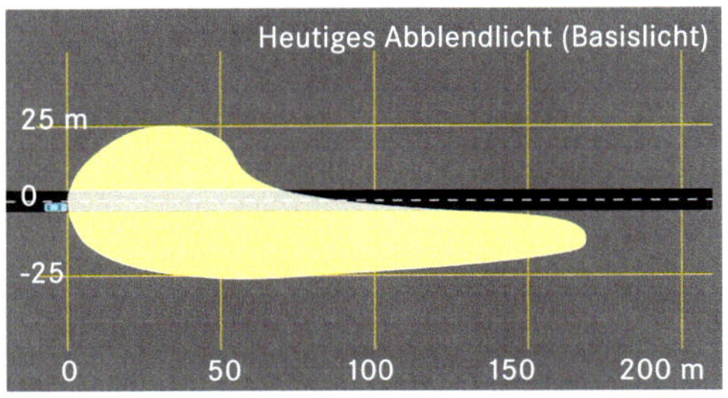

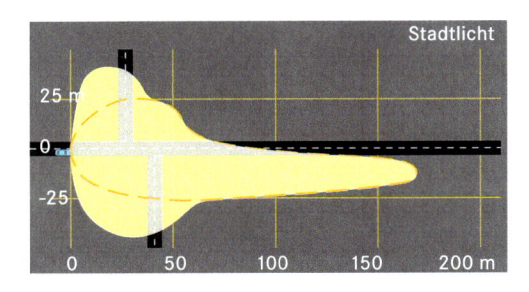

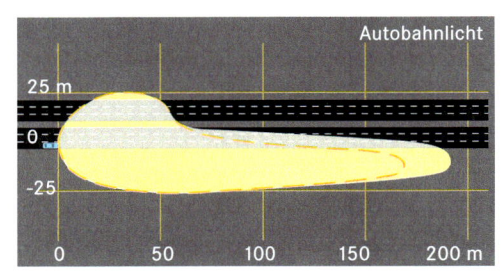

Multitalent: Die Autoscheinwerfer von morgen passen sich der jeweiligen Fahrsituation an und bieten dadurch noch mehr Sicherheit.

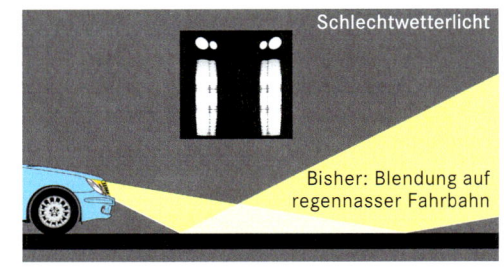

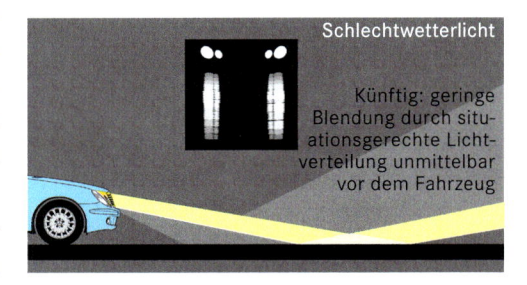

- **Autobahnlicht:** Bei höherem Fahrtempo schaltet sich bei den Personenwagen der Zukunft automatisch diese neuartige dynamische Lichtfunktion zu. Mit ihrer Hilfe vergrößert sich die Sichtweite gegenüber dem herkömmlichen Abblendlicht um bis zu 30 Prozent. Dies geschieht zum Beispiel durch eine adaptive Steigerung der Glühlampenleistung oder durch Anhebung der Hell-Dunkel-Grenze um bis zu 0,5 Prozent im asymmetrischen Teil des Lichtverlaufs. Auf diese Weise wird die Blendung vorausfahrender oder überholter Fahrzeuge vermieden.
- **Schlechtwetterlicht:** Blendungen der Autofahrer durch Scheinwerferlicht, das auf regennassen Fahrbahnen reflektiert, wollen die Lichtentwickler in Zukunft mithilfe eines speziellen Schlechtwetterlichts verhindern. Dabei wird die so genannte Vorfeldausleuchtung in dem Bereich reduziert, der in den Gegenverkehr reflektiert. So bietet diese neuartige Lichtfunktion sowohl dem Autofahrer als auch dem Gegenverkehr bei schlechten Wetterbedingungen ein deutliches Sicherheitsplus.

Für diese neuartigen adaptiven Lichtfunktionen sind eine aufwändige Sensorik und leistungsfähige elektronische Steuergeräte erforderlich. Die intelligenten Automobilscheinwerfer der Zukunft werden mit Mikro-Computern ausgestattet, die via Datenbus mit anderen Systemen des Fahrzeugs verbunden sind und deren Sensor-Informationen nutzen. Bestimmte Sensoren, die zum Beispiel durch Abstandsmessung das Verkehrsgeschehen, das Fahrtempo und die Sichtverhältnisse bestimmen, lassen sich auch direkt in die Scheinwerfer integrieren. Auch die präzisen Streckendaten des bordeigenen Navigationssystems können in Zukunft für eine vorausschauende und situationsgerechte Steuerung der Scheinwerfer genutzt werden.

Vision: Um die Scheinwerfer situationsgerecht zu steuern, lassen sich in Zukunft auch die Streckendaten des Navigationssystems nutzen.

Weitblick: An Bord des Forschungsfahrzeugs F 500 Mind erprobt Mercedes-Benz ein neuartiges Nachtsichtsystem, das die Sichtweite des Autofahrer deutlich vergrößert.

WEITSICHT MIT INFRAROT-LASER

Neben neuen adaptiven Lichtfunktionen arbeiten Automobil-Ingenieure an einem Infrarot-Laser-Nachtsichtsystem, mit dem sie die Sichtweite des Autofahrers bei eingeschaltetem Abblendlicht deutlich vergrößern wollen – von derzeit rund 40 auf etwa 150 Meter. Im Forschungsfahrzeug F 500 Mind wird diese Technologie derzeit erprobt und weiterentwickelt.

Das Infrarot-Laser-Licht ist für das menschliche Auge nicht sichtbar und blendet somit entgegenkommende Autofahrer nicht. Es beleuchtet Fußgänger oder Radfahrer, die auf der Fahrbahn unterwegs sind, und macht parkende Autos oder andere Hindernisse weitaus früher sichtbar als herkömmliche Scheinwerfer – vor allem bei Gegenverkehr. Eine Videokamera an der Innenseite der Frontscheibe nimmt das reflektierte Bild der Straßenszene auf und wandelt es in eine Schwarz-Weiß-Darstellung um, die auf einem Multivision-Display im Cockpit des Forschungswagens erscheint und somit gut im Blickfeld des Fahrers liegt.

Für die Nachtsicht-Darstellung genügt es, wenn die Laser-Scheinwerfer in regelmäßigen Abständen extrem kurze Lichtimpulse ausstrahlen. Die hoch empfindliche Kamera ist darauf synchronisiert und öffnet ihre Blenden nur während der Lichtimpulse. So wird verhindert, dass die Kamera vom sichtbaren Licht entgegenkommender Fahrzeuge geblendet wird. Zusätzlich sorgen spezielle Filter vor dem Objektiv dafür, dass nur so viel Licht in die Kameras gelangt wie nötig.

TRENDS UND TECHNIK

Schräglage: Beim Forschungsfahrzeug F 400 Carving neigen sich die Räder in der Kurve zur Seite. So lassen sich höhere Seitenführungskräfte erzielen.

NEUE DIMENSIONEN DER FAHRDYNAMIK

Wie der F 500 Mind verkörpert auch das Forschungsfahrzeug F 400 Carving ein attraktives und zugleich intelligentes Stück automobiler Zukunft. Bei seiner Konzeption stand das Thema Fahrwerkstechnik im Vordergrund: Der offene Zweisitzer zeigt Ideen für ein völlig neuartiges System, das Fahrsicherheit, Fahrdynamik und Fahr-Erlebnis nochmals deutlich steigert.

Bereits der Beiname „Carving" deutet an, was sich hinter der Fahrwerkstechnik des Forschungswagens verbirgt: Zwei seiner Räder verhalten sich in Kurven stets so wie die „Carver" auf den Skipisten, um ein Höchstmaß an Tempo und Dynamik zu erzielen: Sie neigen sich zur Seite und fahren auf einem speziell für Kurven optimierten Laufstreifen, der sich durch besonders hohen Reibwert auszeichnet und somit für optimale Fahrstabilität sorgt.

Maximal 20 Grad beträgt der variable Sturzwinkel, den das computergesteuerte System des F 400 Carving jeweils nur bei den kurvenäußeren Rädern einstellt. Die Reifen an der Kurveninnenseite bleiben – ebenso wie die Karosserie – in Normalposition.

Die aktive Sturzverstellung ist das Ergebnis eines langjährigen Forschungsprojekts, das mit Computersimulationen und Prüfstandsversuchen begann. Seit kurzem ist es reif für die Praxisforschung, die bereits viel versprechende Ergebnisse brachte: Im Vergleich zu heutigen Pkw-Fahrwerken lassen sich durch die aktive Sturzverstellung des F 400 Carving bei Kurvenfahrt bis zu 30 Prozent höhere Seitenführungskräfte und bis zu 15 Prozent höhere Längskräfte erzielen. In Zahlen: Beträgt die maximale Seitenkraft am Rad bei einem Sturz von Null Grad normalerweise rund 6200 Newton, so steigt dieser Wert bei minus 10 Grad Sturz auf etwa 6900 Newton und bei minus 20 Grad sogar auf rund 7800 Newton. Aufgrund der hohen Seitenkräfte an den kurvenäußeren Rädern ist die Querbeschleunigung des F 400 Carving um bis zu 28 Prozent größer als bei Sportwagen mit konventioneller Fahrwerkstechnik. Neigen sich die kurvenäußeren Räder des F 400 Carving um 20 Grad, so erreicht der Forschungswagen eine maximale Querbeschleunigung von 1,28 g.

Dieser beachtliche Wert ist nicht nur ein Indiz für höhere Kurvendynamik und sportliche Agilität, er bedeutet ebenfalls einen beachtlichen Zugewinn an Fahrsicherheit – vor allem in Notsituationen wie (zu) schnell angefahrenen Kurven oder bei plötzlichen Ausweichmanövern. Der F 400 Carving bleibt über längere Zeit und bei höherer Geschwindigkeit spurstabiler als ein Auto mit konventioneller Fahrwerkstechnik.

ZWEI REIFEN-KONZEPTE IN EINEM

An diesen Resultaten haben die Reifen maßgeblichen Anteil: Die aktive Sturzverstellung ermöglicht ein völlig neuartiges Konzept, das erstmals kompromisslos die Vorteile eines Pkw-Reifens mit denen eines Motorradreifens verbindet. Asymmetrie ist das Prinzip dieser Reifentechnologie, die Automobilforscher von DaimlerChrysler und Pirelli gemeinsam entwickelt haben: Asymmetrisch sind Profil, Laufflächenmischung und Kontur der F 400-Reifen.

An seiner Innenseite zeichnet sich der Reifen durch eine abgerundete Lauffläche für perfektes Kurven-Handling aus, während die äußere Reifenschulter ein bewährtes Pkw-Profil mit guten Geradeauslaufeigenschaften und hohem Geräuschkomfort zeigt. Dabei nutzen die Fachleute erstmals den physikalischen Effekt, wonach ein Reifen mit gekrümmter Lauffläche bei großen Sturzwinkeln höhere Seitenkräfte übertragen kann als ein her-

TRENDS UND TECHNIK

kömmlicher Reifen. Die asymmetrische Lauffläche ist möglich, weil die Innenseiten der Reifen nur dann mit der Fahrbahn in Kontakt kommen, wenn die aktive Sturzverstellung die kurvenäußeren Räder zur Seite neigt. So können die Ingenieure die Innenschultern der Reifen gezielt nur auf eine Aufgabe abstimmen und optimieren: hohe Kurvensicherheit.

Die Gummirezeptur der F 400-Reifen spielt dabei eine ebenso wichtige Rolle. Denn durch innen liegende Zonen mit weicherer Laufflächenmischung lässt sich die Kraftübertragung – sprich: Fahrbahnhaftung – in Kurven nochmals deutlich steigern.

STURZVERSTELLUNG: HÖHERE SEITENFÜHRUNGSKRAFT IN DER KURVE

Seitenkraft in Newton

Sturzwinkel	Seitenkraft
0°	6200
10°	6900
20°	7800

Dank seiner asymmetrischen Kontur und seiner speziellen Gummirezeptur löst der neu entwickelte Reifen den bisherigen Zielkonflikt zwischen maximaler Kurvensicherheit und hoher Fahrdynamik einerseits und hoher Laufleistung sowie guten Geradeauslaufeigenschaften andererseits. Durch die aktive Sturzverstellung lassen sich also erstmals in einem Reifen zwei unterschiedliche Konzepte verwirklichen.

Um bei Kurvenfahrt hohe Seitenführungskräfte zu übertragen, ist jedoch auch eine ausreichend große Aufstandsfläche der Reifen erforderlich. Nur: Je größer der Radsturz, desto kleiner ist bei einem serienmäßigen Reifen die aktive Aufstandsfläche. Insofern böte die Fahrwerkstechnologie des F 400 Carving prinzipbedingte Nachteile, hätten die DaimlerChrysler-Ingenieure nicht eine neuartige Felge entwickelt. Sie hat zwei verschieden große Durchmesser: 17 Zoll an der kurvenaktiven Innenseite und 19 Zoll an der Außenseite. So ist einerseits gewährleistet, dass der Forschungswagen bei Geradeausfahrt nur auf dem nicht gekrümmten Laufstreifenanteil rollt und dass andererseits dank des kleineren Innendurchmessers in Kurven eine möglichst große Aufstandsfläche zur Verfügung steht.

Mit der aktiven, computergesteuerten Sturzverstellung und dem asymmetrischen Reifenkonzept sind die Forscher von Daimler-Chrysler ihrem Ziel ein Stück näher gekommen, die vorbildliche Fahrsicherheit und Fahrdynamik der Mercedes-Personenwagen in Zukunft noch weiter zu verbessern. Dabei stehen sie erst am Anfang eines interessanten Forschungsprojekts, denn die innovative Technologie bietet neben größerer Querbeschleunigung und vorbildlicher Kurvenstabilität auch in anderen Fahrsituationen beachtliche Vorteile. So können bei Schleudergefahr kurzzeitig eines oder mehrere Räder in eine genau berechnete Schrägneigung gebracht werden, um auf diese Weise die Seitenführungskräfte zu erhöhen. Bei einer Notbremsung können blitzschnell alle vier Räder des Forschungswagens so eingestellt werden, dass nur die Innenseiten der Reifen mit ihrer reibwertoptimierten Laufflächenmischung Fahrbahnkontakt haben. So verkürzt sich der Bremsweg aus 100 km/h um gut fünf Meter.

Mit dem F 400 Carving wollen die Stuttgarter Forschungsingenieure diese und andere Potenziale des neuartigen Systems in der Praxis untersuchen und den Weg für weitere Entwicklungsprojekte ebnen.

Eines steht jedoch schon heute fest: Mit der aktiven, computergesteuerten Sturzverstellung schlägt die DaimlerChrysler-Forschung ein neues Kapitel der Fahrwerkstechnik auf und macht abermals neugierig – auf die Zukunft des Automobils.

TRENDS UND TECHNIK

VON ABC BIS WINDOWBAG
30 Begriffe der Pkw-Sicherheitstechnik und ihre Bedeutung

ABC Active Body Control
ABC passt die Federung in Sekundenbruchteilen der jeweiligen Fahrsituation an. Dadurch verringern sich die Karosseriebewegungen, zum Beispiel beim Anfahren, bei Kurvenfahrt oder beim Bremsen, fast vollständig. Außerdem wird die tatsächliche Fahrzeugbeladung für die aktive Fahrwerksregelung berücksichtigt (▶ Seite 71).

ABBIEGELICHT
Sobald der Autofahrer den Blinker betätigt oder das Lenkrad einschlägt schaltet sich das Abbiegelicht bei einer Geschwindigkeit von maximal 40 km/h zu und leuchtet den Bereich seitlich vor dem Auto bis zu 65 Grad und rund 30 Meter weit aus. So werden Fahrbahnbereiche sichtbar, die mit herkömmlichen Scheinwerfern im Dunkeln bleiben (▶ Seite 87).

ABS Anti-Blockier-System
ABS verhindert bei Vollbremsungen das Blockieren der Räder und gewährleistet somit, das der Wagen lenkbar bleibt. Deshalb können Autofahrer zur Vermeidung eines Unfalls gleichzeitig bremsen und lenken – und damit gezielt ausweichen (▶ Seite 78).

AIRBAG
Das Luftpolster ist beim Unfall millisekundenschnell zur Stelle und fängt Fahrer und Beifahrer auf. In den modernen Mercedes-Personenwagen arbeiten die Front-Airbags adaptiv: Sie können sich in zwei Stufen entfalten und passen sich so der jeweiligen Unfallsituation an (▶ Seite 91).

AKSE
Mit dem Kürzel AKSE bezeichnet Mercedes-Benz eine automatische Kindersitz-Erkennung für den Beifahrersitz: Wird ein speziell ausgerüsteter Mercedes-Kindersitz mit Transponder installiert, deaktiviert das System den Beifahrer-Airbag (▶ Seite 98).

ASR Antriebs-Schlupf-Regelung
ASR verhindert das Durchdrehen der angetriebenen Räder beim Anfahren und Beschleunigen durch gezielte, kurzzeitige Brems-Impulse und/oder durch Verringerung des Motor-Drehmoments. Die Antriebs-Schlupf-Regelung ist Bestandteil des Elektronischen Stabilitäts-Programms (▶ Seite 78).

BAS Brems-Assistent-System
Der Brems-Assistent tritt in Aktion, wenn Autofahrer in kritischen Momenten schnell, aber nicht kraftvoll genug auf das Bremspedal treten. In diesen Fällen baut der Brems-Assistent binnen Sekundenbruchteilen automatisch die maximale Bremskraftverstärkung auf (▶ Seite 79).

BI-XENON
Bi-Xenon bedeutet, dass für Fern- und Abblendlicht nur jeweils eine Xenon-Lampe erforderlich ist: Während beim Fernlicht der gesamte Lichtstrom genutzt wird, schiebt sich beim Umschalten auf Abblendlicht eine Blende zwischen Lampe und Linsenoptik, die einen Teil des Lichtbündels abdeckt (▶ Seite 86).

DISTRONIC
Der Abstandsregel-Tempomat DISTRONIC basiert auf einem Radarsensor in der Kühlermaske, der das Verkehrsgeschehen vor dem Fahrzeug beobachtet. Vorausfahrende Autos reflektieren die Radar-Impulse, wobei die Laufzeit der Signale zur Berechnung des Abstands und die gleichzeitige Frequenzänderung zur Bestimmung der Relativgeschwindigkeit zwischen beiden Fahrzeugen dient. Verringert sich der Abstand, nimmt die DISTRONIC automatisch Gas weg oder aktiviert – falls notwendig – die Bremse (▶ Seite 60).

4ETS Four Wheel Electronic Traction System
4ETS arbeitet in der Mercedes-Benz G- und M-Klasse. Es bremst durchdrehende Räder gezielt ab und erhöht dadurch die Traktion an den Rädern mit guter Bodenhaftung.

ESP® Elektronisches Stabilitäts-Programm
ESP® verringert die Schleudergefahr und hilft dem Autofahrer, kritische Situationen besser zu meistern. Während der Fahrt vergleicht der ESP®-Computer das tatsächliche Fahrzeugverhalten ständig mit errechneten Sollwerten. Weicht das Auto von der durch die Lenkbefehle des Fahrers vorgegebenen Linie ab, greift das System blitzschnell nach einer speziell entwickelten Logik ein und stabilisiert das Auto durch genau dosierte Brems-Impulse an einem oder mehreren Rädern und/oder durch Verringerung des Motor-Drehmoments (▶ Seite 74).

EURO-NCAP
Euro-NCAP ist ein Zusammenschluss unabhängiger europäischer Verbraucherverbände und Verkehrsministerien, des ADAC, der EU-Kommission und der FIA Foundation. Die Organisation hat ein mehrteiliges Testprogramm entwickelt, um die Verbraucher auf Basis ausgewählter Crash-Tests über die Sicherheit neuer Personenwagen zu informieren (▶ Seite 21).

GURTKRAFTBEGRENZER
Der Gurtkraftbegrenzer verringert beim Unfall die Brustbelastungen der Insassen (▶ Seite 92).

GURTSTRAFFER

Der Gurtstraffer reduziert die so genannte Gurtlose, den prinzipbedingten Leerweg des Gurtbandes. Beim Unfall zieht er blitzschnell loses Gurtband straff und sorgt dafür, dass die Insassen durch eng anliegende Gurte noch besser mit der Fahrgastzelle verbunden sind und frühzeitig an den Verzögerungen der Karosseriestruktur teilnehmen (▶ Seite 92).

HEAD/THORAX-SEITENAIRBAG

Der seitliche Luftsack kommt in den Cabrios und Roadstern von Mercedes-Benz und in der neuen A-Klasse zum Einsatz. Er befindet sich den Sitzlehnen und entfaltet sich beim Seitenaufprall zu einem asymmetrisch geformten Luftkissen, das Kopf und Brustbereich der Insassen schützt (▶ Seite 95).

KOMPATIBILITÄT

Dieser Begriff beschreibt die Stoßverträglichkeit unterschiedlicher Fahrzeuge und Fahrzeugkonzepte. Größere Mercedes-Personenwagen sind kompatibel konstruiert und absorbieren beim Zusammenstoß auch einen Teil der Aufprallenergie des Unfallgegners. So werden die Insassen kleinerer Fahrzeuge nicht benachteiligt (▶ Seite 27).

KONDITIONSSICHERHEIT

Die Entwicklungsdisziplin beschreibt die Eigenschaft eines Automobils, die geistige und körperliche Kondition seines Fahrers zu erhalten und teilweise sogar zu verbessern. So kann er sich besser auf das Verkehrsgeschehen konzentrieren und schont seine Leistungsreserven, um in kritischen Situationen sicher handeln zu können (▶ Seite 56).

KURVENLICHT

Die Scheinwerfer folgen dem Lenkradeinschlag und leuchten Kurven weitaus besser aus. Das Kurvenlicht arbeitet sowohl in der Abblend- als auch in der Fernlichtfunktion (▶ Seite 86).

LINGUATRONIC

Mithilfe der LINGUATRONIC lassen sich Autotelefon, Audiogeräte und Navigationssystem per Sprachbefehl bedienen. Damit leistet Mercedes-Benz einen wichtigen Beitrag zur Verkehrssicherheit, denn Autofahrer müssen die Hände nicht mehr vom Lenkrad nehmen, um Autotelefon oder Audiogeräte zu bedienen. So entlastet die LINGUATRONIC den Fahrer, der sich ganz auf das Verkehrsgeschehen konzentrieren kann, und bietet ihm obendrein deutlich mehr Komfort (▶ Seite 51).

4MATIC

Den permanenten Allradantrieb 4MATIC bietet Mercedes-Benz in der C-, E- und S-Klasse an. Das intelligente Zusammenspiel der 4MATIC mit dem Elektronischen Stabilitäts-Programm unterstützt Autofahrer, kritische Situationen sicher und souverän zu meistern. So erreichen die 4MATIC-Modelle bei widrigen Wetterverhältnissen wie Eis, Schnee oder Nässe, ebenso beim Anfahren, beim Beschleunigen oder auf schlechtem Fahrbahnbelag ein noch höheres Maß an Traktion und Dynamik.

PRE-SAFE

Das Insassenschutzsystem aktiviert vor einem möglichen Unfall präventive Schutzmaßnahmen. Dazu gehört zum Beispiel die sekundenschnelle Straffung des Gurtbandes, sodass sich Fahrer und Beifahrer schon vor einer drohenden Kollision in der bestmöglichen Sitzposition befinden und die Airbags beim Aufprall optimal arbeiten können. (▶ Seite 99).

SANDWICH-KONZEPT

Motor und Getriebe der Mercedes-Benz A-Klasse befinden sich in Schräglage teils vor, teils unter der Karosserie. Bei einem schweren Frontalaufprall können sie nach unten abgleiten und dringen deshalb nicht in den Fahrgastraum ein (▶ Seiten 24 und 94).

SBC™ Sensotronic Brake Control

Bei dem elektrohydraulischen Bremssystem Sensotronic Brake Control wird der Bremswunsch des Autofahrers auf elektronischem Wege an einen leistungsfähigen Mikro-Computer übertragen, der zugleich verschiedene Sensordaten über den aktuellen Fahrzustand verarbeitet. Auf dieser Grundlage berechnet und dosiert das System für jedes Rad den optimalen Bremsdruck.

SIDEBAG

Der in den Türen oder in den Sitzlehnen integrierte Sidebag entfaltet sich beim Seitenaufprall und schützt den Brustbereich der Insassen (▶ Seite 94).

SRS Supplemental Restraint System

Oberbegriff für alle modernen Schutzsysteme an Bord der Mercedes-Personenwagen, die neben den Sicherheitsgurten bestmögliche Insassensicherheit bieten: Airbags, Sidebags, Windowbags, Automatikgurte, Gurtstraffer und Gurtkraftbegrenzer.

ÜBERROLLSCHUTZ

Der Überrollschutz der SL-Sportwagen und des CLK-Cabriolets stellt sich bei Unfallgefahr automatisch, innerhalb von nur 0,3 Sekunden, auf.

WINDOWBAG

Der Windowbag besteht aus mehreren Kammern und erstreckt sich im aufgeblasenen Zustand von der A- bis zur C-Säule. Er bietet damit beim Seitenaufprall einen großflächigen Kopfschutz (▶ Seiten 24 und 95).

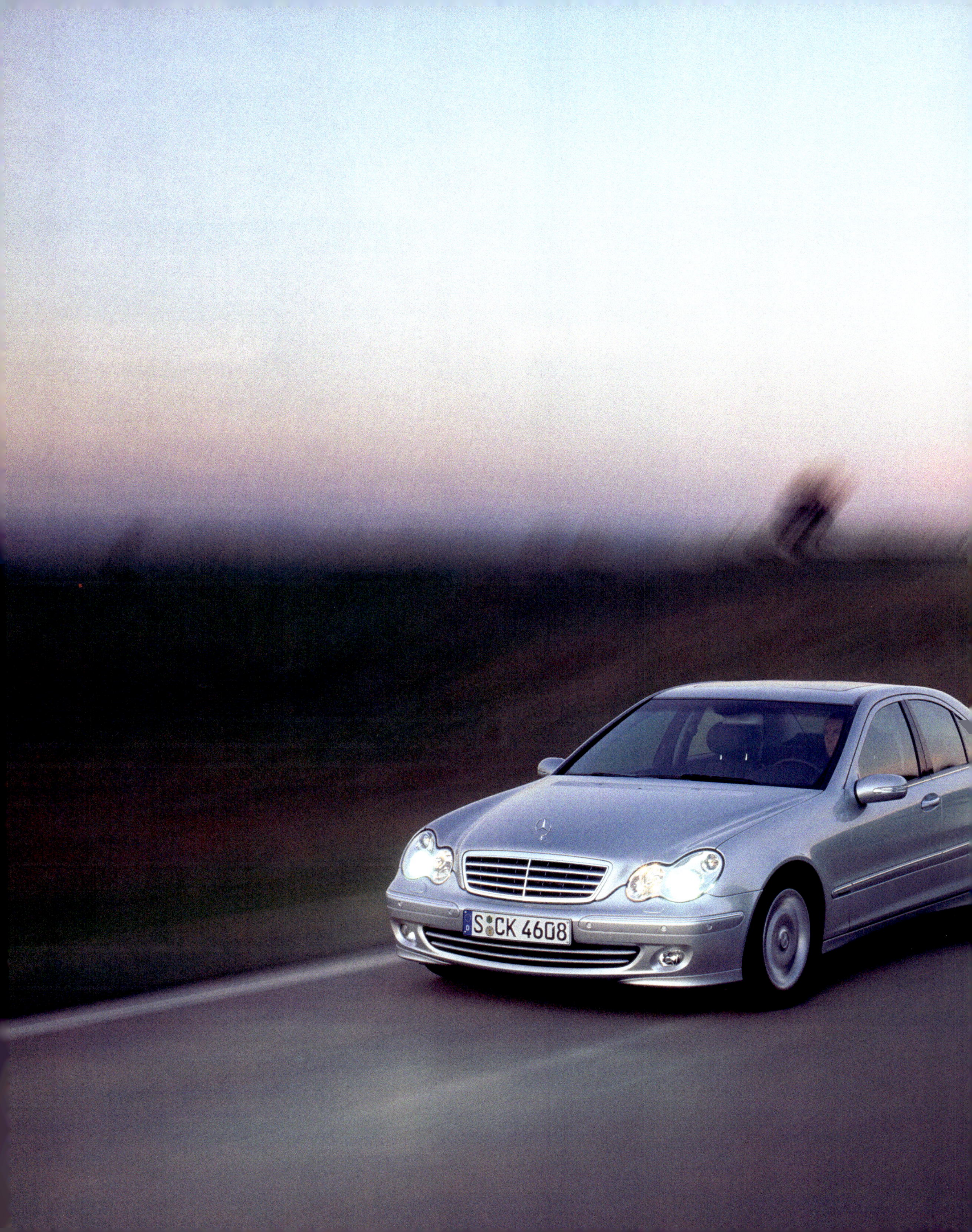
S CK 4608

THEORIE UND PRAXIS
Der siebte Sinn

Bei der Mehrzahl der Verkehrsunfälle lautet die Diagnose: menschliches Versagen. Autofahrer verunglücken, weil sie kritische Situationen zu spät erkennen und falsch reagieren. Oder weil sie ihr Fahrkönnen überschätzen und zu viel wagen. Der Autofahrer als Sicherheitsfaktor: Durch defensive, vorausschauende Fahrweise lassen sich Unfälle vermeiden – bei noch mehr Fahrspaß.

Grundeinstellung: Fahrspaß ist nicht nur eine Frage von Tempo und Dynamik. Wer seinen Wagen sicher im Griff hat, sich defensiv verhält und mit dem „siebten Sinn" für Gefahren unterwegs ist, hat dauerhaft Freude am Fahren – und kann maßgeblich dazu beitragen, die Unfallzahlen zu senken.

Mensch, Auto, Umfeld – das ist der Regelkreis, der die Sicherheit auf unseren Straßen bestimmt.

Einer der Faktoren gilt seit jeher als unkalkulierbar: der Mensch.

Ein Verkehrsumfeld mit griffigen Fahrbahnen, übersichtlichen Kreuzungen und modernen Sicherheitseinrichtungen kann man bauen; Autos mit zuverlässiger Technik zur Vermeidung von Unfällen und für bestmöglichen Insassenschutz sind in allen Fahrzeugklassen verfügbar. Doch eines wird es nie geben: den fehlerfreien Autofahrer – auch wenn manche das Gegenteil von sich behaupten.

Man spricht vom „siebten Sinn" und meint damit jenes unbewusste Gespür für Unfallgefahren, das gute Autofahrer auszeichnet. Das ist nicht angeboren, sondern entwickelt sich vor allem durch Routine, Fahrpraxis, Erfahrung – und mit der richtigen Einstellung im Kopf. Denn nicht der schnellste und fahrtechnisch versierteste Autolenker ist der beste, sondern derjenige, der mit seiner Fahrweise dazu beiträgt, die Gefahren im Straßenverkehr zu verringern und im Notfall weiß, wie er sich verhalten muss.

Partnerschaftliches Verhalten ist eine Grundvoraussetzung zur Unfallvermeidung. Es bedeutet, die Stärken und Schwächen anderer Verkehrspartner richtig einzuschätzen, mögliche Fehler rechtzeitig zu erkennen, auf eigene Vorrechte zu verzichten und kritische Situationen durch gegenseitige Rücksichtnahme zu entschärfen. Eine solche defensive Einstellung ist noch besser und noch wichtiger als die perfekte Beherrschung des Autos im Grenzbereich.

Defensiv Auto zu fahren, das bedeutet vor allem ...
- eigene Absichten wie Bremsen oder Abbiegen anderen Autofahrern rechtzeitig und deutlich mitzuteilen;
- eigene Fahrmanöver wie Überholen, Abbremsen, Anfahren oder Abbiegen so auszuführen, dass andere Verkehrsteilnehmer nicht gefährdet werden;
- in allen Situationen einen möglichst großen Abstand zum Vordermann einzuhalten und dichtes Auffahren zu vermeiden;
- die Geschwindigkeit jederzeit so zu wählen, dass man bei plötzlicher Gefahr entweder gefahrlos anhalten oder sicher ausweichen kann;

UNFALLURSACHEN: RISIKOFAKTOR GESCHWINDIGKEIT

Fehlverhalten der Autofahrer bei Verkehrsunfällen mit Personenschaden im Jahre 2003

Alkohol	22 674
Falsche Straßenbenutzung	32 030
Nicht angepasste Geschwindigkeit	78 728
Ungenügender Abstand	50 771
Fehler beim Überholen	17 961
Nichtbeachten der Vorfahrt	63 896
Fehler beim Abbiegen	35 580
Falsches Verhalten gegenüber Fußgängern	17 677

Quelle: Statistisches Bundesamt

- stets auch mit den Fehlern anderer Verkehrspartner zu rechnen und die eigene Fahrweise dementsprechend zu wählen.

Wer sich so vorausschauend (und vorausdenkend) im Straßenverkehr verhält, entwickelt früher oder später den „siebten Sinn" für kritische Situationen und kann sie wirksam entschärfen. Vor allem aber ist man auf diese Weise ruhiger und stressfreier unterwegs und hat damit letztendlich auch mehr Fahrspaß.

Dass sich diese Erkenntnis noch längst nicht bei allen Autofahrern herumgesprochen hat, zeigt die jährliche Unfallstatistik immer wieder auf besonders eindrucksvolle Weise. Bei der Mehrzahl aller Verkehrsunfälle lautet die Diagnose „menschliches Versagen". Dahinter verbergen sich vor allem drei Fehler, die seit Jahren immer wieder zu den häufigsten Unfallursachen zählen: zu hohes Tempo, zu geringer Abstand, Missachtung der Vorfahrt.

ZU SCHNELL UNTERWEGS?

Geschwindigkeit ist nach Ansicht von Fachleuten der Hauptrisikofaktor im Straßenverkehr. Durch zu hohe Geschwindigkeit werden nicht nur die meisten, sondern auch die schwersten Verkehrsunfälle verursacht. Nach Berechnungen der Weltgesundheitsorganisation (WHO) ist die Wahrscheinlichkeit, dass Auto-Insassen tödlich verunglücken bei einem Unfall mit 80 km/h rund 20 Mal größer als bei Tempo 30. Zudem gingen viele Fußgänger- und Radfahrerunfälle glimpflicher aus, wenn Autofahrer innerorts langsamer unterwegs wären: Die Chance, den Zusammenstoß mit einem 30 km/h schnellen Personenwagen zu überleben, liegt laut WHO für Fußgänger bei gut 90 Prozent; sie sinkt jedoch auf weniger als 50 Prozent, wenn die Kollision bei einer Geschwindigkeit von 45 km/h passiert.

Das Stichwort für defensive Autofahrer lautet deshalb: angepasste Geschwindigkeit.

Wie schnell man fahren soll, richtet sich nicht nur nach den Temporegeln, sondern vor allem nach der jeweiligen Verkehrssituation. Die vorgeschriebenen km/h-Werte für Ortschaften, Überlandstraßen und Autobahnen sind Maximalgeschwindigkeiten – nur das angepasste Tempo garantiert Sicherheit. Es liegt allerdings häufig unter dem jeweils zulässigen Höchstwert.

Spielen Kinder am Straßenrand, ist ein Fußgänger-Überweg in Sicht, führt die Fahrbahn an einer Schule, einem Kindergarten oder einem Spielplatz vorbei oder steht ein Linienbus in der Haltebucht heißt es in jedem Fall: Fuß vom Gas und bremsbereit sein. In solchen Situationen ist das erlaubte Innerorts-Tempo von 50 km/h meist viel zu schnell – oft sind Tempo 30 oder sogar Schrittgeschwindigkeit angesagt, um Fußgänger nicht zu gefährden und Unfälle zu vermeiden.

Zu hohe Geschwindigkeit ist oft auch die Ursache der so genannten Fahrunfälle (siehe auch Seite 34), bei denen Autolenker ohne Einfluss anderer die Gewalt über ihren Wagen verlieren, ins Schleudern kommen und ins Abseits abdriften. Neben einer folgenschweren Selbstüberschätzung des eigenen Fahrkönnens spielt dabei nicht selten die Fehleinschätzung des tatsächlichen Tempos eine Rolle. Denn: Der Mensch hat keinen Sinn für Geschwindigkeit. Er gibt Gas und gewöhnt sich sehr schnell an den Zustand zügiger Fortbewegung. Gleichbleibende Fahrbahn- und Fahrzeuggeräusche verstärken diesen Effekt, der mit einer tückischen Sinnestäuschung verbunden ist. Geschwindigkeiten von mehr als 70 km/h werden aufgrund der Gewöhnung an die Bewegung regelmäßig unterschätzt. So kommt es, dass Autofahrer beispielsweise auch beim Abfahren von der Autobahn viel zu schnell unterwegs sind und ihren Tempofehler erst bemerken, wenn es zu spät ist: in den engen Kurven vieler Ausfahrten.

Deshalb gilt es, das Gespür für die richtige Geschwindigkeit nicht zu verlieren, regel-

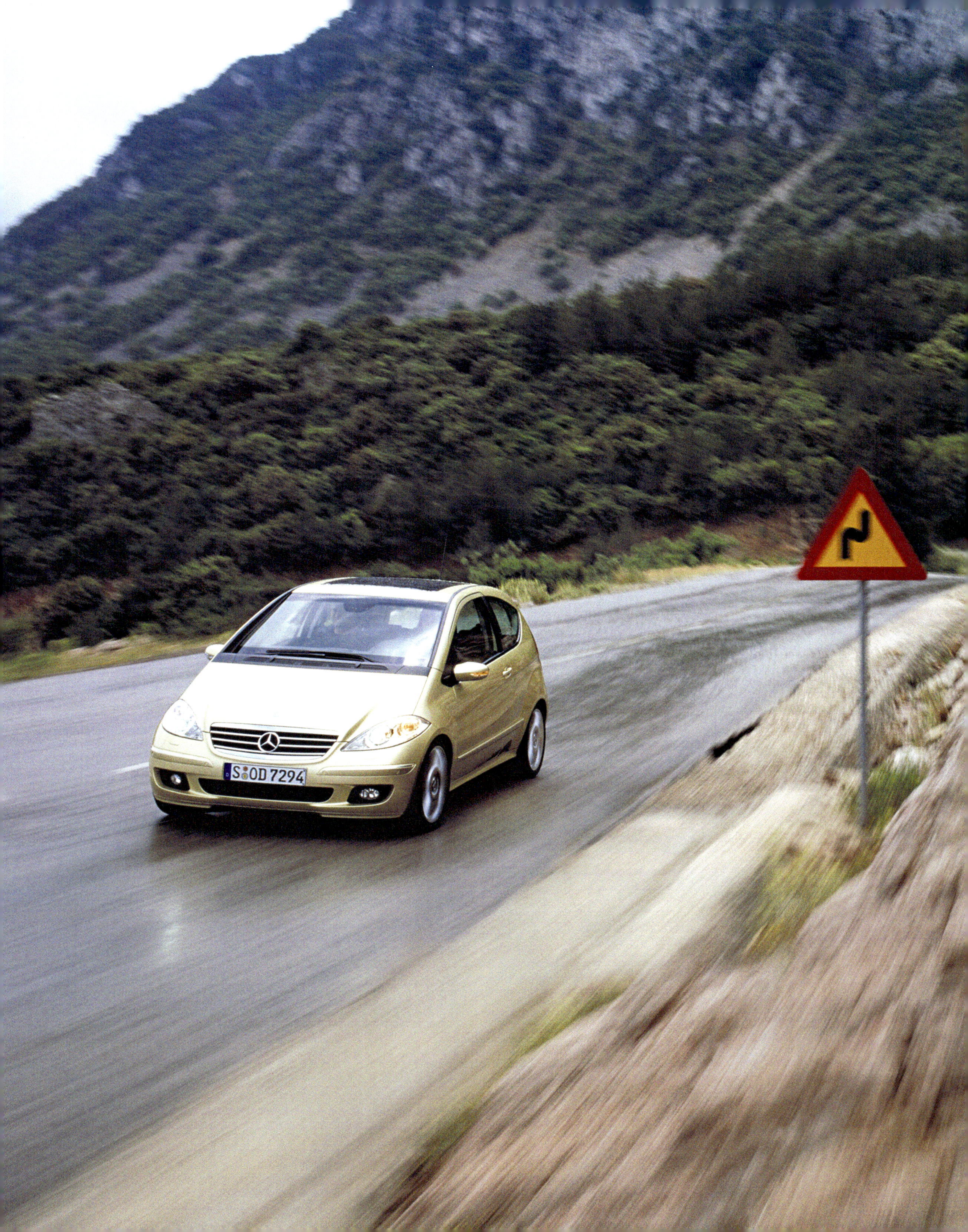
S OD 7294

mäßig auf den Tachometer zu schauen und sich dabei zu fragen, ob das Tempo für die jeweilige Fahrsituation angemessen ist? Nach dem Grundsatz: Sicherheit geht vor Schnelligkeit.

DER RICHTIGE DREH AM LENKRAD

Nähert sich das Auto in zu schnell gefahrenen Kurven dem Grenzbereich, bemerkt der Autofahrer recht schnell, dass sein Wagen ein gewisses Eigenleben entfaltet. In der Fachsprache heißt das Eigenlenkverhalten. Es ist nicht nur von der Geschwindigkeit, sondern auch vom Gewicht, von den Reifen, von der technischen Konzeption des Fahrzeugs (Front- oder Heckantrieb) und von den Reaktionen des Autolenkers abhängig. In der Praxis sind zwei Fahrzustände zu beherrschen: das Übersteuern und das Untersteuern.

Beim Übersteuern dreht sich das Auto mit dem Heck nach außen und bricht aus. In dieser Situation hilft nur schnelles und beherztes Handeln: Sofort kräftig in die Richtung gegenlenken, in die das Heck sich bewegt, und das Auto auf diese Weise daran hindern, sich in die Kurve hineinzudrehen. Gleichzeitig die Geschwindigkeit reduzieren und den Wagen stabilisieren. Das Elektronische Stabilitäts-Programm (ESP*) unterstützt den Autofahrer dabei und korrigiert die Fahrzeugbewegung durch gezielte Brems-Impulse an einzelnen Rädern (siehe auch Seite 74).

Wichtig ist es, am Lenkrad schnell und kräftig zuzupacken. Ein zu langsames oder zu zaghaftes Gegensteuern bleibt meistens wirkungslos.

Zugegeben: Ein solches Fahrmanöver zu beherrschen erfordert nicht nur Geschicklichkeit, sondern auch ausgiebiges Training unter fachkundiger Anleitung – am besten bei einem Fahrsicherheitstraining (siehe auch Seite 144). Einfacher ist es zweifellos, das Tempo vor unübersichtlichen Kurven zu drosseln und dadurch das tückische Übersteuern zu vermeiden.

Das Eigenlenkverhalten moderner Personenwagen ist in aller Regel untersteuernd abgestimmt. Das bedeutet: Der Wagen schiebt über die Vorderräder zum Außenrand der Kurve, sodass der Autofahrer zuerst den Fuß vom Gaspedal nehmen sollte und den Lenkradeinschlag mit zunehmender Querbeschleunigung vergrößern muss, um

ÜBERSTEUERN: SCHNELL UND KRÄFTIG GEGENLENKEN

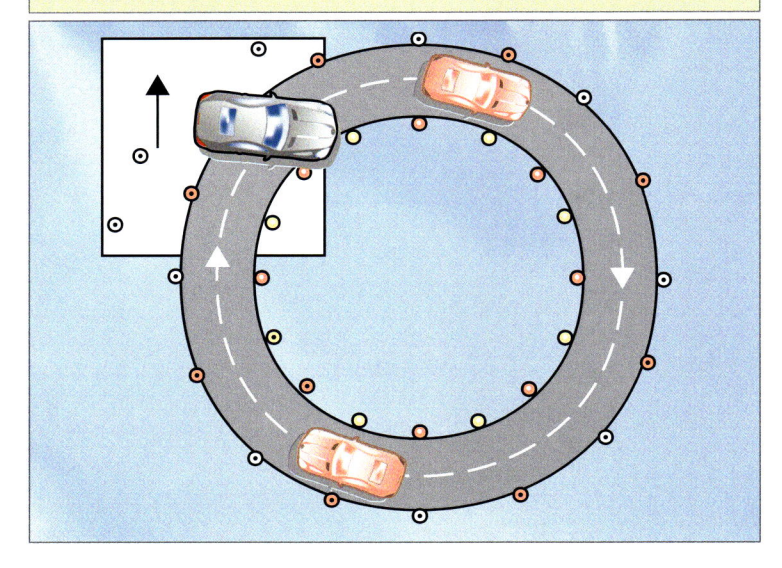

UNTERSTEUERN: GAS WEGNEHMEN UND LENKEINSCHLAG VERRINGERN

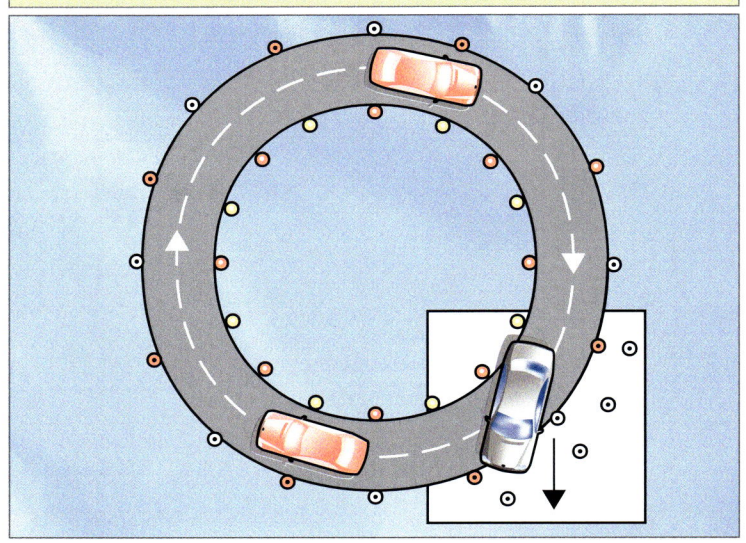

SICHER DURCH DIE KURVE

- **Vor der Kurve:** Abbremsen und/oder zurückschalten. Die Geschwindigkeit dem Straßenverlauf und der Sichtweite anpassen.
- **In der Kurve:** Mit gleichmäßigem Tempo fahren. Nicht kuppeln, nicht schalten.
- **In Rechtskurven:** Nicht am äußersten rechten Straßenrand fahren, um ein plötzlich auftauchendes Hindernis, einen Fußgänger oder einen Radfahrer rechtzeitig erkennen zu können. Auf den Gegenverkehr achten und damit rechnen, dass entgegenkommende Autos die Kurve „schneiden".
- **In Linkskurven:** Ebenfalls mit leichter Tendenz zur Fahrbahnmitte fahren, um den weiteren Streckenverlauf nach der Kurve besser überblicken zu können. Auf den Gegenverkehr achten.
- **Kurvenausgang:** Je nach Verkehrssituation und Straßenverlauf wieder Gas geben.

auf Kurs zu bleiben. Mit anderen Worten: Er passt die Stellung des Lenkrads kontinuierlich dem Kurvenverlauf an – eine leicht beherrschbare Übung, bei der ESP* in Grenzsituationen ebenfalls hilft.

ÜBERLEGT ÜBERHOLEN

Nicht nur in Kurven, sondern auch beim Überholen bemerken viele Autofahrer, dass unser Gehirn kein zuverlässiges Gespür für Geschwindigkeit entwickelt. Sie beurteilen sowohl das eigene als auch das Tempo anderer Autos falsch und riskieren gefährliche Überholmanöver. Jahr für Jahr ereignen sich deshalb auf deutschen Straßen weit über 18 500 schwere Verkehrsunfälle.

Überholen ist ein überaus komplexer Vorgang, bei dem Autofahrer binnen Sekundenbruchteilen eine Reihe von Faktoren berücksichtigen müssen, die für die Sicherheit maßgebend sind: die Geschwindigkeit, den Abstand zum vorausfahrenden Auto, die Be-

LANGER WEG FÜRS ÜBERHOLEN

Die Berechnung des richtigen Überholwegs erfordert mathematisches Können. Die nachfolgende Tabelle liefert deshalb nur ungefähre Werte bei verschiedenen Geschwindigkeiten. Die Angaben gelten für Überholvorgänge zwischen zwei Personenwagen. Um eine Gefährdung des überholten Fahrers zu verhindern, wurde für das Ein- und Ausscheren der jeweilige Sicherheitsabstand berücksichtigt. Ganz anders sehen die Werte freilich aus, wenn ein Lastwagen oder ein Sattelschlepper überholt wird.

Geschwindigkeit des überholenden Autos	Geschwindigkeit des überholten Autos	Überholweg	Erforderliche Sichtweite
70 km/h	50 km/h =	207 m	mind. 414 m
80 km/h	100 km/h =	420 m	mind. 840 m
100 km/h	120 km/h =	604 m	mind. 1208 m
120 km/h	140 km/h =	821 m	mind. 1642 m

Quelle: www.jurathek.de

schleunigungsleistung des eigenen Wagens, den Fahrbahnverlauf, den Straßenzustand, die Sichtweite, die Entfernung und die Geschwindigkeit entgegenkommender Fahrzeuge und schließlich die freie Strecke, die für den Überholvorgang zur Verfügung steht. Kein Wunder, dass man sich dabei leicht verschätzt und oft zu viel riskiert.

Maßgebend für sicheres Überholen sind der Überholweg und die Überholsichtweite. Beides kann man mittels komplizierter Formeln berechnen. Als Faustregel gilt: Die Sichtweite muss mindestens doppelt so groß sein wie der Überholweg. Was das in der Praxis bedeutet zeigt ein Beispiel: Überholt ein Personenwagen mit Tempo 100 ein anderes Auto, das mit 80 km/h unterwegs ist, wird ein Überholweg von rund 420 Metern benötigt. Um gefahrlos vorbeifahren zu können, muss jedoch die doppelte Strecke einsehbar sein – in diesem Fall also beachtliche 840 Meter.

Angesichts dieser Berechnungen sind Überholmanöver in vielen Verkehrssituationen bereits vom Grundsatz her verboten – zum Bespiel vor Kuppen, vor unübersichtlichen Kurven, vor Kreuzungen und Einmündungen sowie in Ortschaften. Deshalb gilt: Im Zweifelsfall auf Nummer sicher gehen und nicht überholen.

ACHTUNG BAUSTELLE

Baustellen sind die unfallträchtigsten Streckenabschnitte der Autobahnen. Die Sicherheitsregeln für Geschwindigkeit, Überholen und Abstand gelten hier in ganz besonderem Maße:

- **Vor der Baustelle:** Unbedingt das Tempo drosseln und das vorgeschriebene Limit beachten. In den engen Überleitungen auf die Gegenfahrbahn sind 60 km/h oft viel zu schnell.
- **In der Baustelle:** Die Fahrspuren innerhalb der Baustellenbereiche sind schmaler als auf freier Strecke. Deshalb besser aufs Überholen verzichten und versetzt fahren (siehe Grafik). Abstand halten.

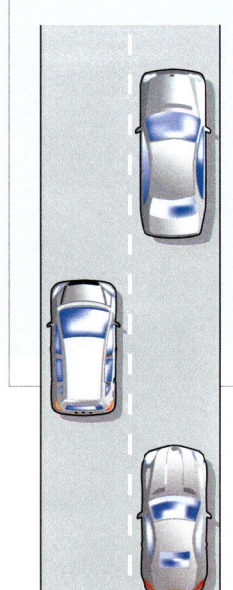

Autobahnbaustelle: Mehr Sicherheit durch versetztes Fahren

RISKANTER SPURWECHSEL

Überholen bedeutet Spurwechsel. Allein dieses Fahrmanöver absolvieren viele fehlerhaft und verursachen deshalb schwere Unfälle. Vor allem Autolenker mit wenig Fahrpraxis sind oft überfordert, wenn sie im dichten Verkehr auf mehrspurigen Straßen den Fahrstreifen wechseln müssen. Sie blicken nicht regelmäßig in die Rückspiegel und beobachten den Verkehr hinter ihrem Wagen deshalb nicht sorgfältig genug oder sie unterschätzen Tempo und Entfernung nachfolgender Autos und provozieren deshalb gefährliche Auffahrsituationen – vor allem an Autobahneinfahrten.

Dass Spiegelbilder trügen können, wissen Autofahrer seit ihrer Führerscheinausbildung. Manche Außenspiegel sind so konstruiert, dass sie im Vergleich zum Innenrückspiegel ein verkleinertes Bild zeigen. Dadurch ist es nicht einfach, die Entfernung nachfolgender Autos richtig einzuschätzen. Zudem haben die Außenspiegel älterer Personenwagen einen „toten Winkel" und zeigen deshalb Autos nicht, die unmittelbar hinter dem eigenen Wagen auf der Überholspur unterwegs sind. Neuere Modelle wie die modernen Mercedes-Personenwagen sind mit asphärisch gewölbtem Spiegelglas ausgestattet, das ein größeres Sichtfeld bietet und dadurch auch einen Blick in den „toten Winkel" ermöglicht. Trotzdem: Vor dem Ausscheren zusätzlich kurz über die eigene Schulter nach hinten blicken und prüfen, wie weit nachfolgende Autos wirklich entfernt sind und ob der Spurwechsel gefahrlos möglich ist.

An Autobahneinfahrten haben Autofahrer oftmals Probleme, sich in den fließenden Verkehr einzuordnen. Sie nutzen die Beschleunigungsspur nicht, um Tempo zu machen und fädeln sich deshalb mit zu geringer

Autobahneinfahrt: In solchen Situationen droht Unfallgefahr, weil Entfernung und Geschwindigkeit nachfolgender Autos häufig falsch beurteilt werden.

THEORIE UND PRAXIS

SICHER ÜBERHOLEN

- Vor dem Überholen: Unbedingt den Sicherheitsabstand zum Vordermann einhalten und sorgfältig überlegen, ob die freie Strecke und die Zeit zum Überholen wirklich ausreichen. Stets damit rechnen, dass ein anderes Auto aus einer Nebenstraße oder einem Feldweg einbiegt. Im Zweifel nicht überholen.
- Während des Überholens: Ist die Strecke frei, vor dem Ausscheren nochmals in beide Rückspiegel schauen und blinken. Unbedingt zurückschalten, um die Beschleunigungsleistung des Autos zu steigern. Zügig an dem langsameren Wagen vorbeifahren und auf ausreichenden Seitenabstand achten.
- Nach dem Überholen: Zügig und weiträumig wieder einscheren. Beim Einscheren blinken und nach Möglichkeit mit gleichmäßigem Tempo weiterfahren.

Geschwindigkeit ein. Aber auch das gegenteilige Verhalten ist problematisch: Rücksichtslos sind forsche Autofahrer, die mit überhöhtem Tempo auf die Autobahn fahren und von der Beschleunigungsspur gleich auf die linke Spur wechseln, ohne den nachfolgenden – meist noch schnelleren – Verkehr zu beachten und ihn zum Abbremsen zwingen. Vorsicht ist geboten: Zügig auf die Autobahn auffahren und nach dem Einfädeln zunächst auf der rechten Spur bleiben, um die Verkehrslage zu beobachten. Erst danach mit dem Überholen beginnen, wenn die Strecke frei ist.

ABSTAND BITTE

Vorausschauend und defensiv fahren bedeutet auch: Abstand halten. Dieser Grundsatz gilt nicht nur bei hohem Autobahntempo, sondern auch auf Land- und Stadtstraßen. Das ist im dichten Verkehr oft leichter gesagt als getan, doch trotzdem sollte sich der Autofahrer stets darüber im Klaren sein, dass er bei einer plötzlichen Gefahr sowohl Zeit als auch Platz zum Bremsen braucht. Wie viel von beidem, lässt sich anhand der Berechnung des Anhaltewegs (siehe auch Seite 77) leicht ermitteln: Bei Tempo 60 legt das Auto während der so genannten Schrecksekunde des Fahrers rund 17 Meter zurück und benötigt dann zusätzlich nochmals etwa 19 Meter, um nach einem kräftigen Tritt aufs Bremspedal zum Stillstand zu kommen. Das macht zusammen mindestens rund 36 Meter, die als Distanz zum Vordermann benötigt werden, um einen Auffahrunfall durch Vollbremsung zu vermeiden. Muss der Autofahrer im Extremfall aber auch ausweichen, reicht dieser Abstand bei Weitem nicht aus. Und je höher die Geschwindigkeit, desto größer muss die Distanz zwischen den Autos sein. Immerhin: Bei 100 km/h beträgt allein der Anhalteweg eines Personenwagens über 80 Meter.

Bereits diese Tempobeispiele zeigen, dass auf die bekannte Faustformel „Abstand = halber Tachowert" kein Verlass ist. Im Gegenteil: Diese Regel ist mehr als tückisch – 50 Meter Abstand bei 100 km/h sind viel zu wenig. Besser und zuverlässiger ist nach Meinung von Fachleuten die „Zwei-Sekunden-Regel": Man orientiert sich an einer markanten Stelle neben der Fahrbahn (Schilder, Brückenpfeiler, Notrufsäule) und zählt

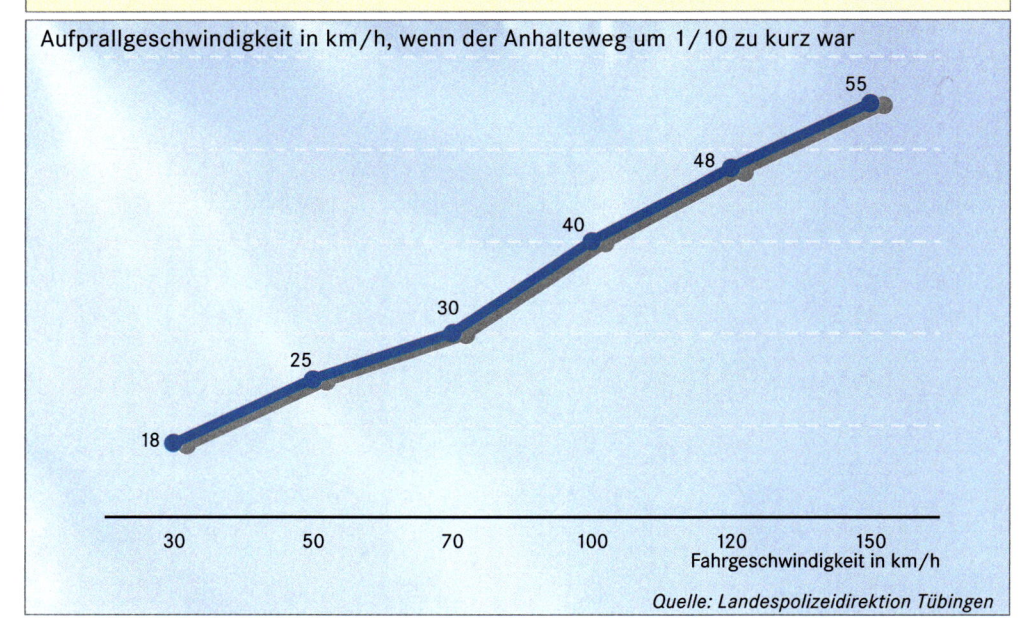

SICHERHEITSABSTAND: MIT HOHEM TEMPO IN DEN AUFFAHRUNFALL

Aufprallgeschwindigkeit in km/h, wenn der Anhalteweg um 1/10 zu kurz war

Fahrgeschwindigkeit (km/h)	30	50	70	100	120	150
Aufprallgeschwindigkeit (km/h)	18	25	30	40	48	55

Quelle: Landespolizeidirektion Tübingen

langsam „Ein-und-zwanzig, zwei-und-zwanzig", wenn das vorausfahrende Auto diesen Punkt erreicht. Der Abstand zum Vordermann ist dann groß genug, wenn man selbst erst bei „zwei-und-zwanzig" die gemerkte Stelle passiert. Erreicht man den Punkt früher, ist der Abstand zu gering. Kein Zweifel: Bei Regen, Nebel und anderen widrigen Fahrbedingungen muss die Distanz zum vorausfahrenden Auto noch größer sein.

Wie wichtig der Sicherheitsabstand ist, zeigen auch die interessanten Berechnungen von Experten der Polizei Baden-Württembergs. Beispiel: Ist der erforderliche Anhalteweg bei einer plötzlichen Notbremsung des Vordermanns aus 100 km/h nur um ein Zehntel – also um 8,30 Meter – zu kurz, hat das eigene Auto beim Zusammenstoß noch eine Geschwindigkeit von rund 40 km/h. Das entspricht der Aufprallenergie beim Sturz aus sechs Metern Höhe.

Um auch bei ausreichendem Abstand vor Überraschungen wie einem plötzlichen Bremsmanöver vorausfahrender Autos sicher zu sein, haben Profi-Fahrer eine durchaus sinnvolle Methode entwickelt: Sie fahren stets leicht versetzt hinter anderen Autos her, um auf diese Weise mehr Weitblick zu haben. So schauen sie an dem vorausfahrenden Wagen vorbei und erkennen etwaige Hindernisse oder Gefahrenstellen auf der Straße früher. Besonders empfehlenswert ist diese Fahrweise im Kolonnenverkehr. Wer versetzt fährt, sieht die Bremslichter weiter entfernter Fahrzeuge früher und kann deshalb rechtzeitig in Bremsbereitschaft gehen.

MEHR PLATZ FÜR RADFAHRER

Auf Distanz gehen sollten Autolenker nicht nur, wenn sie hintereinander fahren; auch beim Überholen ist Abstand geboten – vor allem gegenüber Zweiradfahrern. Die deutsche Rechtsprechung schreibt einen Seitenabstand von mindestens einem Meter vor, wenn Autofahrer an Radfahrern vorbei wollen. Ist dieser Abstand an Engstellen oder auf schmalen Straßen nicht gewährleistet, muss der Autofahrer warten, bis ein sicheres Überholen möglich ist. Wichtig: Ein Meter Seitenabstand sind das Mindestmaß, das in jedem Fall – auch auf schmalen Straßen – beachtet werden muss.

Man sollte aber auch in solchen Situationen Vorsicht walten lassen und vorausschauend fahren. Das bedeutet: Stets damit rechnen, dass der Fahrrad-, Mofa- oder Mopedfahrer plötzlich einem Stein oder einem Schlagloch ausweicht, sich umdreht und für einen kurzen Augenblick die Balance ver-

---

AUF DISTANZ GEHEN

In Ortschaften: Innerorts achten zu wenig Autofahrer auf den Sicherheitsabstand. Bei Tempo 50 sind mindestens 30 Meter Distanz zum Vordermann erforderlich.

Auf Landstraßen: Stets damit rechnen, dass der vorausfahrende Wagen plötzlich bremst, weil er beispielsweise abbiegen möchte oder einem Radfahrer ausweichen muss. Bei Tempo 100 mindestens 83 Meter Sicherheitsabstand einhalten – 90 Meter sind besser.

Auf Autobahnen: Den Abstand nach der Formel „ein-und-zwanzig, zwei-und-zwanzig" (siehe Text) wählen. Orientierungshilfen sind auch die schwarz-weißen Leitpfosten am Fahrbahnrand; sie haben auf der Autobahn einen Abstand von jeweils 50 Metern. Beispiel: Bei 140 km/h muss die Distanz zwischen den Autos mindestens 145 Meter betragen – das sind rund drei Leitpfostenabstände.

THEORIE UND PRAXIS

PARTNERSCHAFTLICHES MITEINANDER

- **Kinder:** Spielen Kinder am Fahrbahnrand, müssen Autofahrer jederzeit bremsbereit sein. Besondere Vorsicht gilt auch, wenn die Straße an Kindergärten, Schulen, Spiel- oder Sportplätzen vorbeiführt. Auf die Hinweisschilder achten und langsam fahren. An einem Schulbus, dessen Fahrer die Warnblinkanlage eingeschaltet hat, sollte man nicht vorbeifahren – stets damit rechnen, dass aussteigende Kinder über die Straße laufen.
- **Fußgänger:** An speziell gekennzeichneten Übergangen haben Fußgänger Vorrang. Strafe droht Autofahrern, wenn sie Fußgängern das Überqueren der Straße nicht ermöglichen, wenn sie zu schnell an Fußgängerüberwege heranfahren oder dort sogar überholen.
- **Radfahrer:** Sind Radfahrer auf der Fahrbahn unterwegs, muss ihnen der Spurwechsel beim Abbiegen ermöglicht werden. Vorsicht beim Abbiegen und an Ein- oder Ausfahrten, wenn Autofahrer einen parallel zur Fahrbahn verlaufenden Fuß-/Radweg überqueren müssen: Fußgänger und Radfahrer haben Vorfahrt.

liert. Dann reichen ein Meter Seitenabstand bei Weitem nicht aus. Verkehrsexperten raten deshalb, beim Überholen von Radfahrern nach Möglichkeit bis zu drei Meter Seitenabstand einzuhalten, wenn dadurch der Gegenverkehr nicht gefährdet wird. Ist beides fraglich, besser nicht überholen.

VOLL IN DIE EISEN

Laufen plötzlich Kinder auf die Fahrbahn, missachten andere Verkehrsteilnehmer die Vorfahrt oder steht hinter der Kurve ein Hindernis auf der Fahrbahn, hilft meist nur eines, um den Unfall zu verhindern: schnell und kraftvoll bremsen. Beides will gelernt sein. Aufgrund ihrer Praxisuntersuchungen wissen die Mercedes-Ingenieure, dass die meisten Autofahrer selbst in Notsituationen zu zaghaft aufs Bremspedal treten. Deshalb haben sie den Brems-Assistenten entwickelt,

Vollbremsung: Der schnelle und kraftvolle Tritt aufs Bremspedal ist oft die beste Methode, um einen Auffahrunfall zu vermeiden.

UNFALLURSACHE LICHT UND WETTER*: GROSSE GEFAHR BEI NÄSSE

*Unfälle mit Personenschaden im Jahre 2003

Nebel	Glätte	Nacht	Nässe
477	13 799	75 633	77 686

Quelle: Statistisches Bundesamt

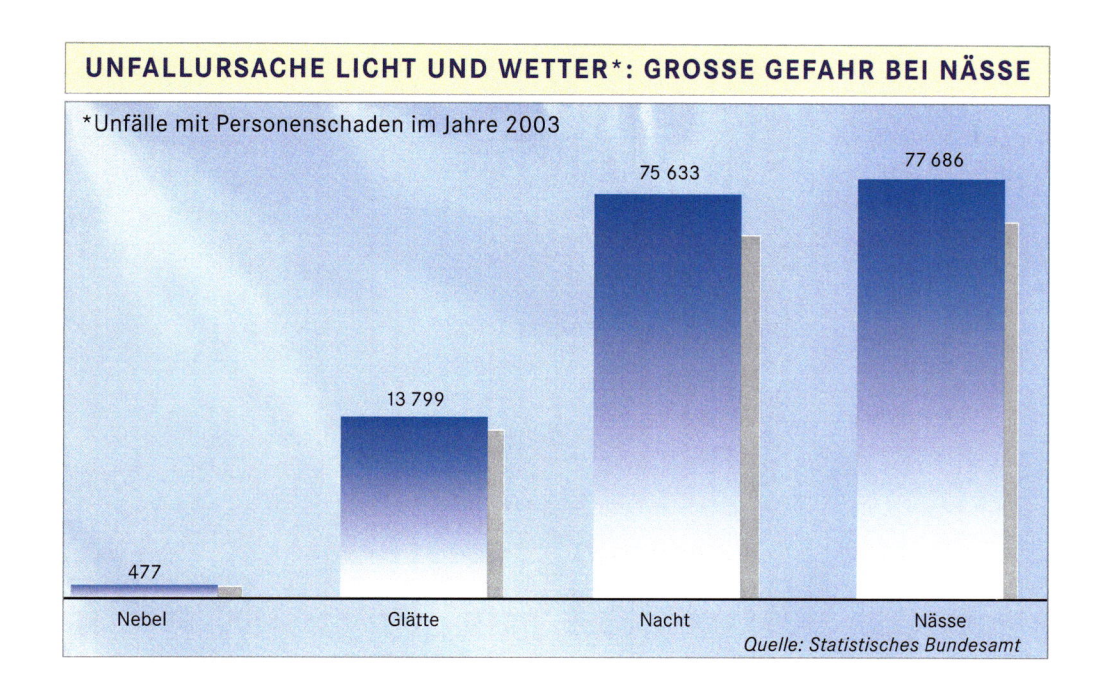

der innerhalb von Sekundenbruchteilen automatisch die maximale Bremskraft aufbaut (siehe auch Seite 78).

Eine Vollbremsung ist in den meisten Situationen das beste Rezept für einen kurzen Bremsweg. Deshalb: Bei drohender Gefahr sofort mit aller Kraft das Bremspedal niedertreten und gleichzeitig nach einem „Fluchtweg" suchen. Reicht die Bremsleistung nämlich nicht aus, um rechtzeitig zum Stehen zu kommen, muss man ausweichen können. Das serienmäßige Anti-Blockier-System (ABS) hilft dabei und gewährleistet, dass sich das Auto auch während einer Vollbremsung lenken lässt. Bremsen, lenken, ausweichen – mit diesem Verhalten lassen sich Unfälle verhindern. Man muss diese Fahrmanöver allerdings üben, um im Notfall richtig zu reagieren. Deshalb steht das Thema Bremsen beim Fahrsicherheitstraining von Mercedes-Benz (siehe auch Seite 144) an oberster Stelle.

HÖCHSTE UNFALLGEFAHR BEI NACHT

Bei Dunkelheit ist das Risiko, im Straßenverkehr schwer zu verunglücken, deutlich größer als tagsüber. Obwohl sich das durchschnittliche Verkehrsaufkommen in den Nachtstunden um rund 80 Prozent verringert, ereignet sich in dieser Zeit jeder vierte schwere Verkehrsunfall. Nach Angaben des Statistischen Bundesamtes starben 2002 bei Nachtunfällen in Deutschland über 2484 Menschen. Das entspricht rund einem Drittel aller Verkehrstoten dieses Jahres. Der Anteil der bei Verkehrsunfällen in der Dunkelheit getöteten Menschen beträgt 3,1 Prozent und liegt damit fast um das Doppelte über der entsprechenden Tages-Quote. Außerorts ist die Unfallgefahr bei Dunkelheit am größten. Hier ereignen sich laut Statistik fast drei Viertel aller schweren Nachtunfälle.

Nicht angepasste Geschwindigkeit, das Missachten der Vorfahrt, riskantes Überholen und Alkoholkonsum zählen laut Statistik zu den häufigsten Ursachen für Unfälle in der Dunkelheit. Aber auch optische Wahrnehmungsprobleme spielen eine Rolle: Bei

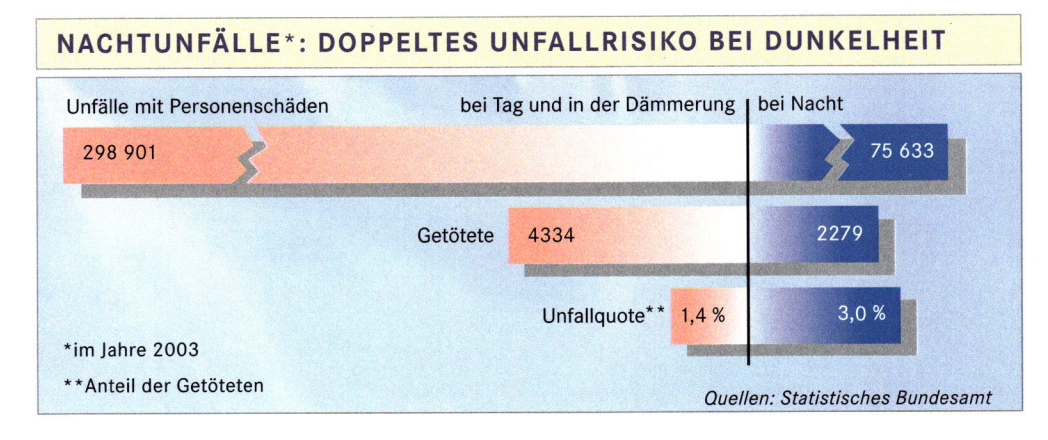

NACHTUNFÄLLE*: DOPPELTES UNFALLRISIKO BEI DUNKELHEIT

	bei Tag und in der Dämmerung	bei Nacht
Unfälle mit Personenschäden	298 901	75 633
Getötete	4334	2279
Unfallquote**	1,4 %	3,0 %

*im Jahre 2003
**Anteil der Getöteten

Quellen: Statistisches Bundesamt

---

der Verbesserung der Sicht aus dem Fahrzeug und der Erkennbarkeit der Verkehrsteilnehmer sowie auf dem Gebiet der Scheinwerfertechnik gibt es laut Unfallforschung weitere Potenziale, um die Verkehrssicherheit in der Dunkelheit zu verbessern.

Das von Mercedes-Benz und Hella entwickelte aktive Kurvenlicht (siehe auch Seite 86) kann dazu einen wichtigen Beitrag leisten. Das bestätigen Unfallanalysen: Auf Basis der Daten eines gemeinsamen Unfallforschungsprojekts, an dem sich deutsche Automobilhersteller und die Bundesanstalt für Straßenwesen seit Mitte 1999 beteiligen, haben Fachleute der Stuttgarter Automobilmarke das Unfallgeschehen bei Dunkelheit analysiert und erkennen ein hohes Sicherheitspotenzial der aktiven Kurvenscheinwerfer. Mit einem Anteil von über 60 Prozent überwiegen bei den Kollisionen in unbeleuchteten Kurven die so genannten Fahrunfälle, bei denen Autofahrer die Kontrolle über ihren Wagen verlieren – häufig, weil sie den Streckenverlauf in der Dunkelheit nicht rechtzeitig erkannt und ihre Geschwindigkeit nicht angepasst hatten. In der Folge kommen rund 54 Prozent aller Fahrzeuge von der Straße ab, mehr als ein Viertel (26 Prozent) kollidiert mit dem Gegenverkehr.

Dass junge Fahrer überproportional risikoanfällig sind, belegt eine Untersuchung der Bundesanstalt für Straßenwesen (BASt) über „nächtliche Freizeitunfälle junger Fahrer in den Jahren 1997 und 1998". Demzufolge werden 40 Prozent dieser Nachtfälle von Fahrern im Alter zwischen 18 und 24 Jahren verursacht. Hauptursachen sind nicht angepasste Geschwindigkeit (35 Prozent der jungen Fahrer) sowie Alkoholeinfluss (15 Prozent). Ergänzt wird diese Statistik durch eine Erhebung des Allgemeinen Deutschen Automobilclubs (ADAC), wonach 42 Prozent aller Autounfälle wegen überhöhter Geschwindigkeit auf das Konto der 18- bis 24-Jährigen gehen. Der Anteil der jungen Altersgruppe bei den Getöteten liegt bei 32,4 Prozent, wohingegen sie unter der Gesamtbevölkerung nur 7,8 Prozent ausmachen.

BLIND DURCH DIE NACHT

Ein ganz anderer, aber ebenso eminenter Risikofaktor bei Nachtfahrten ist das schlechte Sehvermögen vieler Autofahrer. Das Kölner

---

GUT SEHEN – SICHER FAHREN

- **Scheinwerfer reinigen:** Durch verschmutzte Scheinwerfer verringert sich die Reichweite des Fahrlichts um bis zu zwei Drittel.
- **Augen testen:** Gutes Sehen ist im Straßenverkehr überlebenswichtig – vor allem bei Nachtfahrten. Eine Augenuntersuchung klärt, ob Dämmerungssehschärfe und Blendempfindlichkeit in Ordnung sind.
- **Brille wechseln:** Getönte Brillengläser sind für Nachtfahrten ungeeignet. Sie können das Sehvermögen um mehr als 30 Prozent einschränken.
- **Nach rechts schauen:** Auf Landstraßen nicht in die Scheinwerfer des entgegenkommenden Autos, sondern zuerst an den rechten Fahrbahnrand schauen. Beim Näherkommen des Gegenverkehrs langsam immer weiter nach links sehen, bis die Augen schließlich jene Stelle anpeilen, wo sich die Fahrzeuge begegnen.
- **Straßenverlauf erkennen:** Mithilfe der Leitpfosten am Fahrbahnrand lässt sich der Streckenverlauf frühzeitig erkennen. Tauchen Pfosten mit jeweils zwei runden Rückstrahlern im Fernscheinwerferlicht auf, folgt eine Rechtskurve. Sind längliche, rechteckige „Katzenaugen" auf den Leitpfosten zu sehen, gehts auf eine Linkskurve zu.

„Kuratorium Gutes Sehen" (KGS) weist in einer Expertise darauf hin, dass nicht nur Kurzsichtigkeit (bei 20 Prozent aller Verkehrsteilnehmer) und Weit- oder Übersichtigkeit (bei 30 Prozent) die Verkehrssicherheit gefährden, sondern auch der Umstand, dass gutes Sehen bei Tag nichts mit der Sehleistung bei Nacht zu tun hat. Und: Nachlassendes Augenlicht ist ein langfristiger Prozess, der oftmals vom Betroffenen nicht oder nur schwach bemerkt wird.

Weil in der Dunkelheit beispielsweise Farben als Zusatzinformationen wegfallen, vermindert sich das Nachtsehvermögen im Gegensatz zur Tagessehschärfe mit dem Alter – unabhängig davon, ob man bei Tag gut sieht oder nicht. Besonders brisant ist die so genannte Nachtmyopie, volkstümlich Nachtblindheit, eine extreme Fehlsichtigkeit, die ebenfalls unabhängig davon auftreten kann, wie gut der Fahrer am Tage sieht.

Unterstützt werden die KGS-Erkenntnisse durch Erfahrungen des Berufsverbandes der Augenärzte Deutschlands. Er plädiert für rechtzeitige und regelmäßige Vorsorgeuntersuchungen am Auge und rät allen aktiven Verkehrsteilnehmern, im Rhythmus von fünf Jahren zum Augenarzt zu gehen; ab dem 45. Lebensjahr empfehlen die Fachleute Sehtests alle zwei Jahre und ab dem 60. Lebensjahr jährlich.

Diese Prophylaxe scheint nicht übertrieben streng, wie medizinische Forschungen ergeben. Weil 90 Prozent alles Sinneseindrücke durch die Augen aufgenommen werden, ist gutes Sehen eine wichtige Voraussetzung für die Verkehrssicherheit.

Blindflug: Jeder zweite Verkehrsteilnehmer hat Probleme mit dem Sehvermögen.

GEFAHR IM NEBEL

Nacht und Nebel – das ist zweifellos eine besonders tückische Kombination, die Autofahrern das Leben schwer macht. Sie ist durchaus keine Seltenheit, denn Nebel bildet sich meist in sternenklaren, kalten Nächten, wenn die Luft nicht genügend aufsteigende Wärme aufnehmen kann. Dann sammeln sich Wassertropfen in der Luft: Nebel.

Zwar ist die Zahl der Nebelunfälle insgesamt rückläufig, doch wenn es im Nebel kracht, dann richtig. Massenkarambolagen mit dutzenden beteiligten Autos sorgen für Schlagzeilen und lassen den Ruf nach besseren Frühwarnsystemen laut werden. Die gibt es indes bisher nur an wenigen Autobahnstrecken und zeigen kaum Wirkung, weil Autofahrer die Warnungen ignorieren und mit Vollgas durch die Nebelsuppe rasen. „Zu geringer Sicherheitsabstand bei oft zu hohem Tempo", beschreibt der Allgemeine Deutsche Automobil-Club (ADAC) die Hauptursachen der Nebelunfälle und appelliert an die Vernunft der Autofahrer: „Die Geschwindigkeit muss sofort der Sichtweite angepasst werden." Was das bedeutet, steht zum Beispiel in der deutschen Straßenverkehrsordnung: Beträgt die Sicht nur 50 Meter, gilt eine generelle Höchstgeschwindigkeit von 50 km/h. Ist der Nebel noch dichter, sollte man das Tempo analog dieser Vorschrift weiter verringern und beispielsweise bei nur 30 Metern Sichtweite auch nur höchstens 30 km/h schnell fahren.

Als Orientierungshilfen für die Beurteilung der Sichtverhältnisse und für den Streckenverlauf bewähren sich auf der Autobahn die Markierungen auf dem Asphalt und die Leitpfosten am Straßenrand: Die weißen Striche einer unterbrochenen Mittellinie haben in der Regel eine Länge von sechs Metern und folgen auch im gleichmäßigen Abstand von jeweils sechs Metern. Sind also vor dem

Nebelfalle: Bei 50 Metern Sichtweite gilt ein generelles Tempolimit von 50 km/h.

Auto beispielsweise nur drei dieser Mittelmarkierungen zu erkennen, beträgt die Sichtweite rund 30 Meter. Die schwarz-weißen Leitpfosten am rechten Fahrbahnrand sind jeweils alle 50 Meter aufgestellt. Ist der nächste Pfosten nicht mehr zu erkennen, gilt Tempo 50 – auch auf der Autobahn.

Abblendlicht, Nebelscheinwerfer und Intervall-Scheibenwischer sollten im Nebel stets eingeschaltet sein. Die lichtstarke Nebelschlussleuchte darf hingegen wegen der Blendung erst zugeschaltet werden, wenn die Sichtweite im Nebel (nicht bei Regen oder Schneefall) weniger als 50 Meter beträgt – das entspricht dem Abstand zwischen zwei Leitpfosten. Diese Vorschrift bedeutet gleichzeitig, dass mit eingeschalteter Nebelschlussleuchte nur höchstens 50 km/h gefahren werden darf.

NEBELFALLEN AUF DER AUTOBAHN

*Gebiete mit bis zu 100 Tagen Nebel pro Jahr

VORSICHT NEBEL!

- Bei Nebel sofort den Fuß vom Gas nehmen und das Tempo der Sichtweite anpassen. Rechts fahren und nicht überholen.
- Abblendlicht und Nebelscheinwerfer einschalten. Ab und zu die Frontscheibe mit dem Scheibenwischer reinigen.
- Bei 50 Metern Sichtweite gilt Tempo 50; bei 100 Metern Sicht sind höchstens 80 km/h erlaubt.
- Die Nebelschlussleuchte nur einschalten, wenn die Sichtweite weniger als 50 Meter beträgt. Andernfalls blendet das Licht nachfolgende Autofahrer.
- In Kolonnen nicht blindlings dem Vordermann folgen. Großen Abstand einhalten und stets bremsbereit sein.

Vorsicht ist in den so genannten Nebelkolonnen geboten. In diesen Konvois sind die Autos meist zu schnell und mit zu geringem Sicherheitsabstand unterwegs. Zudem sind die Rückleuchten des vorausfahrenden Autos schlechte Orientierungshilfen: Je dichter der Nebel desto kürzer ist meist der Abstand, da man die Rücklichter sonst nicht mehr sehen kann. Dieses Kolonnenfahren hat fatale Folgen, wenn der Verkehr stockt und stark gebremst wird – viele Massenkarambolagen gehen auf das Konto solchen Leichtsinns.

WASSERSKI ÜBER DEN ASPHALT

„80 km/h Nässe" – auch diesen Warnhinweis am Straßenrand ignorieren viele Autofahrer und geben bei Regen weiterhin Vollgas. Das hat oft schlimme Folgen: Nässe ist die Unfallursache Nummer eins. Obwohl die Straßen nur zu einem Fünftel der Zeit nass sind, ereignen sich in Deutschland jährlich über 108 000 schwere Nässe-Unfälle. Dabei sterben mehr als 2000 Menschen, knapp 26 000 werden schwer verletzt.

Unfallforscher kennen die Gründe solcher Unglücke seit langem: zu hohes Tempo und Wasserglätte. „Ab 80 fährst du Wasserski" warnt der Deutsche Verkehrssicherheitsrat (DVR) vor dieser gefährlichen Kombination und erklärt, dass ein Autoreifen bei 80 km/h bis zu 25 Liter Wasser verdrängen muss – in jeder Sekunde. Schafft er das nicht, bildet sich zuerst ein Wasserkeil vor dem Reifen, der sich schließlich unter die gesamte Aufstandsfläche schiebt und den Reifen vom Boden abhebt. Das Auto schwimmt – Lenk-, Brems- oder Antriebskräfte können nicht mehr übertragen werden.

Aquaplaning, zu deutsch Wasserglätte, lautet der Fachbegriff für dieses gefährliche Phänomen, das von mehreren Faktoren abhängig ist: von der Wasserhöhe auf der Fahrbahn, von der Geschwindigkeit des Autos, von der Profiltiefe der Reifen und von der Last, mit der die Reifen auf die Fahrbahn gedrückt werden. Auch die Reifenbreite spielt eine Rolle: je breiter der Pneu desto größer die Aquaplaning-Gefahr.

Auf zwei der Aquaplaning-Ursachen haben Autofahrer Einfluss und können deshalb maßgeblich dazu beitragen, Nässe-Unfälle zu verhindern: auf die Fahrgeschwindigkeit und die Reifenprofiltiefe (siehe auch Seite 82).

Beide Faktoren stehen in engem kausalen Zusammenhang. Denn beträgt der Haftreibungsbeiwert eines fabrikneuen Reifens bei Tempo 50 auf nasser Fahrbahn etwa 0,65, so sinkt er bei einem Reifen mit nur einem Millimeter Profiltiefe um mehr als 23 Prozent auf rund 0,5. Bei stärkerem Regen und höherer Geschwindigkeit vermindert sich die Bodenhaftung eines abgenutzten Reifens noch stärker. So misst der Haftungsreibungswert beispielsweise bei 130 km/h und einem

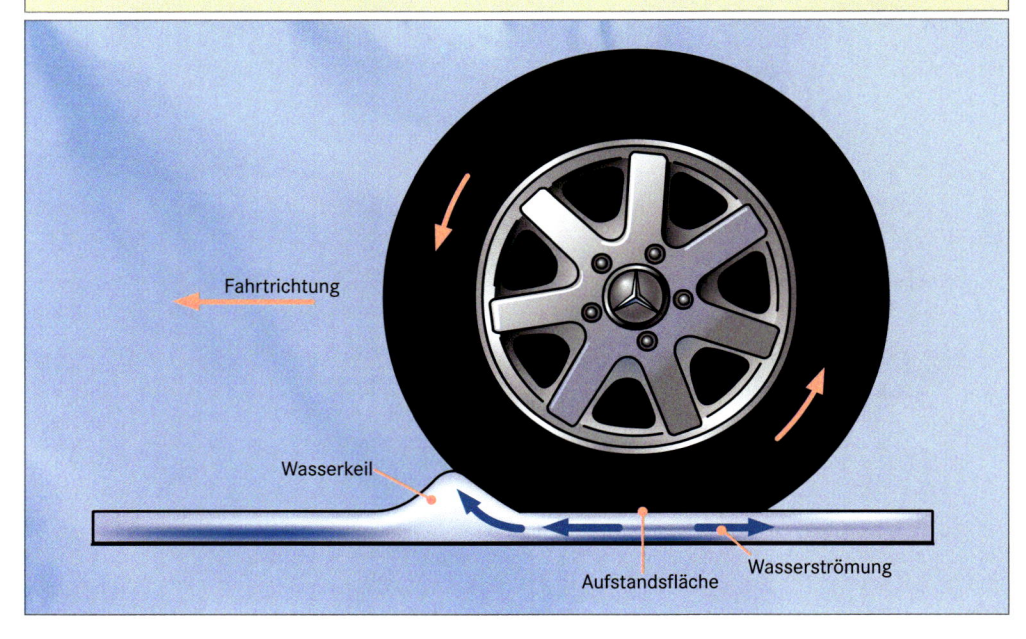

AQUAPLANING: GEFÄHRLICHER WASSERKEIL UNTER DEM REIFEN

Wasserpiste: Versuchsfahrten zeigen, was ein Reifen bei Wasserglätte leistet. In jeder Sekunde muss er bei Tempo 80 bis zu 25 Liter Wasser verdrängen.

Millimeter Wasserhöhe auf der Fahrbahn nur 0,1 – das sind rund 82 Prozent weniger als bei 50 km/h mit einem neuen Reifen. Mit anderen Worten: Je geringer die Tiefe des Reifenprofils und je höher die Geschwindigkeit, desto größer ist das Unfallrisiko durch Wasserglätte.

Aquaplaning-Fallen lauern überall. Auf Autobahnen sammelt sich das Regenwasser in ausgefahrenen Spurrillen und in Kurven, wo die Entwässerung der Fahrbahn mitunter nicht richtig funktioniert. Vorsicht beim Spurwechsel. Wasserglätte besteht häufig auch auf breiten Fahrbahnen, zum Beispiel in Autobahnkreuzen. Hier dauert es länger, bis das Wasser über die gesamte Fläche zur Seite abfließen kann. Auf Land- und Bundesstraßen zählen S-Kurven mit wechselnder Querneigung zu den Aquaplaning-Fallen. Das Wasser sammelt sich hier in den Übergangsbereichen zwischen den Kurven und fließt oft nur langsam ab. Auch Straßen neben Berg- und Felshängen sind bei starkem Regen gefährlich, weil sich der Regen den kürzesten Weg ins Tal sucht und die Fahrbahn überschwemmt.

WENN DAS AUTO SCHWIMMT

- Aquaplaning kündigt sich durch leichtgängigere Lenkung, durchdrehenden Motor und Wassergeräusche unter dem Wagen an.
- Beim ersten Anzeichen von Aquaplaning unbedingt die Geschwindigkeit drosseln. Mitunter sind bei Nässe schon 80 km/h zu viel, denn je höher das Tempo, desto geringer ist die Reifenhaftung. Das Auto wird manövrierunfähig.
- Das Lenkrad bei Wasserglätte fest im Griff halten und nicht bremsen. Keine abrupten Lenkbewegungen. Den Fuß vom Gaspedal nehmen. Vorsichtig auskuppeln. Bei Automatikmodellen in Fahrstufe „D" bleiben.
- Sobald die Reifen wieder festen Kontakt zur Fahrbahn haben, sollte die Stellung des Lenkrads der Fahrtrichtung entsprechen.

THEORIE UND PRAXIS

RUTSCHPARTIE AUF VIER RÄDERN

Ebenso unerwartet wie Nebel oder Aquaplaning kann sich in der kalten Jahreszeit auch Glatteis auf den Straßen bilden. Besonders auf Brücken, in Waldschneisen, im Gebirge oder in schattigen Tälern müssen Autofahrer schon bei Temperaturen von weniger als plus drei Grad Celsius damit rechnen, dass die Fahrbahnen stellenweise glatt sind. Der Grund: Am Boden ist es meist noch kälter, sodass sich bei hoher Luftfeuchtigkeit rasch Reif- oder Eisglätte auf den Fahrbahnen bildet. Auch Schmelzwasser, das sich tagsüber am Straßenrand sammelt, kann am späten Nachmittag oder am Abend bei sinkenden Temperaturen wieder zu großen Eisflächen gefrieren und Autofahrer gefährden.

Besonders tückisch ist das Phänomen „überfrierende Nässe": Wenn sich bei Tauwetter oder nach Regen Wasser auf den eiskalten Fahrbahnbelägen sammelt, bildet sich binnen weniger Minuten eine Eisschicht und verwandelt die Straßen in Rutschbahnen.

Eisbahn: Auf solchen Glatteis-Strecken heißt es, langsam fahren. Schon bei 50 km/h beträgt der Bremsweg knapp 100 Meter.

Wer unverhofft in eine solche Eis-Falle gerät, muss wissen, wie man das Auto auf Kurs hält. In Kürze: den Fuß vom Gaspedal nehmen, auskuppeln, kräftig bremsen und sanft gegenlenken.

BODENHAFTUNG*: GEFÄHRLICHE RUTSCHPARTIE BEI REGEN UND GLATTEIS

*Haftreibungsbeiwerte in µ mit neuwertigen Reifen

trockene Fahrbahn | nasse Fahrbahn | starker Regen | vereiste Fahrbahn

km/h
- 0,85
- 0,65
- 0,55
- 0,10

km/h
- 0,80
- 0,60
- 0,30
- 0,00

km/h
- 0,75
- 0,55
- 0,20
- 0,00

Mögliche Gefahrenstellen sollte man deshalb frühzeitig erkennen und das Tempo drosseln. So sollte man beispielsweise nie zu schnell auf eine Brücke zufahren, weil sich besonders schnell Glatteis bildet. Vorsicht ist auch in Autobahnausfahrten geboten, weil sie meist erst später geräumt und gestreut werden.

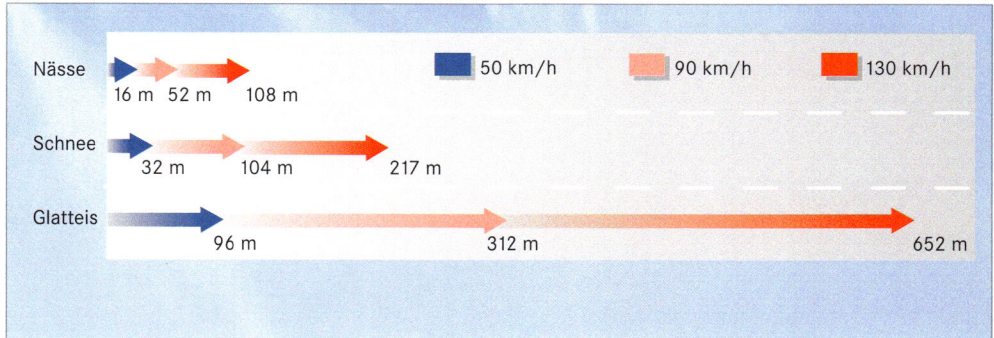

BREMSWEGE: BEI GLATTEIS ÜBER 650 METER

	50 km/h	90 km/h	130 km/h
Nässe	16 m	52 m	108 m
Schnee	32 m	104 m	217 m
Glatteis	96 m	312 m	652 m

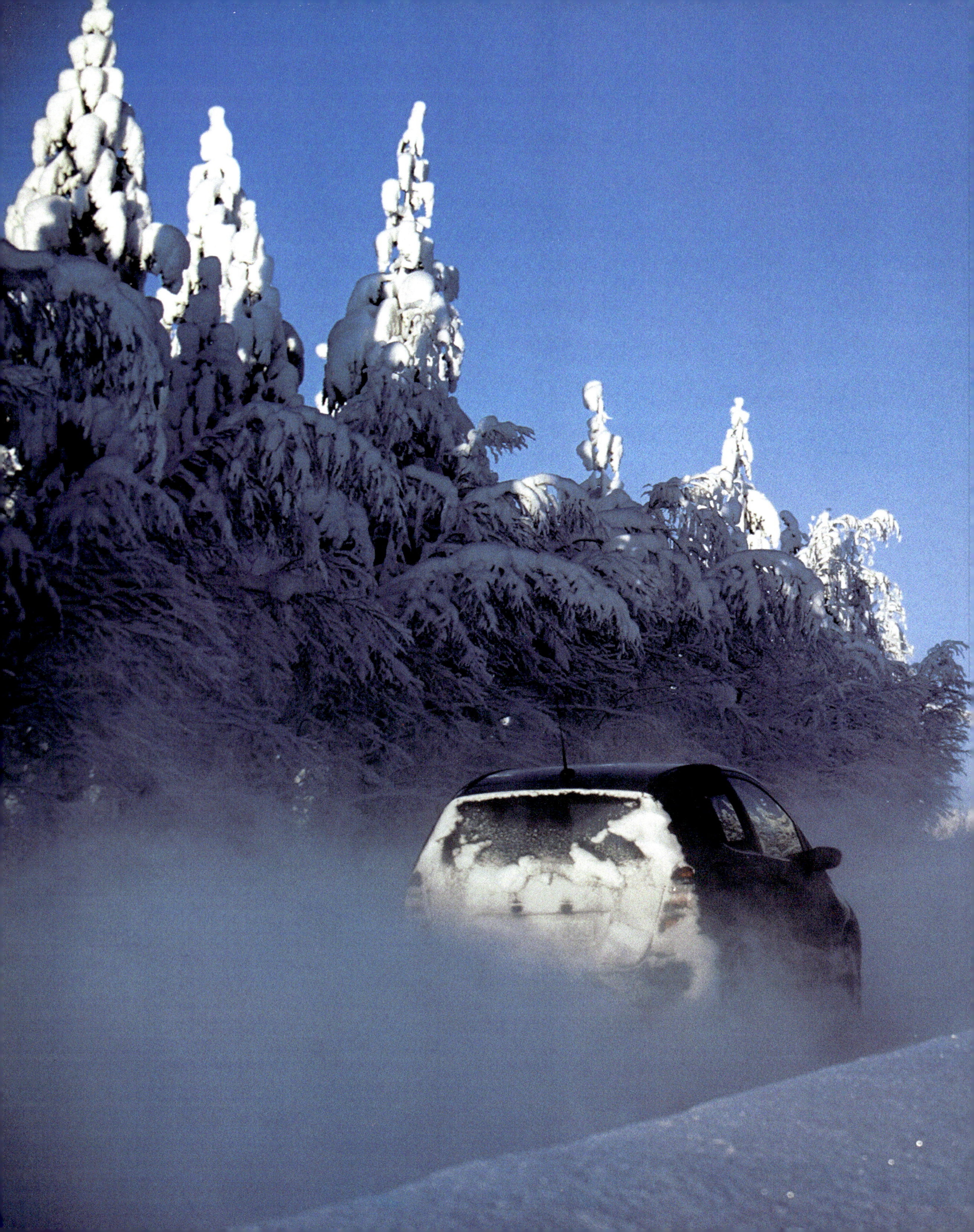

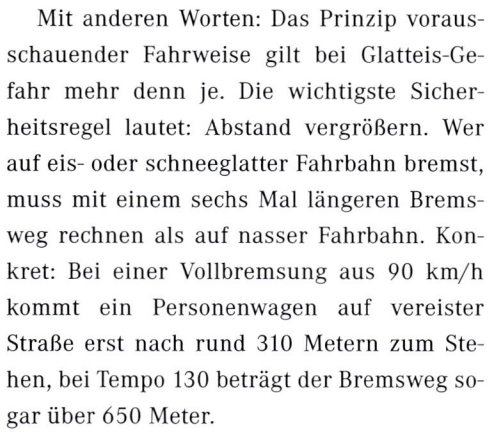

Mit anderen Worten: Das Prinzip vorausschauender Fahrweise gilt bei Glatteis-Gefahr mehr denn je. Die wichtigste Sicherheitsregel lautet: Abstand vergrößern. Wer auf eis- oder schneeglatter Fahrbahn bremst, muss mit einem sechs Mal längeren Bremsweg rechnen als auf nasser Fahrbahn. Konkret: Bei einer Vollbremsung aus 90 km/h kommt ein Personenwagen auf vereister Straße erst nach rund 310 Metern zum Stehen, bei Tempo 130 beträgt der Bremsweg sogar über 650 Meter.

Daran können auch moderne Assistenzsysteme wie ABS und ESP® nichts ändern. Physik bleibt Physik – und defensive Fahrweise die Grundvoraussetzung zur Unfallvermeidung. In jeder Jahreszeit.

DURCH EIS UND SCHNEE

- **Reifen wechseln:** Rechtzeitig vor Beginn der kalten Jahreszeit Winterreifen montieren. Auch Offroader und 4MATIC-Modelle brauchen Winterreifen.
- **Freischaukeln:** Steckt das Auto im tiefen Schnee fest, hilft mitunter ein schneller Gangwechsel (vorwärts/ rückwärts), um wieder freizukommen. Stets nur so viel Gas geben, dass die Räder nicht durchdrehen.
- **Früh schalten:** Stets nur sanft beschleunigen und während der Fahrt frühzeitig in den vierten oder fünften Gang schalten.
- **Anfahren mit Gefühl:** Auf vereisten oder verschneiten Straßen fährt man am besten im zweiten Gang an, weil dann die Räder nicht so schnell durchdrehen. Bei Automatikgetriebe: Winterprogramm aktivieren.
- **Langsam bergab:** Bei Bergabfahrten die Bremswirkung des Motors nutzen. Einen niedrigen Gang einlegen und langsam fahren.
- **Vorsichtiger Spurwechsel:** Schneewälle zwischen den Fahrspuren einer Autobahn mit gedrosseltem Tempo und möglichst im spitzen Winkel ansteuern. Erst wenn alle Räder wieder auf der trockenen Spur sind, gefühlvoll Gas geben.

TRAINING UND ERFAHRUNG
Stichwort-Ratgeber für sicheres Autofahren

ABSTAND
Langsam „ein-und-zwanzig, zwei-und-zwanzig" zählen, wenn der Vordermann an einer markanten Stelle am Fahrbahnrand vorbeifährt. Erreicht man diesen Punkt bei „zwei-und-zwanzig", ist der Abstand in Ordnung. Mehr Distanz wäre noch besser.

ALKOHOL
Wer Auto fährt, sollte auf Alkoholkonsum verzichten. Schon ab 0,3 Promille ist man fahruntüchtig.

AQUAPLANING
Fuß vom Gaspedal, aber nicht bremsen. Vorsichtig auskuppeln. Das Lenkrad fest im Griff halten, keine abrupten Lenkbewegungen.

BAUSTELLEN
Bereits bei Einfahrt in den Baustellenbereich auf die Geschwindigkeitsbeschränkung achten. In den schmalen Fahrspuren besser nicht überholen, sondern versetzt fahren.

BREMSEN
In Notsituationen stets mit voller Kraft aufs Bremspedal treten.

DUNKELHEIT
Nicht in die Scheinwerfer entgegenkommender Autos schauen. Keine Brille mit getönten Gläsern tragen.

EINFÄDELN
Die Geschwindigkeit bereits auf dem Beschleunigungsstreifen erhöhen und einscheren, sobald die Fahrbahn frei ist. Dann auf der rechten Spur bleiben und den nachfolgenden Verkehr beobachten.

ERNÄHRUNG
Als Autofahrer auf langen Strecken auf Schokolade oder andere Süßigkeiten verzichten. Besser sind Apfelchips, Trockenfrüchte, Vollkornkekse oder Müsliriegel. Viel trinken – am besten Tee oder Fruchtsäfte.

FUSSGÄNGER
An Fußgänger-Überwegen langsam fahren und stets bremsbereit sein.

GESCHWINDIGKEIT
Die Geschwindigkeit stets der Verkehrs- oder Wettersituation anpassen. In der Stadt ist Tempo 50 oft zu schnell. Auf Landstraßen und Autobahnen verliert man leicht das Gefühl für die Geschwindigkeit. Deshalb regelmäßig auf den Tachometer schauen.

GLATTEIS
Schleudert das Auto, Fuß vom Gaspedal nehmen, auskuppeln und kräftig bremsen. Sanft gegenlenken und versuchen, den Wagen auf Kurs zu halten.

KINDER
An Spielplätzen, Kindergärten, Schulen oder Schulbus-Haltestellen besonders vorsichtig fahren. Bremsbereit sein, wenn Kinder am Straßenrand spielen. Im Auto gehören Kinder bis zum vollendeten zwölften Lebensjahr, die kleiner als 150 Zentimeter sind, in spezielle Kindersitze.

KOLONNEN
Kolonnenfahrten im Nebel sind sehr gefährlich, weil man oft mit zu geringem Abstand unterwegs ist.

KOPFSTÜTZE
Die Oberkante der Kopfstütze sollte sich zwei bis drei Zentimeter oberhalb der Augen-Ohren-Linie befinden.

KURVEN
Vor der Kurve abbremsen, das Tempo der Sichtweite anpassen. Mit gleichmäßigem Tempo durch die Kurve fahren und erst am Kurvenausgang wieder beschleunigen.

LADUNG
Schwere Koffer nach unten packen und so weit wie möglich nach vorne schieben. Schwere Gegenstände mithilfe der Verzurrösen im Kofferraum sichern.

LICHT
Auch tagsüber mit Abblendlicht fahren, um besser gesehen zu werden.

MEDIKAMENTE
Unbedingt den Arzt oder Apotheker fragen, wenn man als Autofahrer Medikamente einnimmt. Das gilt auch für rezeptfreie Präparate.

MÜDIGKEIT
Bei längeren Strecken regelmäßig Pause machen. Am besten alle zwei Stunden für mindestens fünf Minuten auf einem Rast- oder Parkplatz ausspannen.

NÄSSE
Auf die Tempolimits „bei Nässe" achten. Vorsicht in Spurrillen und Kurven: Aquaplaning-Gefahr.

NEBEL
Fuß vom Gaspedal und die Geschwindigkeit der Sichtweite anpassen. Bei weniger als 50 Metern Sichtweite darf die Nebelschlussleuchte eingeschaltet werden. Dann gilt Tempo 50.

RADFAHRER
Mit ausreichend Seitenabstand überholen. Ein Meter sind das Mindestmaß – auch auf schmalen Straßen.

REIFENPROFIL
Mindestens 1,6 Millimeter Profiltiefe sind gesetzlich vorgeschrieben. Experten raten, Sommerreifen mit nur drei Millimetern und Winterreifen mit vier Millimetern Profiltiefe auszutauschen.

SCHNEE
Im zweiten Gang anfahren und gefühlvoll Gas geben. Rechtzeitig Winterreifen montieren – auch bei Offroadern und 4MATIC-Modellen.

SEHEN
Ab dem 40. Lebensjahr nimmt die Dämmerungssehschärfe ab. Regelmäßig zum Sehtest und Sehschärfe, Dämmerungssehschärfe und Blendempfindlichkeit testen lassen.

SEITENWIND
Tempo stark drosseln und sanft gegenlenken. Keine abrupten Lenkbewegungen.

SICHERHEITSGURT
Der Gurt darf nicht verdreht sein und muss straff am Körper anliegen. Dicke Jacken oder Mäntel am besten ausziehen.

SITZPOSITION
Je höher und aufrechter desto besser. Die Schultern sollten an der Rückenlehne anliegen, die Arme leicht angewinkelt sein. Die Beine sollten bei voll durchgetretenem Brems- und Kupplungspedal leicht angewinkelt sein.

SPIEGEL
Innenspiegel zeigen oft ein verkleinertes Bild. Außenspiegel haben einen „toten Winkel". Beim Spurwechsel auch über die eigene Schulter nach hinten schauen.

SPURWECHSEL
Den Verkehr durch regelmäßigen Blick in beide Rückspiegel beobachten. Vorsicht: Oft werden Tempo und Entfernung nachfolgender Autos falsch eingeschätzt.

ÜBERHOLEN
Sorgfältig prüfen, ob die zum Überholen erforderliche Strecke wirklich frei ist. Niemals vor Kurven, Kuppen oder Kreuzungen überholen. Den Sicherheitsabstand vor und nach dem Überholen einhalten. Im Zweifel nicht überholen.

ÜBERSTEUERN
Bricht das Heck des Autos aus, sofort kräftig gegenlenken und die Geschwindigkeit reduzieren.

UNTERSTEUERN
Schiebt das Auto über die Vorderräder zum Kurvenaußenrand, Gas wegnehmen, den Lenkradeinschlag kontinuierlich vergrößern und dem Kurvenverlauf anpassen.

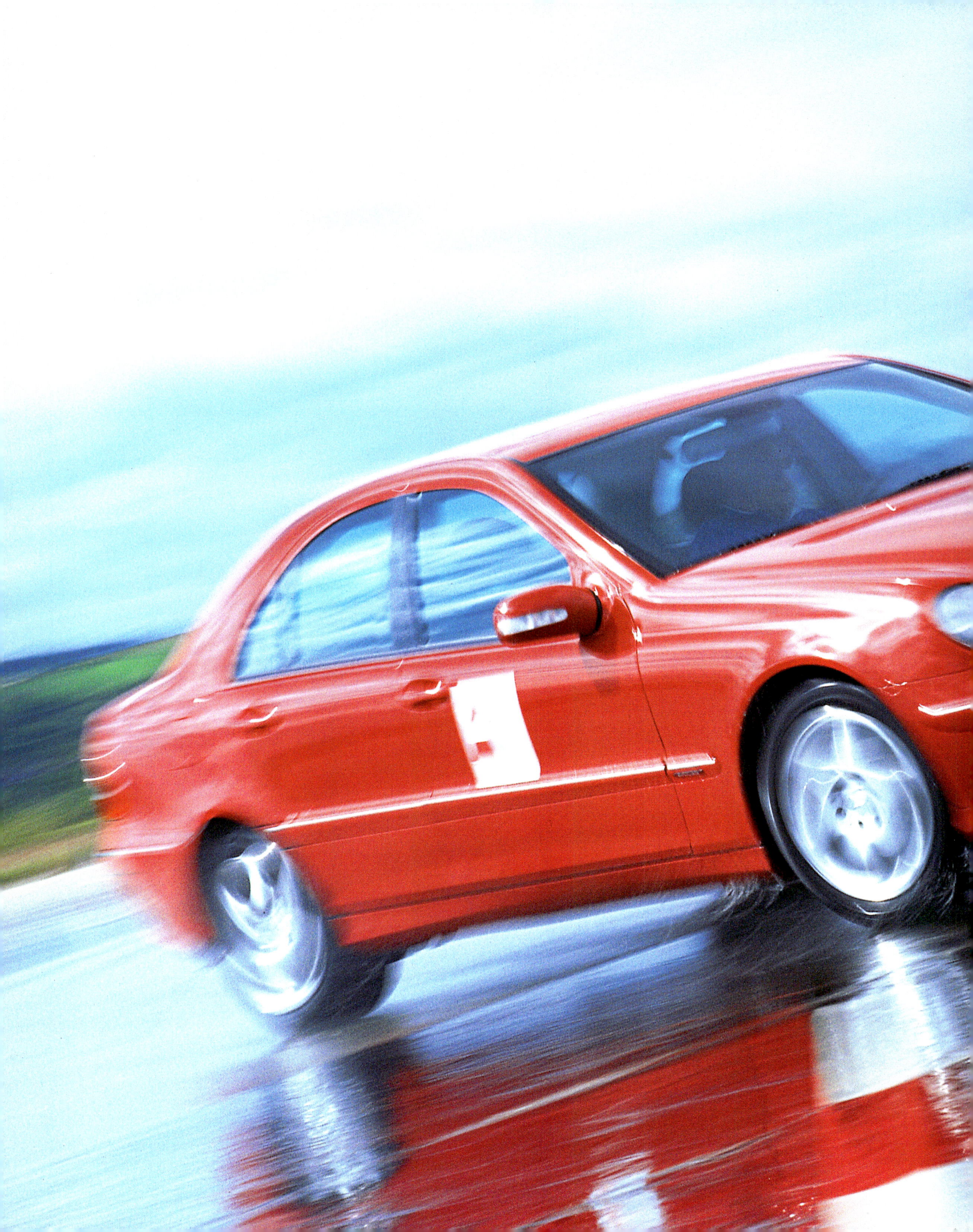

TRAINING UND ERFAHRUNG
Sichere Fahrer für sichere Autos

Seit über 30 Jahren bietet Mercedes-Benz als Teil eines umfassenden Engagements für die Verkehrssicherheit Fahrtrainings für Kunden an. Die Fahrprogramme der „Active Safety Experience" sind wichtiger Bestandteil einer ganzheitlichen Sicherheitsphilosophie, deren oberstes Gebot die Unfallvermeidung ist.

Sicher ausweichen: Auf rutschiger
Fahrbahn lernen die Teilnehmer des
Sicherheitstrainings, an einem
Hindernis vorbeizulenken.

Das Fahrprogramm „Active Safety Experience" steht im Einklang mit der Philosophie der Marke Mercedes-Benz, die das Thema Sicherheit als ganzheitliche Aufgabe versteht – von der Unfallvermeidung durch souveränes Fahrkönnen und elektronische Assistenzsysteme über den auf die jeweilige Unfallschwere abgestimmten Insassenschutz bis zur schnellstmöglichen Rettung der Insassen nach einer Kollision.

Keine andere Automobilmarke hat so viel Wissen über die aktive und passive Fahrzeugsicherheit wie Mercedes-Benz. Die Stuttgarter Ingenieure haben damit die gesamte Automobilentwicklung maßgeblich geprägt. Auch bei der Weiterbildung von Autofahrern ist Mercedes-Benz Vorbild und Trendsetter. Denn das ganzheitliche Sicherheitsengagement der Marke beinhaltet auch den Anspruch, Autofahrerinnen und Autofahrern weltweit ein Fahrsicherheitstraining anzubieten und ihnen damit die Möglichkeit zu geben, ihr fahrerisches Können zu perfektionieren.

Zwar unterstützen moderne Assistenzsysteme wie ESP®, Brems-Assistent oder ABS den Fahrer in kritischen Situationen, doch die beste Technik bleibt wirkungslos, wenn der Autofahrer seinen Wagen nicht sicher beherrscht. Die Fahrprogramme schließen die Lücke zwischen Hightech und Fahrkönnen. Sie beinhalten nicht nur praktische Übungen, bei denen das Erkennen von Risiken und das richtige Reagieren geübt wird, sondern dienen auch dem detaillierteren Verständnis der modernen Sicherheitstechnik an Bord der Mercedes-Personenwagen.

Das Wissen über diese Systeme verbessert die eigene Sicherheit: Wer beispielsweise die Funktionsweise des Anti-Blockier-Systems oder des Elektronischen Stabilitäts-Programms genauer versteht, kann deren Wirkung besser einschätzen. Deshalb ist ein Fahrsicherheitstraining die beste Gelegenheit, Gefahrensituationen im Straßenverkehr unter professioneller Anleitung ins Auge zu blicken, ohne ein Risiko einzugehen. In den praktischen Übungen werden die Grenzen systematisch gesucht und gemeistert. Mit dieser Erfahrung kann der Teilnehmer im Straßenalltag Risiken besser einschätzen und dank seines größeren Wissens vorausschauender fahren.

Mit anderen Worten: Durch das geübte Zusammenspiel von Mensch und Technik schafft das Fahrsicherheitstraining die Voraussetzung für eine optimale Vorbereitung auf kritische Situationen. Bei den praktischen Übungen geht es darum, das eigene Verhalten am Lenkrad zu erkennen, es richtig einzuschätzen und danach sukzessive zu verbessern. Das Erfassen einer Verkehrssituation und die adäquate Reaktion darauf haben Priorität. Die Zielsetzung des Trainings unterliegt drei Prämissen:

■ Risiken erkennen
■ Gefahren vermeiden
■ Grenzsituationen meistern

Die Philosophie des Programms „Active Safety Experience" folgt dem Credo, dass nicht der schnellste Verkehrsteilnehmer der Beste ist, sondern derjenige, der mit seiner Fahrweise dazu beiträgt, die Gefahren im Straßenverkehr zu verringern.

TRAINING UND ERFAHRUNG

Genaue Analyse: Lichtschranken und andere Messgeräte liefern Daten, um jede Übungsfahrt exakt analysieren zu können. Per Funk geben die Instruktoren den Fahrern Tipps.

TRAINING FÜR PROFIS UND SPORTFAHRER

Bei der Fahrerausbildung tragen die Mercedes-Fachleute vermehrt den unterschiedlichen Erwartungen verschiedener Zielgruppen Rechnung. So zählen mittlerweile kundenoptimierte Programme zum Angebot: Transportunternehmer, Fuhrparkleiter und Berufskraftfahrer lernen beim „ProfiTraining", den stetig wachsenden Anforderungen im alltäglichen Transportgeschäft gerecht zu werden, bei denen maximale Transportleistungen und möglichst geringer Kraftstoffverbrauch mehr denn je die wichtigsten Faktoren sind. Die in Deutschland angebotenen Kurse jenes „ProfiTrainings" vermitteln zudem Fahrsicherheit und Fahrspaß

Was Autofahrerinnen und Autofahrer unter anderem bei der „Active Safety Experience" lernen, zeigen die folgenden Übungen des Mercedes-Trainings:

SPURHALTUNG

Auf einseitig glatter Fahrbahn lernen Autofahrer, ihren Wagen durch sanftes, leicht anwachsendes Bremsen, gefühlvolles Lenken und vorsichtiges Gas geben zu beherrschen. Auto fahren mit „Fingerspitzengefühl".

WECHSELKURVE

Bei diesem Fahrmanöver auf rutschiger Straße lernen die Teilnehmer der „Active Safety Experience" das Eigenlenkverhalten des Autos kennen. Bei der Spurhaltung im Grenzbereich helfen behutsame Lenkbewegungen und das Elektronische Stabilitäts-Programm, das hier in Aktion tritt.

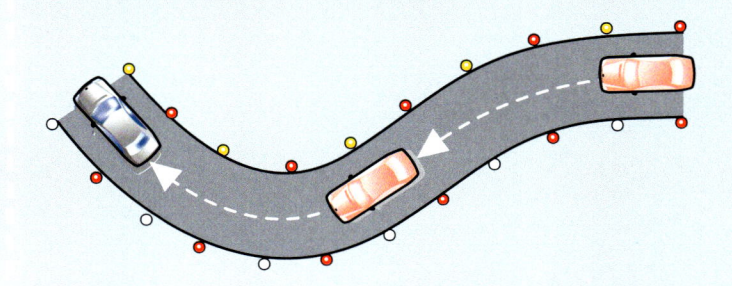

SICHERE FAHRER FÜR SICHERE AUTOS

149

sonderen Straßenbedingungen auf dem Programm. Dazu zählen Offroad-Fahrkurse in der Mongolei oder Schleuderprogramme auf Eisseen in Nordschweden. Unter extremen klimatischen Verhältnissen lernen die Teilnehmer beim Wintertraining in Österreich oder Schweden die eigenen Grenzen und die des Fahrzeugs kennen. Dabei ermöglichen realistische winterliche Verhältnisse eine optimale Vorbereitung auf Eis und Schnee in Verbindung mit einer Reise zu außergewöhnlichen Orten.

Sportlich ambitionierte Autofahrer kommen beim Mercedes-Benz Sportfahr-Event auf ihre Kosten, beispielsweise auf der Nordschleife des Nürburgrings. Hier lernen die Teilnehmer unter Anleitung eines erfahrenen Instruktors Ideallinie und optimalen Bremspunkt in jeder Sektion der Strecke kennen. Großen Zuspruch erhielt das im Jahr 2003 erstmals in Deutschland angebotene Fahrsicherheitstraining für Frauen. In diesen Kursen für Frauen führen Instruktorinnen durch das Programm und vermitteln den Teilnehmerinnen Grundlagen von fahrphysikalischen Gesetzen in Theorie und Praxis.

und leisten zusammen mit dem „ECO-Training" einen entscheidenden Beitrag zu wirtschaftlichem und ökologischem Fahren.

Die Trainingsprogramme für Pkw-Besitzer bieten Fahranfängern und Profis ein breites Angebot an Fahrsicherheitskursen. Neben Kompakt- und Grundkursen stehen zum Beispiel für deutsche Mercedes-Kunden verschiedene Fahrveranstaltungen mit be-

Die Abläufe der Trainingseinheiten sind fließend gestaltet, die Inhalte gehen ineinander über. Eine lockere Atmosphäre dient dem Lernziel, denn mit mehr Spaß am Fahrzeug und am Fahren lässt sich auch mehr Fahrsi-

KREISFAHRT

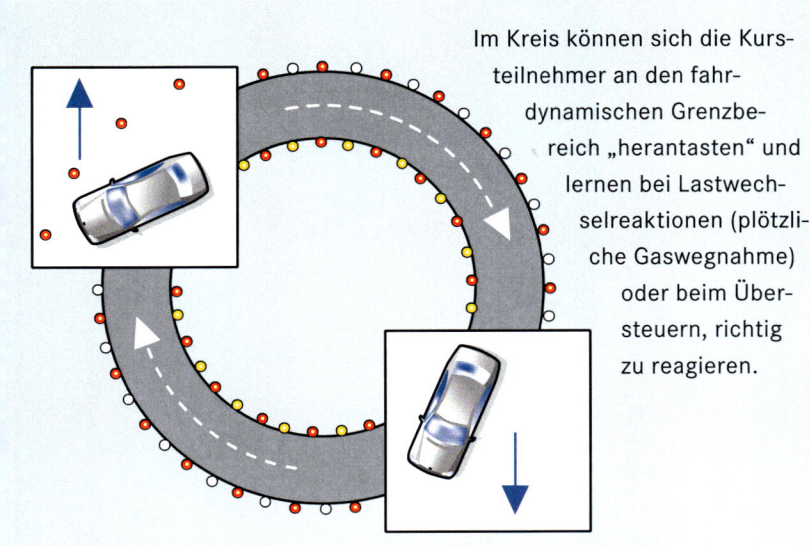

Im Kreis können sich die Kursteilnehmer an den fahrdynamischen Grenzbereich „herantasten" und lernen bei Lastwechselreaktionen (plötzliche Gaswegnahme) oder beim Übersteuern, richtig zu reagieren.

BREMSEN UND LENKEN

Plötzlich taucht ein Hindernis auf der Fahrbahn auf und es bleibt dem Fahrer nur ein Ausweg, den Unfall zu vermeiden: stark bremsen und zur Seite ausweichen. Gutes Reaktionsvermögen, entschlossenes Bremsen und richtiges Lenken werden bei dieser Übung trainiert.

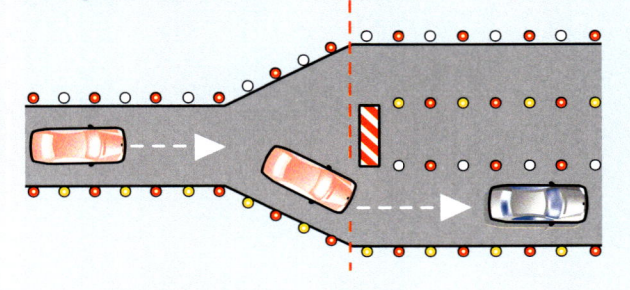

TRAINING UND ERFAHRUNG

cherheit erlernen. Daraus resultiert letztendlich auch die Souveränität, im Verkehrsalltag bewusst partnerschaftlich und defensiv zu fahren.

ÜBUNG MIT SYSTEM

Alle Übungen und Programme innerhalb des Fahrsicherheitstrainings „Active Safety Experience" sind wirklichkeitsnah konzipiert und ausgelegt. Theoretische Einführungen bereiten die Autofahrer auf die Praxis-Übungen vor. Dadurch wird einerseits das Verständnis für das Fahrverhalten des Autos geschult, andererseits lernt der Teilnehmer rasch, sein Verhalten und das Verhalten seines Fahrzeugs zu koordinieren und das Gelernte umzusetzen.

Zum Lernprogramm gehören nicht nur Exkurse über Fahrdynamik und Fahrphysik. Es geht auch um medizinische Aspekte des Autofahrens – zum Beispiel, welchen Belastungen der menschliche Organismus am Steuer ausgesetzt ist und wie die Leistungsfähigkeit gesteigert werden kann. Zudem machen Sportpädagogen die Teilnehmer des anspruchsvollen Intensiv-Fahrsicherheitstrainings mit Lockerungs- und Dehnungsübungen vertraut, die bei langen Fahrten für Entspannung und körperliches Wohlbefinden sorgen. Ein weiterer Partner der Mercedes-Fahrprogramme ist der Reifenhersteller Michelin.

Den Instruktoren steht aufwändige Messtechnik unterstützend zur Verfügung. Dazu zählen Lichtschranken zur exakten Tempomessung und Induktionsschleifen mit angeschlossener Datenverarbeitung. Tabellen und Grafiken mit individuellen Werten können ausgedruckt und diskutiert werden. Keiner

SLALOM

Auch die Slalomfahrt vermittelt Autofahrern ein Gefühl für das Eigenlenkverhalten des Fahrzeugs. Sie lernen, den Wagen im Zusammenspiel von Gaswechseln und Lenken zu beherrschen. Ziel ist es, diesen Parcours nicht so schnell, sondern so gleichmäßig wie möglich zu durchfahren.

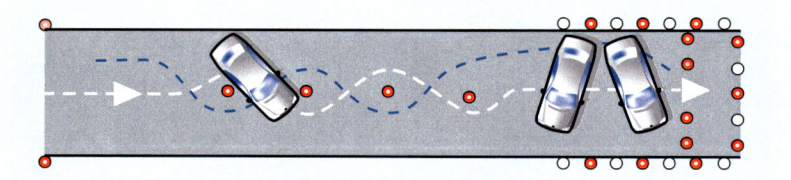

AUSWEICHBREMSUNG BEI GLÄTTE

Die Fahrbahn ist spiegelglatt und die Aufgabe lautet, einem Hindernis auszuweichen und anschließend sofort anzuhalten. Für das Ausweichen ist an den Reifen zwar die maximale Seitenführungskraft erforderlich, doch gleichzeitig wirkt auch die Bremskraft. Die Übung zeigt, dass sich die Physik auch mit ABS und ESP® nicht überlisten lässt.

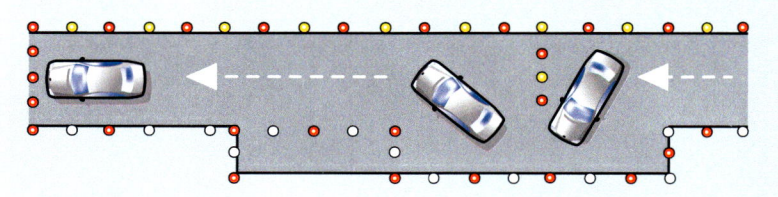

VERGLEICH: TRAININGSTEILNEHMER BREMSEN BESSER

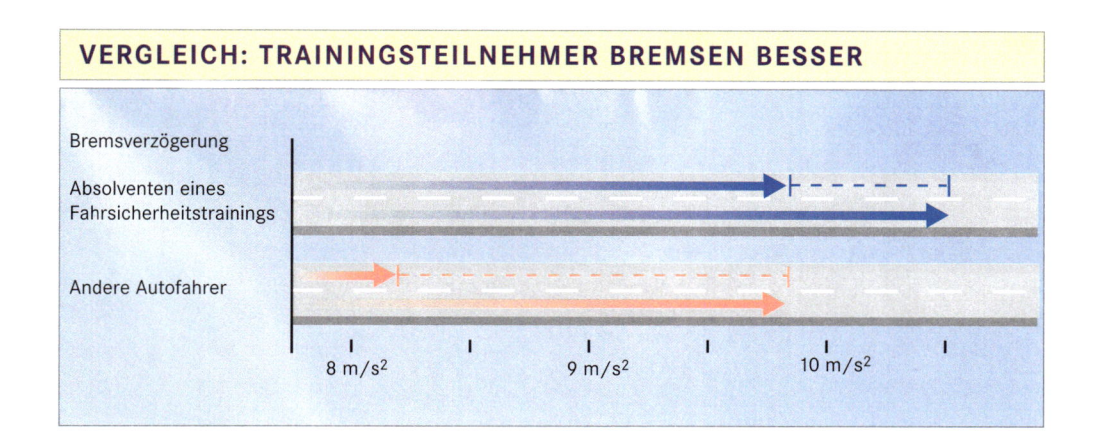

der Trainierenden wird allein gelassen: Die Instruktoren stehen jederzeit über Funk mit den Fahrzeugen in Kontakt.

VORSPRUNG DURCH WISSEN UND ERFAHRUNG

Untersuchungen dokumentieren den Lern-Erfolg eines Fahrsicherheitstrainings: Absolventen solcher Kurse verhalten sich im Auto insgesamt ausgeglichener und beherrschen ihr Fahrzeug bei Gefahr souveräner als andere Autofahrer. Das zeigt allein die Auswertung eines Vergleichstests, den Ingenieure des Mercedes-Benz Technology Centers durchgeführt haben. Auf dem Programm stand eine Bremsübung. Teilnehmer eines Mercedes-Fahrprogramms reagieren bei Gefahr richtig: Sie treten das Bremspedal voll durch und erzielen dadurch die höchsten Verzögerungswerte. Autofahrer ohne entsprechende Zusatzausbildung bremsen zu zaghaft, sodass sich der Bremsweg verlängert und die Gefahr eines Unfalls deutlich steigt.

Ob beim Bremsen, Lenken oder Gas geben, menschliches Fehlverhalten ist die Unfallursache Nummer eins im Straßenverkehr. Deshalb appellieren Experten an die Verantwortung der Autofahrer. Jeder, der an einem Fahrsicherheitstraining teilnimmt, übernimmt Verantwortung: für seine Familie, für andere Verkehrsteilnehmer und letztlich auch für sich selbst.

MEHR ÜBER DIE FAHRPROGRAMME VON MERCEDES-BENZ

Mercedes-Benz Fahrprogramme
Münchner Straße 24
D-85774 Unterföhring
Telefon: 089/950 60 51
Telefax: 089/950 60 79

www.mercedes-benz.de/fahrprogramme-pkw
E-Mail: mb.fahrprogramme@bkp-gmbh.de

WEDELN

Bei Tempo 100 heißt es, einem Hindernis auf der Fahrbahn auszuweichen und danach sofort wieder auf die eigene Spur zu lenken. Die Übung vermittelt, wie man solche Gefahrensituationen durch präzises Lenken sicher meistert.

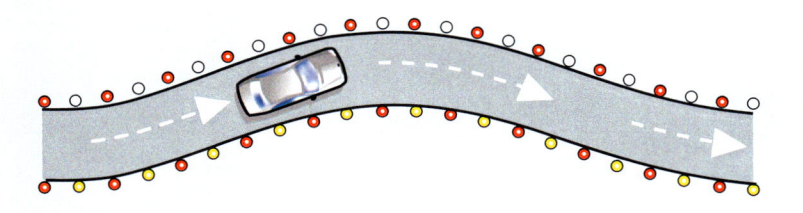

KURVENTECHNIK

Das ist die hohe Kunst des Autofahrens: ständig wechselnde Kurvenradien, plötzliche Eisglätte, häufige Richtungswechsel. Konzentration und Können sind gefragt, um die Lastwechselreaktionen des Autos bei dieser Übung zu beherrschen.

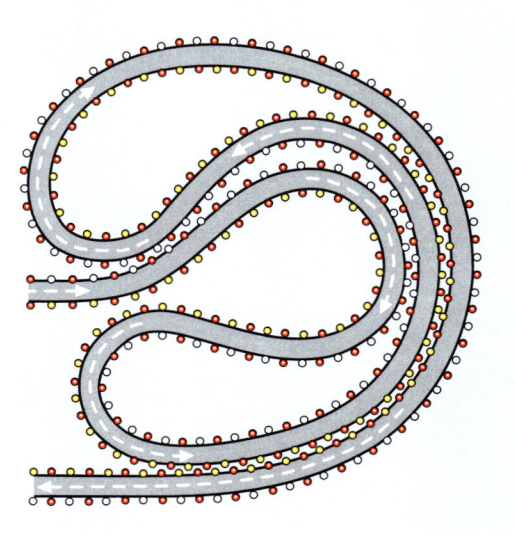

FÜR ANFÄNGER, PROFIS UND SPORTFAHRER
Die Pkw-Fahrprogramme von Mercedes-Benz*

FAHRSICHERHEITSTRAININGS

Kompaktkurs
Richtige Sitz- und Lenkradhaltung, Ausweichen und Bremsen in Notsituationen, Wirkungsweise von ABS, BAS, ESP® und SBC™; Dauer: 1/2 Tag

Grundkurs
Theoretische Einführung, Sitzposition, Notbremsung und Ausweichmanöver, Einfluss der Geschwindigkeit auf den Bremsweg, Wirkungsweise von ABS, BAS, ESP® und SBC™; Dauer: 1 Tag

Grundkurs für Frauen
Gleicher Inhalt wie Grundkurs, aber das Training wird von Instruktorinnen durchgeführt; Dauer: 1 Tag

Fortgeschrittenenkurs
Theoretische Einführung, Notbrems- und Ausweichmanöver, Verhalten bei Aquaplaning, Wirkungsweise von ABS, BAS, ESP® und SBC™; Schleudern auf glatter Fahrbahn, Rundkurs mit verschiedenen Gefahrensituationen; Dauer: 1 1/2 Tage

Fortgeschrittenenkurs Special
Notbrems- und Ausweichmanöver aus höheren Geschwindigkeiten, Abfangen eines schleudernden Fahrzeuges, Lastwechselreaktion beim Kurvenfahren, angeleitetes Fahren auf dem jeweiligen Rundkurs des entsprechenden Veranstaltungsorts; Dauer: 1 1/2 Tage; Preis: 680,- EUR

Berufsfahrer-Training 1
Notbrems- und Ausweichmanöver bei unterschiedlicher Fahrbahnbeschaffenheit, Ausweichmanöver bei höheren Geschwindigkeiten, Fahren mit berufsspezifischen Zusatzaufgaben, Strategien und Umgang mit Extremsituationen, Mehrfachbelastungen und Stress; Sommertraining: Dauer: 1 1/2 Tage; Wintertraining in Saalfelden: Dauer: 2 Tage

Berufsfahrer-Training 2
Aufbauend auf dem Berufsfahrer-Training 1, zusätzlich mit Reaktionstest unter Belastung, Nachtparcours, Abstandsfahren und -bremsen, Rettungssimulator; Dauer: 2 Tage

Wintertraining in Kühtai
Theoretische Vorbereitung, Kurvenfahren bergauf/bergab, Notbremsung und Ausweichbremsung, Training auf einer präparierten 1,5 km langen Pass-Straße, Spurwechsel, Fahren auf Kreisbahn, Slalom und Lastwechselslalom auf der Dynamikfläche; Dauer: 1 1/2 Tage

Wintertraining in Saalfelden
Theoretische Vorbereitung, Kurvenfahren, Bremsen auf einseitig rutschiger Fahrbahn, Training auf einer präparierten Eis- und Schneefahrbahn, Notbrems- und Ausweichmanöver, Training auf Schleuderplatte, Fahren auf landstraßenähnlichem Rundkurs unter Winterbedingungen, Kardiologisches Coaching; Dauer: 2 Tage

FAHREVENTS

Winterfahrevent in Schweden
Training unter den extremen Winterbedingungen des Polarkreises, zwei Handlingkurse, Slalom und Lastwechselslalom auf der Dynamikfläche, Kreisfahrbahn, Kreis- und Achterfahren, Rundkursfahren, Fahren mit Snowmobilen; Dauer: 4 Tage

Sportfahrevent
Fahrzeugbeherrschung, Ideallinie, Sektionstraining, optimaler Bremspunkt, Kartfahren, angeleitetes Fahren auf dem Rundkurs, Mitfahrgelegenheit im „Renntaxi"; Dauer: 2 Tage

GELÄNDETRAININGS

Offroad-Reisen
Genießer-Tour Frankreich, Sandfahr-Training Tunesien, Erlebnis-Rallye Mongolei, Erlebnis-Rallye Kanada, Erlebnis-Rallye Libyen. Nähere Informationen auf Anfrage

Offroad-Training
Theoretische Einführung, Schrägfahrten, Befahren von Steilhängen und Verschränkungen, Verhalten beim Festfahren; Dauer: 1 Tag

VERANSTALTUNGEN FÜR GRUPPEN, FIRMEN UND FUHRPARKS

ECO-Training vor Ort
Sparsam und umweltbewusst fahren ohne längere Fahrzeiten und mit mehr Fahrspaß, Theorie und Praxis, Verbrauchsmessfahrt; Dauer: 1/2 Tag

Incentives
Individuell und ganz auf die Wünsche des Kunden abgestimmt werden spezielle Incentives aus den verschiedenen Elementen der Mercedes-Fahrprogramme zusammengestellt.

*Beispiele, Programmangebot im Jahre 2004

SICHERE FAHRER FÜR SICHERE AUTOS

REGISTER

4ETS 116
4MATIC 117

A

Abbiegelicht 87
ABC 71, 116
ABS 30 ff., 78 ff., 116
Abstand 128, 142
Active Body Control 71, 116
Active Safety Experience 144 ff.
ADAC 132
Aerodynamik 84 ff.,
Airbag 23, 91 ff., 116
AIRMATIC 59, 72
A-Klasse 24, 28, 36, 74
AKSE 116
Aktive Sicherheit 30 ff.
Aktives Fahrwerk 71
Alkohol 46, 47, 132, 142
Alkoholabbau 47, 48
Altersgruppen 10
Anhalteweg 77, 107, 128, 129
Annan, Kofi 9, 14
Anschnallen 54
Anti-Blockier-System 30, 78 ff.
Antriebs-Schlupf-Regelung 78, 116
Aquaplaning 136, 137, 142
ASR 31, 78, 116
Assistenzsysteme 41 ff.,
Auffahrunfall 105, 107, 128
Auftrieb 84
Außenspiegel 85, 127
Ausweichbremsung 150
Autobahnbaustelle 126, 142
Autobahneinfahrten 127, 128
Autobahnlicht 108, 109
Autotelefon 51

B

Barényi, Béla 16, 90
Bedienkonzept 54

Benz, Karl 66, 67
Beruhigungsmittel 49
Beschleunigungsspur 128
Beta-Blocker 49
Bio-Rhythmus 45
Bi-Xenon 86, 116
Blickfeld 47
Blutalkoholspiegel 47
Bodenanlage 94
Brems-Assistent 78 ff., 99, 100, 107, 116
Bremsen 142
Bremsleuchten 106, 107
Bremsverhalten 151
Bremsverzögerung 79
Bremsweg 77, 81, 83, 139
Bremswirkung 77
Brille 132
Bundesanstalt für Straßenwesen 19

C

CARE 11, 12
Chronik 88–89
CLS-Klasse 93
COMAND 51, 60
Crash-Boxen 93
Crash-Tests 16, 17,
c_W-Wert 84

D

Daimler, Gottlieb 66, 67
Dämmerungssehschärfe 143
Dämpfung 70, 71, 72, 73
Dämpfungssystem 74
Death Valley 42
Defensiv Fahren 121
Deformierbare Barriere 22
Disstress 58
DISTRONIC 51, 60, 116
Drehratensensor 75
Drogen 48
Dummys 17

Dunkelheit 131, 132, 142
DUO 97, 98
DVR 136

E

ECE-Gruppen 98
ECO-Training 149, 152
Eigenlenkverhalten 124
Einfädeln 142
E-Klasse 61
Elastokinematik 73
Elektronisches Stabilitäts-Programm 32 ff., 74 ff., 116
Entlastungskomfort 59
Ergonomie 54
Ermüdung 44, 45, 58
Ernährung 46, 142
ESP* 32 ff., 74 ff., 116
EURO-NCAP 21, 22, 116
Europäische Union 11, 12
Eustress 58

F

Fahranfänger 10
Fahrbahnausleuchtung 86
Fahrbahnkontakt 70
Fahrdynamik-Regelung 33
Fahrgastzelle 93
Fahrlicht-Assistent 51, 60
Fahrpausen 44
Fahrphysik 68 ff.
Fahrprogramme 147 ff., 152
Fahrradfahrer 10
Fahrsicherheitstraining 124, 144 ff.
Fahrsimulator 33, 80, 81
Fahrtdauer 44
Fahrunfälle 34, 122
Fahrzeugbestand 9
Fahrzeug-Fahrzeug-Kollisionen 28
Federbeinachse 69
Federung 70, 71, 72, 73

Fliehkraft 68
Freizeitunfälle 132
Frontalkollisionen 20, 21
Führerschein-Neulinge 10
Fußgänger 10, 14, 21, 46, 120, 121, 130, 142
Fußgängerschutz 80

G

Gabelträgerkonzept 21
Gasentladungslampen 86
Gasgeneratoren 23
Gaus, Hermann 33
Geschwindigkeit 122, 142
GIDAS 19, 27
Glatteis 131, 138, 139, 142
GPS 56
Grenzbereich 69, 75
Gurtband 54
Gurtkraftbegrenzer 92, 116
Gurtlose 92, 99
Gurtstraffer 22, 91, 92, 104, 116

H

Haftreibung 136, 138
Hautleitfähigkeit 56, 57, 59, 60
Head/Thorax-Seitenairbag 25, 94, 95, 96, 117
Heckaufprall 94
Herzfrequenz 43, 56, 57, 59, 60
Hitze 42
Hormone 41
Hustensaft 48

I

Innenraumverkleidung 20
Integrated Safety 29
ISOFIX 98

K

Kfz-Bestand 88–89
KID 97, 98
Kinder 97 ff., 122, 130, 142
Kindersicherheit 97 ff.,
Kindersitze 97 ff., 104
Kindersitz-Erkennung 98
Klimaanlage 42, 43
Klimatisierung 55

Knautschzone 16, 17, 90, 92, 93
Kniepolster 104
Kolonnen 142
Komfort 55
Komfortsitz 51, 59
Kompatibilität 27, 117
Konditionssicherheit 41 ff., 50 ff., 117
Kopfstütze 22, 53, 142
Kreisfahrt 149
Kreuzungen 87
Kurvenfahrt 69, 125, 142
Kurvenlicht 86, 117, 132
Kurvenstabilität 76
Kurzsichtigkeit 133
Ladung 142
Lenk-Assistent 107
Licht 108, 143
LINGUATRONIC 51, 117
Luftfederung 72
Luftkräfte 84
Luftwiderstand 84

M

Maßkonzeption 53
Maybach, Wilhelm 66, 67
Medikamente 48, 49, 143
Mikro-Elektronik 31
Motorradfahrer 10, 14
Müdigkeit 44, 45, 58, 143
Multifunktions-Lenkrad 55
Multikontursitz 51
Muskelspannung 56, 57, 59, 60

N

Nacht 131
Nachtmyopie 133
Nachtsichtsystem 110, 111
Nachtunfälle 87, 131, 132
Nahbereichs-Radar 105
Nallinger, Professor Fritz 32
Nasentropfen 48
Nässe 131, 139, 143
Navigationssystem 51, 109
Nebel 131, 134, 135, 143
Nebelschlussleuchte 135, 43
Notbremsung 79, 81, 130, 131

O

Offset-Crash 21, 93

P

Partnerschutz 27
Passive Sicherheit 16 ff.
Pausenplanung 44
Pfahlaufprall 21
Physio-Test 56
Pralltopf-Lenkrad 91
PRE-SAFE 26, 96, 99 ff., 117
Profiltiefe 83
Psychopharmaka 48
Pupillentest 58

Q

Querbeschleunigung 113
Querschlupf-Regelung 32

R

Radfahrer 122, 129, 130, 143
Radlastschwankungen 70
Reaktionsweg 77
Regen 85, 138
Reifen 82 ff., 136
Reifen-Codes 83
Reifendruckkontrolle 51
Reifendruck-Warnung 83
Reifenluftdruck 82
Reifenprofiltiefe 136, 143
Restalkohol 47, 48
Rotlichtschwäche 47
Rückhaltesystem 96

S

Sandwich-Konzept 24, 94, 117
Satellitensensor 94
SBC 117
Scheinwerfer 86 ff., 108
Scherenberg, Professor Dr. Hans 30
Schiebedach 100
Schlafmittel 48
Schlechtwetterlicht 108, 109
Schlupfgrenze 78
Schmerzmittel 49
Schnee 139, 143
Schöneburg, Dr. Rodolfo 16

Schrecksekunde 77
Schwerpunkt 68
Sehtest 133
Sehvermögen 132, 133, 43
Seitenabstand 130
Seitenaufprall 24, 94
Seitenaufprallschutz 25, 26, 94 ff.
Seitenführungskräfte 77, 112, 113
Seitenwind 143
Sekundenschlaf 45
Sensotronic Brake Control 117
Sicherheitsabstand 60, 128
Sicherheitsgurt 22, 23, 54, 91, 92, 143
Sicherheitskonzept 29
Sidebag 94 ff., 117
Sitzeinstellung 53, 57, 143
Sitzposition 100
S-Klasse 21, 23, 59, 60, 96
Slalom 150
SL-Klasse 70, 71
Spiegel 143
Spoiler 85
Sport 43
Sportfahrwerk 73
Sprachbedienung 50, 51
Spurhaltung 148
Spurwechsel 127, 143
SRS 117
Stadtlicht 108
Stirnfläche 84
Stop-and-go-Assistent 105
Stoßdämpfer 70, 73, 74
Stoßfänger 93
Stress 41, 42
Stresstest 62–63
Sturzverstellung 114
Submarining 101

T

THERMOTRONIC 51
TOPSAFE 97, 98
Toter Winkel 127
Tunnelblick 47
Türschloss 88, 91

U

Überholen 121, 125, 126, 128, 143
Überholweg 126
Überrollschutz 117
Überschlag 102
Übersteuern 76, 124, 143
Umfeldsensorik 105
Unfallbrennpunkte 21
Unfallforschung 18 ff., 25, 28, 94
Unfallquote 34, 35, 36
Unfallstatistik Deutschland 9
Unfallstatistik Europa 11, 12
Unfallstatistik weltweit 13, 14, 15
Unfallursachen 121
Unfallvermeidung 121
Untersteuern 73, 76, 24, 143
Up-Front-Sensoren 92

V

Vereinte Nationen 9
Verletzungsschwere 35
Vollbremsung 77, 131
Vorfahrt 121

W

Wahrnehmungssicherheit 85, 86
Warnblinkanlage 107
Wasserglätte 136, 137
Wechselkurve 148
Wedeln 151
Weltgesundheitsorganisation 9, 14, 46, 122
WHO 9, 13, 14, 46, 122
Windowbag 25, 95, 96, 118

X

Xenon 86

Z

Zentrifugalkraft 68, 69
Zentripetalkraft 68, 69
Zweiradfahrer 10, 14
Zwei-Sekunden-Regel 128, 129

Faszination Mercedes-Benz

SICHER AUTO FAHREN

Redaktion und Verlag danken Karl-Heinz Baumann, Dr. Jörg Breuer, Lars Galley, Dr. Götz Renner, Dieter Scheunert, Thomas Unselt und vielen anderen Fachleuten im Mercedes-Benz Technology Center und in der DaimlerChrysler-Forschung für die freundliche Unterstützung.
Ein besonderer Dank gilt auch Norbert Giesen und Johannes Reifenrath von der Produktkommunikation der Mercedes Car Group.

©2004 Hampp Media GmbH, Stuttgart

In Zusammenarbeit mit DaimlerChrysler AG, Stuttgart
Globale Produktkommunikation Mercedes Car Group (COM/MB)
www.media.daimlerchrysler.com

Gesamtherstellung: Hampp Media GmbH, Stuttgart
Redaktion und Texte: Christof Vieweg, Figino
Fotografie: Markus Bolsinger, Christoph Morlok, Harry Ruckaberle
Layout und Herstellung: Petra Kita, Stuttgart
Grafiken und Illustrationen: Grandpierre und Partner, Idstein; Stefan Ohmstede, Hannover
Repro: Repromayer, Reutlingen
Druck und Bindung: Egedsa, Sabadell (Barcelona)

Printed in Spain

ISBN 3-930723-45-X

Das Werk einschließlich aller seiner Teile ist urheberrechtlich geschützt. Jede Verwendung außerhalb der engen Grenzen des Urheberrechts ist ohne Zustimmung des Verlags unzulässig. Das gilt insbesondere für Vervielfältigungen, Übersetzungen, Mikroverfilmungen sowie die Einspeicherung und Verarbeitung in elektronischen Systemen.

Beschreibungen und Daten dieses Buches gelten für das internationale Modellprogramm der Marke Mercedes-Benz. Aussagen über Grund- und Sonderausstattungen, Motorvarianten, technische Daten und Fahrleistungen gelten für Deutschland. Länderspezifische Abweichungen sind möglich. Änderungen in Konstruktion und Lieferumfang bleiben vorbehalten. Alle Angaben ohne Gewähr.

Stand per Redaktionsschluss Ende September 2004

ALLES ÜBER DIE SLK-KLASSE

Menschen, Modelle, Motoren:
Der neue Mercedes-Sportwagen im Detail vorgestellt

Wie kaum ein anderes Auto zeigt der SLK, dass Autofahren auch eine Sache der Leidenschaft und der Lebensfreude sein kann. Der Bildband „Die neue SLK-Klasse" beschreibt auf 160 farbigen Seiten die Entwicklung und Erprobung des neuen Sport-Roadsters. Spannende Reportagen entführen in die Welt der Mercedes-Versuchsingenieure und erlauben einen exklusiven Blick hinter die Kulissen der ansonsten streng geheimen Testgelände – von Nordschweden bis Südafrika, von Spanien bis Texas.

Großformatige Fotos, informative Grafiken und farbige Illustrationen erklären anschaulich und detailliert die technischen Innovationen des beliebten Sportwagens – von AIRSCARF bis V6-Motor, von THERMOTRONIC bis Variodach.

Und nicht zuletzt dokumentiert die Begegnung des neuen Roadsters mit dem legendären 190 SL die langjährige Roadster-Tradition der Marke Mercedes-Benz.

Die neue SLK-Klasse
Menschen, Modelle, Motoren:
Alles über den Mercedes-Sportwagen
160 Seiten, gebunden mit Schutzumschlag
zahlreiche farbige Abbildungen
ISBN: 3-930723-09-3

Aus dem Inhalt:
- Faszination: Roadster-Fahrspaß in neuer Perfektion.
- Fahrspaß: Technik-Innovationen für ein dynamisches Fahrvergnügen.
- Sicherheit: Vorbildlicher Insassenschutz à la Mercedes-Benz.
- Design: Ein Roadster gut in Form.
- Komfort: Hightech-Innovationen für ein neues Roadster-Erlebnis.
- Tradition: Die neue SLK-Klasse, ihr erfolgreiches Vorgängermodell und der legendäre 190 SL im Vergleich.

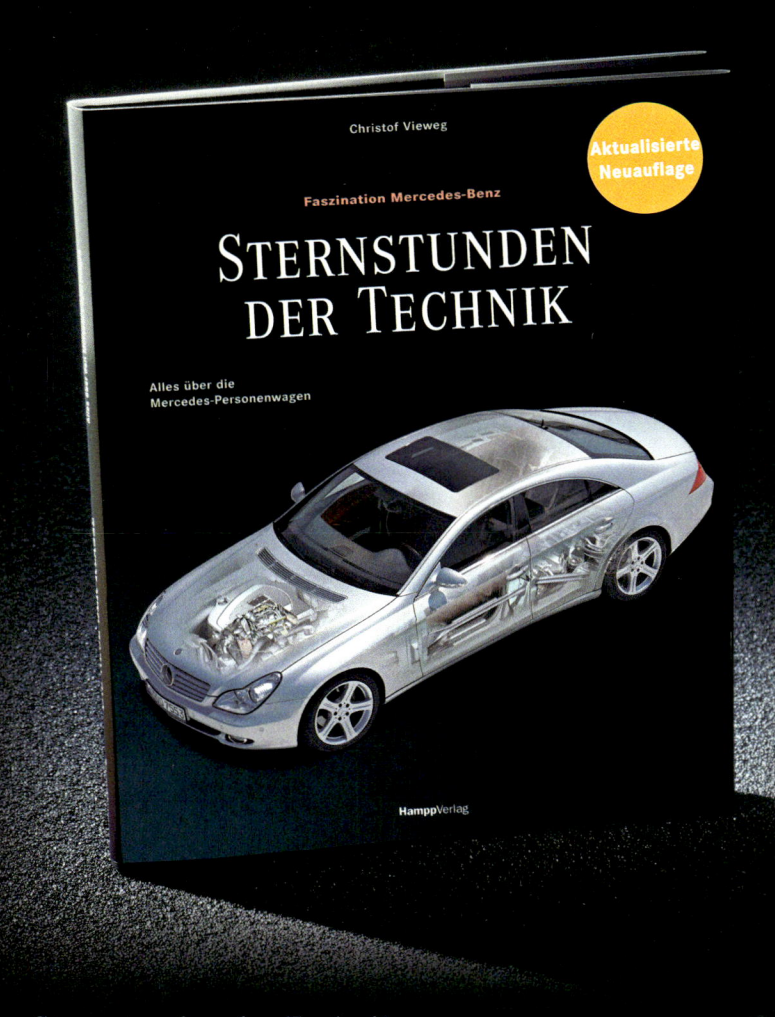

STERNSTUNDEN DER TECHNIK

Alles über die Mercedes-Personenwagen

Das Erfolgsbuch der Reihe „Faszination Mercedes-Benz" in zweiter, überarbeiteter Auflage bietet einen umfassenden Überblick über den aktuellen Stand der Mercedes-Benz Automobiltechnik:

- Jetzt neu: Enthält alle technischen Innovationen wie den V6-Motor, AIRSCARF, EASY-VARIO, 7G-TRONIC, AUTOTRONIC
- Mit den entscheidenden Daten und Fakten sowie faszinierenden Bildern zur neuen A-Klasse, CLS-Klasse und SLK-Klasse
- Erklärt leicht verständlich über 330 Begriffe der modernen Pkw-Technik und alle wichtigen Funktionen der Mercedes-Modelle – von Active Body Control über Kompressor bis Zahnstangenlenkung
- Mit exklusiven Reportagen über die Entwicklung und Erprobung der Mercedes-Personenwagen

Sternstunden der Technik
Alles über die Mercedes-Personenwagen
Zweite, aktualisierte Auflage
160 Seiten, gebunden mit Schutzumschlag
zahlreiche farbige Abbildungen
ISBN: 3-930723-75-1

Aus dem Inhalt:

Trendsetter Mercedes Benz:
Erfindungen, Patente, Innovationen – die Mercedes-Chronik

Sicherheit:
Ein Auto mit Reflexen

Innenraumtechnik:
Maßgeschneiderter Komfort für die Passagiere

Elektronik:
Digitale Revolution im Dienst der Ökologie und der Sicherheit

Antriebstechnik:
Innovationen unter der Motorhaube

Fahrwerkstechnik:
Hightech für perfekte Fahrdynamik